高校思想政治工作研究文库

教育部思想政治工作司　组编

永远飘扬的旗帜
——西迁精神研究文集

成　进◎主编

人民出版社

目　　录

创造留下历史印记的新贡献

西安交通大学党委

党的十九大开启了夺取中国特色社会主义伟大胜利的新时代，中华民族迎来了从站起来、富起来到强起来的伟大飞跃，迎来了实现伟大复兴的光明前景。"历尽天华成此景，人间万事出艰辛。"进入"新时代"是党中央坚强领导的结果，更是全党全国各族人民长期努力、砥砺奋进的结果。习近平总书记在 2018 年新年贺词和春节团拜会的重要讲话中指出，幸福都是奋斗出来的，奋斗本身就是一种幸福。只有奋斗的人生才称得上幸福的人生。面对新时代新征程新使命，我们要紧紧抓住当前大有可为的历史机遇期，不忘初心、牢记使命，以奋进者的姿态披荆斩棘，实现学校事业全面发展的新跨越，创造留下历史印记的新贡献。

回望沧桑史海 印记清晰可寻

历史是最好的老师，它忠实记录下每一个国家走过的足迹，也给每一个国家未来的发展提供启示。从孕育着变革大潮的 1896 年走来，西安交大经历了 122 年的发展与嬗变，跨越了沧桑巨变的三个世纪，这期间的百年光辉历程正是西安交大建校以来对中国社会所作出的历史性贡献缔造的。1896

年，交大前身南洋公学的创办开启了中西合璧的新式教育，第一次在近代中国设立了大、中、小学体制，并将自编教科书、自创校园歌曲、军事训练、体育运动等引入华夏学苑，进而培养了最早的师范人才，创建了最早的图书编译出版机构。而后，又在我国率先建成了"理工管三足鼎立而工文并重"的新型大学。1921年，交通大学通过学习西方科学技术，大力创建各类实业，形成"起点高、基础厚、要求严、重实践"的鲜明办学特色，并率先建成当时国内最优秀的工业大学；1956年，积极响应党和国家号召，在杰出教育家彭康校长带领下举校西迁，满怀豪情地扎根在黄土高原，为新中国建设和西部大开发培育了大批英才，更带动了一批老牌传统学科和国家急需的尖端新专业的蓬勃发展，在祖国西部率先创建世界一流研究型大学。

以史为鉴，更好前进。改革开放以来，西安交大精勤办学、开拓创新的努力不但在继续，而且不断被赋予新的内涵。学校以拔尖创新人才培养为根本任务，并致力于发展科技、服务社会、传承文化。1984年，在全国高校第一批试建研究生院；1985年，建立第一个国家级科研机构——机械结构强度与振动国家重点实验室；1987年，固体力学、机械制造等11个学科首批成为国家重点学科；1995年，成为全国高校第一家接受教育部本科教学工作评估的试点单位，结果为优秀；1996年，首批进入"211工程"建设；1999年，首批进入"985工程"第一层次建设的"2+7"大学；2000年，与原属卫生部的西安医科大学、原属中国人民银行的陕西财经学院三校合并，组建新的西安交通大学，成为一所具有理工特色的综合性研究型大学；2005年，在全国高校率先实行本科书院制，创办钱学森实验班等首批拔尖人才培养基地，创建"让学生奇思妙想开花"的工程坊等。

薪火相传，时代洗礼鸿酋接力。党的十八大以来，西安交大深入落实国家创新驱动发展战略，全面推进中国西部科技创新港建设，构建校区、园区、社区"三位一体"的创新体、技术与服务互为推进的结合体、科技与产业齐头并进的融合体，更好地服务于学生创新能力培养、科技成果转孵化和经济社会发展，主动探索21世纪现代大学与社会发展相融合的新模式、新形态和新经验。2015 年，西安交大领衔成立"丝绸之路大学联盟"，共建教育合作平台，推进区域合作发展，更好地服务"一带一路"倡议，为人类文明的共融发展和高等教育的开放合作贡献力量。此外，学校多个领域研究处于国际国内领先地位，仅 2017 年一次获国家科学技术奖 7 项，居全国高校第二；立项国家重大科技基础设施培育项目 2 项，居全国高校第一，创学校有史以来最好成绩。时至今日，西安交大正满怀信心地迈入"双一流"建设的伟大征程中，奋力将学校建设成为"大师名流荟萃、莘莘学子神往、栋梁之材辈出"的世界一流研究型大学。

熔铸历史丰碑　牢记使命担当

创造留下历史印记的新贡献，是西安交大优良传统与精神风貌的集中体现。习近平总书记指出，历史是一个民族、一个国家形成、发展及其盛衰兴亡的真实记录，是前人的"百科全书"。即前人各种知识、经验和智慧的总汇。历经磨难而不衰的中华文明，蕴涵着丰富而宝贵的思想文化遗产。诸如"筚路蓝缕，以启山林"的开拓精神，艰难困苦、玉汝于成的顽强意志，舍生取义、视死如归的英雄气概，海纳百川、虚怀若谷的博大胸怀，修齐治平、治国安民的政治理想，"载舟""覆舟"、居安思危的忧患意识，革故鼎新、自强不息的执着追求，等等。同样，伴随着中国高等教育波澜壮阔的发展与变革，西安交通大学的成长壮大亦如海纳百川，在奇绝壮丽的群峰间奔流不息。从创建南洋公学，拓荒蒙昧以造就"桢干大材"，到转实业求"一等"学问，成为蜚声海内外的"东方 MIT"；从抗战时在重庆大后方艰难崛起，到新中国建设时擎起"向科学进军"大旗，扎根祖国西部；从医学、财经教育抗战迁陕、播传薪火，到世纪之交三校合并、争创一流。弦歌三个世纪的西安交通大学，在中华民族伟大复兴的道路上，披荆斩棘、辛勤跋涉、励精图治、勇攀高峰，为中国革命建设改革、为中国高等教育事业发展作出了具有历史意义的巨大贡献，为党领导下的中国特色社会主义各项事业建设绘制了邦国荣华，书写了东方传奇。西安交大所焕发的南洋精神、西迁精神、抗战迁陕精神等大学精神至醇至美，既彪炳史册，更指向未来。

创造留下历史印记的新贡献，是西安交大实现崇高历史使命的重要手段。近代以来，救亡图存成为中华民族和中国人民迫在眉睫的历史使命。争取民族独立、人民解放，实现国家富强、人民富裕，成为中国人民必须完成的两大历史任务。在这一历史进程中，我们党紧紧依靠人民完成了新民主主义革命、完成了社会主义革命、进行了改革开放新的伟大革命，从根本上改变了中国人民和中华民族的前途命运，不可逆转地结束了近代以后中国内忧外患、积贫积弱的悲惨境遇，不可逆转地开启了当代中国沿着社会主义道路走向现代化、走向伟大复兴的新时代。与之相应，在历经百余年的发展历程中，西安交大始终坚守一条红线，那就是从社会变革、国家发展和民族创新的实际需要出发，推进科学技术进步，传承先进文化，培养造就一流人才。从率先兴办中国新式教育，到创建中国高等工程教育，再到开拓中国西部最高水平的大学教育，在大西北建设具有理工特色的综合性研究型世界一流大学，西安交大 122 年间一系列重要的时间节点鲜明如昨，折射出一代代交大人在校园里留下的奋斗足迹和在各自领域所取得的非凡成就，这正是西安交大不断创造留下历史印记新贡献的真实写照。我们不仅感受到前辈先贤在波谲云诡的时代变迁中励精图治、传承薪火的艰辛与不易，而且感动于交大人对事业的执着、热爱与奉献，更能体味出西安交大中兴民族的使命情怀、严谨精致的卓越追求和开拓进取的创新精神，留给后人深深的启迪和教益。

创造留下历史印记的新贡献，是西安交大新时代新作为的必然要求。党的十九大报告指出，建设教育强国是中华民族伟大复兴的基础工程，并强调要把教育事业放在优先位置，办好人民满意的教育；要落实立德树人根本任务，培养德智体美全面发展的社会主义建设者和接班人；要加快一流大学和一流学科建设，实现高等教育内涵式发展。这都需要我们在贯彻落实上作出新成绩。习近平总书记强调，人民是历史的创造者，人民是真正的英雄。中华民族 5000 多年的文明史，中国人民近代以来 170 多年的斗争史，中国共产党 90 多年的奋斗史，中华人民共和国 60 多年的发展史，都是人民书写的历史。因此，要把党的十九大确立的高等教育重大部署落实好，就需要我们团结带领全体师生员工作出留下历史印记的新贡献，不断把学校建设、改革、发展各项事业推向前进。尤其是在当前，我国正处于一个大有可为的历史机遇期。面对千载难逢的机遇，抓住了、用好了，我们就有可能实现超越式发展，真正抢占未来高等教育竞争的制高点；失去了、错过了，原本的领先地位和优势学科则会不进反退，成为时代发展的落伍者。在祖国西部率先建成世界一流研究型大学是西安交大肩负的光荣使命，也注定要经历艰辛和坎坷的过程。这些都取决于今天的西安交大能否在国内外高校的激烈竞争中以及拔尖创新人才培养、学科建设和科研道路上把握先机，在克服困难、破解矛盾中前行，在主动出击、追求卓越中奋进，真正创造无愧于时代、无愧于人民、无愧于历史的新业绩。

永葆奋斗精神　奏响新时代乐章

历史车轮滚滚向前，时代潮流浩浩荡荡。习近平总书记强调，昨天的成功并不代表着今后能够永远成功，过去的辉煌并不代表着未来可以永远辉煌。时代是出卷人，我们是答卷人，人民是阅卷人。站在新的历史起点上，我们一定要握好手中的接力棒，以时不我待、只争朝夕的精神不懈奋斗，努力创造出经得起实践和历史检验的新业绩。

思想是行动的先导。要创造留下历史印记的新贡献，首先要有正确的思想引导。习近平总书记指出，办好我们的高校，必须坚持以马克思主义为指导。只有坚持和巩固马克思主义指导地位，理直气壮地宣传好马克思主义，才能真正做到政治上坚定自信、思想上同心同向、行动上高度自觉，才能真正做到坚持中国特色社会主义办学方向不动摇，切实肩负起建设高等教育强国的时代重任。因此，要切实发挥好高校党委在意识形态工作中的牵头抓总作用，坚持意识形态工作与推动学校人才培养、科学研究、社会服务和文化传承创新等工作共同谋划、共同部署、共同推动。要不断深化对党的十九大精神以及西迁精神的学习和贯彻，坚持用习近平新时代中国特色社会主义思想武装师生头脑，增强师生的理论认同、政治认同和情感认同。要着力加强理想信念教育，做好习近平新时代中国特色社会主义思想与西迁精神的"三进"工作，增强广大师生对学校的发展自信，汇聚发展共识，凝聚发展力量。

2018 年是贯彻党的十九大精神的开局之年，是改革开放 40 周年，是决胜全面建成小康社会承上启下的关键一年。以什么样的状态创造新贡献？奋斗，依然是我们回应时代之问的最有力回答。因此，要按照习近平总书记新年贺词的要求，大力弘扬西迁精神，激发全校师生拼搏奋斗的工作热情和创新活力。要进一步强化"扎根西部、服务国家、世界一流"的办学定位，把学校的发展目标和国家的发展需求紧密连接起来，把学习研究融入到当下最急需的中国实践问题之中，产出影响社会发展的新成果。要将创新发展理念落实到一流大学建设的全过程，不断推进教育创新、科技创新、管理创新、文化创新和体制机制创新，实现以质量提升与内涵发展为核心的战略目标。要深化学校综合改革，着力破除体制机制障碍，完善"党委领导、校长负责、教授治学、民主管理"的治理结构和治理模式，坚持目标导向和问题导向相统一，实现人事制度、人才培养模式、科研体制机制等关键环节的突破，加快构建充满活力、高效开放、有利于学校科学发展的中国特色、世界一流大学制度体系。

九层之台，起于累土。要创造留下历史印记的新贡献，必须踏踏实实干好工作。习近平总书记多次强调，"一分部署，九分落实""要抓实、再抓实，不抓实，再好的蓝图只能是一纸空文，再近的目标只能是镜花水月"。在学校发展中没有看客，人人都是斗士战将。因此，要充分发扬"钉钉子"精神，一步一个脚印地把学校各项建设任务落到实处。要持续深化教育教学改革，积极推进通识教育、科研训练和创新能力有机结合的人才培养模式改革，着力提升人才培养质量。要进一步优化学科布局，凝练学科方向，扩大服务面向，鼓励学科交叉，形成若干优势突出、相互支撑、协同发展的学科领域。要以创新港建设为契机，打造创新驱动的新平台、科研教学的新高地、社会服务的新纽带、高端人才的蓄水池，主动探索现代大学发展的新形态、新架构和新模式，丰富建设一流大学的新内涵。要以博大谦虚的胸怀向国内顶尖兄弟高校学习，加快形成一流的办学理念、教师队伍、研究平台、文化环境，促进学校早日建成世界一流大学。

高校作风建设的状况，直接关系到学校工作的成败，是关系到培养社会主义事业建设者和接班人的大事。要创造留下历史印记的新贡献，还必须营造积极向上、团结互助的良好氛围。高校作风建设体现在党风、校风、教风、学风各个方面。其中，党风引领航向，校风彰显品质，教风学风决定质量，它们是一所大学的生命，是学校核心竞争力的重要体现。因此，要按照习近平总书记"作风建设永远在路上"的要求，以党风促教风，以教风带学风，以校风督党风，营造一个良好的高等教育氛围，使学校在参与实施科教兴国战略、人才强国战略中更加充分地发挥其先锋作用，使之为国家和民族繁荣兴旺提供更多的人才支援和知识贡献。要严肃党内政治生活，强化干部问责，促进形成风清气正的政治生态。要结合世界一流大学建设的需要，着力深化高校干部人事制度改革，严把干部选拔任用关，不断健全干部管理监督体系，规范权力行使，完善以科学政绩观为导向的考核评价体系，提高考核工作科学化水平。要通过开展教工示范党支部和学生优秀党支部培育创建，党建工作创新专项活动等，焕发基层党组织和党员的活力，积极营造崇尚先进、团结互助的舆论环境和校园氛围。

（原载于《当代陕西》2018 年第 8 期）

始终与党和国家的发展同向同行

西安交通大学党委

1956 年，交通大学一大批知识分子和青年学生，在祖国最需要的时候响应号召，跨越一千多公里从上海来到西安，投身到西部高等教育事业中，用自己的青春年华铸就了"胸怀大局、无私奉献、弘扬传统、艰苦创业"的西迁精神。

近年来，习近平总书记对弘扬爱国奋斗精神作出一系列重要指示。特别是他高度赞扬以西安交通大学"西迁人"为代表的老一辈知识分子"党让我们去哪里，我们背上行囊就去哪里""始终与党和国家的发展同向同行"的家国情怀和奉献精神，对全社会弘扬爱国奋斗精神、建功立业新时代提出了明确要求，极大鼓舞了全体师生员工的士气，同时也指明了学校今后办学的方向。

交大西迁的成功经验表明，一所大学不仅切实肩负着党和人民赋予的重大使命，始终服务于国家、民族和社会的进步，而且对社会主流价值观的传播以及先进文化的提升起着举足轻重的作用。在西迁精神的引领下，62 年来，西安交大始终以培养造就德智体美全面发展的一流人才为使命，培养了26 万名毕业生，其中 40%以上留在西部工作，成为推动地方经济社会发展的一支重要力量。学校坚持自主创新，瞄准国际学术前沿、面向国家重大需求和国民经济主战场，创造了 29000 余项科研成果，其中 226 项获国家三大奖，创造经济效益超过 1000 亿元，为推动相关领域的科学技术发展，促进国民经济建设和社会发展发挥了重要作用。

迁往西部，扎根西部，奋斗拼搏在西部，不仅贯穿了迁校以来 62 年的历史，更体现在当前的工作中。2015 年，学校开启了西迁后的再次创业——建设中国西部科技创新港，主动探索 21 世纪现代大学与社会发展相融合的新模式、新形态和新经验。学校领衔成立了丝绸之路大学联盟，汇聚了 38 个国家和地区的 151 所高校，在科教协同、文化交流方面展开了广泛合作。2017 年，学校入选国家一流大学 A 类建设名单，8 个学科入选一流学科建设名单，深度融入国家建设发展。这充分体现了新时代党和国家的期望所赋予西迁精神的新内涵、新要求。

始终服从党和国家发展需要，
谱写胸怀大局的新篇章

习近平总书记强调，要把爱国之情、报国之志融入祖国改革发展的伟大事业之中、融入人民创造历史的伟大奋斗之中。代代"西迁人"砥砺前行的精神内涵，就是始终服从党和国家发展需要，坚持国家至上、民族至上、人民至上。今天，弘扬爱国奋斗精神，进一步传承好西迁精神，最重要的就是必须把党的政治建设摆在首位，一以贯之地服从党和国家发展的战略需要。要加强理论武装，引导全体师生员工深入学习领会习近平新时代中国特色社会主义思想这个马克思主义中国化的最新成果，进一步强化理想信念、坚定"四个自信"。要加强党员干部的党性教育和党性锤炼，旗帜鲜明讲政治，切实增强"四个意识"，自觉做到忠诚党的核心、维护中央权威。要落实好意识形态工作责任制，加强和改进党委中心组学习，强化干部日常教育培训，不断提高党员干部思想政治素质和能力水平。要毫不动摇地贯彻落实党中央各项决策部署，认真实施科教兴国战略、人才强国战略、创新驱动发展战略、"一带一路"倡议等各项战略规划。

秉持爱国奋斗的价值追求，
续写无私奉献的新故事

习近平总书记指出，爱国主义是中华民族精神的核心，爱国主义精神激励着一代又一代中华儿女为祖国发展繁荣而不懈奋斗；幸福都是奋斗出来的，社会主义是干出来的，新时代是奋斗者的时代。交大西迁既是一段毕生难忘的峥嵘岁月，也是一笔弥足珍贵的精神财富，而其永不磨灭的爱国情怀和奋斗精神，对于后人更是有着说不尽的教育和启迪意义。今天，弘扬爱国奋斗精神，进一步传承好西迁精神，就是要始终秉持广大西迁人"爱国就要奋斗，奋斗为了爱国"的价值追求，引导全体师生员工把自己的理想同祖国的前途、把自己的人生同民族的命运紧密联系在一起，扎根人民，奉献国家。要把爱国奋斗精神融入到引导青年学生培育和践行社会主义核心价值观，加强中华民族传统文化教育之中，着力增强学生的社会责任感、创新精神和实践能力。要强化"立德树人"导向，激励引导广大教职员工以西迁前辈为榜样，积极投身于教育工作中，成为"有理想信念、有道德情操、有扎实学识、有仁爱之心"的优秀教师，努力培养德智体美全面发展的社会主义建设者和接班人。

弘扬知识分子的家国情怀，
绽放优良传统的新光芒

习近平总书记指出，我国知识分子历来有浓厚的家国情怀，有强烈的社会责任感。一代又一代知识分子为我国革命、建设、改革事业贡献智慧和力量，有的甚至献出宝贵生命，留下了可歌可泣的事迹。60余载过去，以西安交通大学"西迁人"为代表的老一辈知识分子奉献报国的家国情怀早已转化为西迁精神的文化品格。今天弘扬爱国奋斗精神，进一步传承好西迁精神，就是要引导广大干部师生树立牢固的家国情怀，切实增强对党和国家奋斗目标的思想认同、情感认同、价值认同，争做担当民族复兴使命的时代新人。要进一步强化"扎根西部、服务国家、世界一流"的办学定位，把学校的发展目标和国家的发展需求紧密连接起来，把学习研究融入到当下最急需的中国实践问题之中，产出影响社会发展的新成果。要进一步优化学科布局，凝结学科方向，扩大服务面向，鼓励学科交叉，形成若干优势突出、相互支撑、协同发展的学科领域。要通过深入开展"弘扬爱国奋斗精神、建功立业新时代"活动，切实发挥"四面旗帜""四种文化"凝魂聚气、强基固本作用，并使之内化为交大师生自强不息、奋勇前行的精神动力。

永葆敢为人先的精神品格，
开启艰苦创业的新征程

习近平总书记强调，在社会发展的进程中，我们不能因循守旧，刻舟求剑，必须勇立潮头，敢为人先，以创新的精神永葆党的生机和活力。交通大学西迁，表现出艰苦创业的坚强意志，彰显了开拓进取的崇高风范。今天，弘扬爱国奋斗精神，进一步传承好西迁精神，就是要拿出逢山开路、遇水架桥的闯劲儿，拿出敢作敢为、锐意进取的拼劲儿，努力夺取新征程上的更大胜利。要深化学校综合改革，完善"党委领导、校长负责、教授治学、民主管理"的治理结构和治理模式，加快构建充满活力、高效开放、有利于学校科学发展的中国特色、世界一流大学制度体系。要贯彻"创新"理念，增强发展动力，把创新摆在谋划和推动学校发展全局的核心位置，将创新发展理念落实到一流大学建设全过程，不断推进教育创新、科技创新、管理创新、文化创新和体制机制创新，实现以质量提升与内涵发展为核心的战略目标。要在世界大学发展格局中把握好自身发展特殊规律，努力探索一流大学新形态、塑造立德树人新构架、构筑科教融合新高地、创新国际合作新模式、打造一流学科新格局，从而真正抢占未来高等教育竞争的制高点。

从"红船精神"到"西迁精神"

——伟大精神凝聚磅礴力量

西安交通大学党委

党的十九大开启了全面建成社会主义现代化强国的新征程，新时代中国特色社会主义的航线已经明确，中华民族伟大复兴的巨轮正乘风破浪，高歌前行。要使这艘巨轮行稳致远，驶向辉煌，就迫切需要崇高的精神掌舵领航，举旗定向。

习近平总书记指出："'红船精神'正是中国革命精神之源：中国共产党历史上形成的优良传统和革命精神，无不与之有着直接的渊源关系。"20世纪50年代，以交通大学为代表的一批高校积极响应党和国家的号召，献身大西北建设，铸就了以胸怀大局、无私奉献、弘扬传统、艰苦创业为主要内容的"西迁精神"。作为交大西迁人爱国奉献精神的真实写照，"西迁精神"与"红船精神"一脉相承，是党的精神财富的重要组成部分。

一、首创精神：增强改革创新的巨大勇气

习近平总书记指出，一个大党诞生于一条小船。从此，中国共产党引领革命的航船，劈波斩浪，开天辟地，使中国革命的面貌焕然一新。从1840

年第一次鸦片战争开始，西方列强的坚船利炮一次又一次地敲开了中国的大门，中国逐步沦为半殖民地半封建社会。为了反对外国的侵略和反动阶级的统治，实现中华民族的伟大复兴，中国的有识之士提出过不同的救国方案，并为此进行过各种努力。无论是地主阶级的"洋务梦"、农民阶级的"天国梦"，还是资产阶级改良派的"变法梦"，或是资产阶级革命派的"共和梦"，都接连梦碎，无法实现。中国共产党正是顺应求民族独立、谋人民解放的历史使命，勇立社会历史发展的潮头，在南湖红船上宣告成立，从此使中国革命的历史翻开了崭新的一页。

交通大学西迁，是学校在创建60年之后，面向共和国未来的一次伟大长征，表现出艰苦创业的坚强意志，彰显了开拓进取的崇高风范。1956年，一批朝气蓬勃的交大人坚决响应党中央的号召，义无反顾地奔向大西北，积极投身到祖国最需要的地方去建功立业，成为黄土地的拓荒人、西部大开发的先行者，并迅速缔造了办学历史上的第二个"黄金时代"。62年来，交大人始终坚持自主创新，瞄准国际学术前沿、面向国家重大需求和国民经济主战场，创造了29000余项科研成果，其中233项获国家三大奖，为推动相关领域的科学技术发展，促进国民经济建设发挥了重要作用。如今，他们又开启了西迁后的再次创业——建设中国西部科技创新港，正在大西北创造未来中国最具创新活力的创新实体，打造一个最具典范的"校区、园区、社区"三位一体的"智慧学镇"，成为引领社会发展源源不竭的创新源泉。

今天，面对国内外高校的激烈竞争以及拔尖创新人才培养、学科建设和科研道路上的重重关隘，我们仍然要保持首创精神，继续拿出逢山开路、遇水架桥的闯劲儿，拿出敢作敢为、锐意进取的拼劲儿，夺取新征程上的更大胜利。一是深化学校综合改革，着力破除体制机制障碍，完善"党委领导、校长负责、教授治学、民主管理"的治理结构和治理模式，实现人事制度、人才培养模式、科研体制机制等关键环节的突破，加快构建充满活力、高效开放、有利于学校科学发展的中国特色、世界一流大学制度体系。二是贯彻"创新"理念，增强发展动力，把创新摆在谋划和推动学校发展全局的核心位置，将创新发展理念落实到一流大学建设全过程，不断推进教育创新、科技创新、管理创新、文化创新和体制机制创新，培育学校新的发展动能，实现以质量提升与内涵发展为核心的战略目标。三是在世界大学发展格局中把握好自身发展特殊规律，努力探索一流大学新形态、塑造立德树人新构架、构筑科教融合新高地、创新国际合作新模式、打造一流学科新格局，从而真正抢占未来高等教育竞争的制高点。

二、奋斗精神：扛起教育强国的使命担当

习近平总书记指出，中国共产党扬起红船的风帆，以坚定理想、百折不挠的奋斗精神，矢志推动中国革命和建设事业不断前进。中国共产党是以马克思主义理论武装起来的先进政党，实现共产主义是党的最高理想和最终奋斗目标。中国共产党的诞生，使中国革命从此有了坚定的理想信念和强大的精神支柱。坚定理想信念，坚守共产党人精神追求，始终是共产党人安身立命的根本，是共产党人的政治灵魂，是共产党人经受住任何考验的精神支柱。我们党之所以能够完成近代以来各种政治力量不可能完成的艰巨任务，就在于始终把马克思主义这一科学理论作为自己的行动指南。我们党之所以能够经受一次次挫折而又一次次奋起，归根到底是因为我们党有远大理想和崇高追求。

"西迁精神"是在新中国成立初期艰苦环境下形成的，经过岁月的冲刷、洗礼，不仅没有褪色，反而历久弥新，不断焕发出强大的生命力。这种生命力源于"党让我们去哪里，我们背上行囊就去哪里"的坚定理想，源于"哪里有事业，哪里有爱，哪里就有家"的崇高信念，源于"始终与党和国家的发展同向同行"的执着追求。62 年来，在这种理想信念的指引下，交大人始终将牢牢扎根祖国西部大地，为西部经济社会发展持续培养优秀人才作为崇高使命，不断续写勇攀高峰、勇挑重担的新辉煌。西安交通大学自 1959 年正式定名以来，已累计培养毕业生 25 万余名，其中留在西部地区建

功立业的学生超过 40%，成为推动地方经济社会发展的重要力量。党的十八大以来，交大人更是积极响应国家"一带一路"倡议，发起成立"丝绸之路大学联盟"，吸引了来自 38 个国家和地区的 151 所高校参与，共同推动"丝绸之路经济带"沿线高校和学术机构间在教育、科技、人文领域的交流与合作，服务"丝绸之路经济带"沿线及欧亚地区的社会发展与经济建设。如今，交大人满怀在祖国西部率先建成世界一流大学的坚定信念，正以前所未有的魄力和豪情，开拓前行。

习近平总书记指出，革命理想高于天。面对新时代新征程，我们更需要牢固树立坚定的理想和必胜的信念，以永不懈怠的精神状态和一往无前的奋斗姿态，向着社会主义现代化强国的目标奋勇前进。党的十九大报告指出，建设教育强国是中华民族伟大复兴的基础工程，必须把教育事业放在优先位置，深化教育改革，加快教育现代化，办好人民满意的教育。这要求我们必须以时不我待、只争朝夕的精神不懈奋斗，努力创造出经得起实践和历史检验的新业绩。一是要加强理想信念教育，坚持用习近平新时代中国特色社会主义思想武装师生头脑，用社会主义核心价值观凝聚人心，汇聚发展力量。二是突出人才培养的核心地位，以"夯实数理基础、强化实践创新、加强国际联培、拓展综合素质"为人才培养的主体任务，培养一批信念执着、品德高尚、素质一流、创新力强的具有家国情怀和国际视野的拔尖创新人才。三是坚持"三个面向"，以建设创新港为契机，深化技术转移和成果转化机制改革，营造有利于科技成果转化的环境，聚焦战略新兴产业，加强校企合作，提升服务行业发展的能力和水平，更好地服务国家"创新驱动发展"、"一带一路"倡议，服务国家和区域创新体系建设，为国家经济社会发展贡献力量。

三、奉献精神：激扬知识分子的家国情怀

习近平总书记指出，中国共产党载着红船的意愿，以立党为公、忠诚为

民的奉献精神，努力维护好、实现好、发展好最广大人民的根本利益。"红船精神"昭示我们，党和人民的关系就好比舟和水的关系，"水可载舟，亦可覆舟"。党执政兴国必须依靠人民群众。坚持立党为公、执政为民，始终保持党同人民群众的血肉联系，是党最根本的执政理念。97 年来，中国共产党始终肩负为人民谋利益的神圣职责和崇高使命，依水行舟，把立党为公、忠诚为民的奉献精神贯穿到中国革命、建设和改革的全过程。

20 世纪 50 年代，胸怀爱国大志的一群人从繁华的大上海迁至古城西安，披荆斩棘、辛勤跋涉，用生命和汗水在一片麦田上建起一所著名大学，向世人昭示：一所大学所肩负的使命，与国家民族的命运血脉相连。交大西迁之所以能够成为现实并得以成功，是因为在全体师生员工的内心深处，始终将为祖国繁荣富强而奉献青春年华作为毕生的价值追求。他们身上所体现的对国家、民族的挚爱之心以及为此奋发图强、矢志奉献的高尚情操，正是举校西迁的根本动力所在。如今，老一辈知识分子奉献报国的使命担当，已成为交大人融入血脉中的家国情怀。周惠久、谢友柏、汪应洛、屈梁生、卢秉恒、蒋庄德，西安交大机械学科"一门六院士"成为中国知识界的美谈。他们创造着前沿的科技，也培养着追求真理、甘于奉献的人才，这正体现了胸怀大局、忠诚为民的奉献精神。

今天，面对价值观多元化的挑战，我们更需要激发知识分子天下为公、担当道义的家国情怀，积极引导新时代广大知识分子自觉做践行社会主义核心价值观的模范，坚持国家至上、民族至上、人民至上，始终胸怀大局、心有大我，始终坚守正道、追求真理，主动扛起奉献报国的责任担当，为建设世界科技强国作出更大贡献。一是强化立德树人导向，激励引导广大教职员工以西迁前辈为榜样，积极投身于教育工作中，做"有理想信念、有道德情操、有扎实学识、有仁爱之心"的优秀教师，努力成为学生健康成长的指导者和引路人。二是坚持"四个服务"办学方向，营造积极向上、追求卓越的学习氛围和"思想活跃、学习活跃、生活活跃"的校园氛围，培养学生崇德尚实、追求卓越的创新精神和奉献报国的使命意识与家国情怀。三是以习近平总书记提出的"聚天下英才而用之"为指导，围绕建设中国特色、世界一流大学的战略目标，牢牢树立人才优先意识，进一步强化人才是第一资源的理念，在全校大兴识才、爱才、敬才、用才之风，做到人才战略优先布局、人才资源优先配给、人才发展优先保障，并为人才发展搭建高水平教学科研平台，为人才发展提供高质量服务，激发各类人才的创新活力和发展潜力，形成人才优先发展、全面发展的新格局。

（原载于《光明日报》"红船初心特刊"2018 年 8 月 8 日）

赋予西迁精神新内涵　做好新时代的新传人

西安交通大学党委

　　伟大时代孕育伟大精神，伟大精神引领伟大时代。党的十九大开启了新时代全面建成社会主义现代化强国的新征程，具有划时代的里程碑意义。从站起来、富起来到强起来，新时代中国特色社会主义展现出更强大的生命力，必将引领中华民族这艘巍峨巨轮扬帆远航，以全新的姿态屹立于世界民族之林。新时代新作为要有强大精神支撑。作为中国共产党精神谱系的重要组成部分，西迁精神不仅是西安交通大学的宝贵精神财富，更是新中国广大知识分子爱国奋斗、无怨无悔高尚情操的光辉写照。站在新的历史起点上，我们必须传承好西迁精神，并赋予其新的时代内涵，做好西迁精神的新传人，办好中国特色世界一流大学，奋力创造出无愧于历史、无愧于时代的新业绩，为实现"两个一百年"奋斗目标、实现中华民族伟大复兴的中国梦贡献交大力量。

　　交通大学西迁已然整整一个甲子。20 世纪 50 年代，在东海之滨、黄浦江畔生长业已整整 60 年，素有"东方 MIT"之称，历来被视为东南翘楚的交通大学，贯彻党中央的决定，由杰出教育家彭康所率领，从繁华的大上海迁至古城西安，在大西北黄土地上扎下根来，以承担国家赋予的重要使命。这是党中央调整工业建设、文化发展及高等学校布局的一项重大战略决策，是新中国知识界开创未来的一次伟大长征。而其拂云绝尘而来的"大树西迁"，也以万丈精诚所凝注的如椽巨笔，浓墨重彩写就交通大学崭新的历史篇章。

光阴荏苒，岁月蹉跎。匆匆六十余载过去，已然老去几代人！当时的青年教师、莘莘学子，已近耄耋之年。然而在西安交大师生员工的脑海，西迁人永远年轻；当年举校西迁日夜兼程踏下的那一行行足迹，依然深邃鲜活，依然以异乎寻常的坚定姿态，不间断地伸向未来；西迁燃起的大学精神如熊熊火把，洞彻心扉，烛照四野；西迁风雨中那璀璨的意象和磅礴交响，催人奋袂而起，亦令人潸然泪下。62年岁月，留给世人最重要的，是一代又一代交大人用万丈情怀和满腔热血铸就的"胸怀大局、无私奉献、弘扬传统、艰苦创业"的西迁精神。这已然成为交大人的精神血脉，成为西安交通大学永远不变的气质底色。

始终服从党和国家发展大局需要，
谱写"听党指挥跟党走"的新篇章

代代西迁人砥砺奋斗的精神内涵，就是始终把实现民族复兴的要求与学校命运、个人发展紧密结合在一起，切实肩负起党和人民赋予的历史使命。伟大的中国共产党自成立之日起，就以实现人民当家作主和中华民族伟大复兴为己任，领导中国人民前赴后继，浴血奋战，取得了新民主主义革命的伟大胜利，成立了新中国。从此，中国人民翻身得解放，当家做了主人。之后，又是伟大的中国共产党团结带领全国人民自力更生，艰苦奋斗，在一穷二白、千疮百孔的废墟上，让东方巨人重新站立起来，让十多亿人民过上了幸福生活，在群众中树立起牢固威信和强大感召力。1955年，一批朝气蓬勃的交大人怀着对党深深的感恩之情和对社会主义建设事业的无限忠诚，坚决拥护和执行党中央关于西迁的决定，义无反顾地奔向大西北，积极投身到祖国最需要的地方去建功立业，成为黄土地上的拓荒人。他们以实际行动向

党庄严宣誓：不但安心愉快地完成西迁工作，而且要以更大的决心、更坚强的意志向科学堡垒进军。特别是当时已被确定为第一批迁往西安的人员情绪高涨、热情饱满，大家都为能及早参加祖国大西北的建设和为西安新校教学工作贡献力量而感到无比兴奋。一批党员干部不仅率先垂范，而且成为坚决贯彻执行党中央决策部署的中流砥柱。他们不游弋、不彷徨，不仅动员自己的家人，而且动员身边的同志和朋友。迁校中，无论教师、职工还是学生，无论干部还是群众，无论老同志还是年轻人，每个人都付出了最大努力，那种高度负责的主人翁态度、义无反顾的献身精神和雷厉风行的工作热情，在今天仍能给人以强烈感染。

听党的话跟党走，始终服从党和国家发展大局的需要，是西安交大办好人民满意教育、健康和快速发展的价值取向。62 年来，学校全面贯彻党的教育方针，坚持社会主义办学方向，努力建设培养社会主义事业建设者和接班人的坚强阵地。一是坚持立德树人，以培养造就德智体美全面发展的一流人才为使命，培养了 25 万多名毕业生，其中 40% 以上留在西部工作，成为推动地方经济社会发展的重要力量。二是坚持自主创新，瞄准国际学术前沿、面向国家重大需求和国民经济主战场，创造了 29000 余项科研成果，其中 233 项获国家三大奖，为推动相关领域的科学技术发展，促进国民经济建设发挥了重要作用。三是积极响应党中央"扎根中国大地，办好中国特色社会主义大学"的号召，明确了"扎根西部，服务国家，世界一流"的办学定位，学校把更多资源、精力投入到为形成西部发展新格局输出一流人才、一流成果上。这充分体现出时代发展以及党和国家的期望所赋予西迁精神的新内涵。

作为新时代西迁精神的新传人，我们要把听党指挥跟党走，与完成好党和人民赋予的新时代使命结合起来，继续牢牢扎根祖国西部，努力实现"双一流"建设目标，开创高等教育事业的新局面。一是增强"四个意识"，坚定"四个自信"，坚持"四个服务"，坚决维护党中央权威，坚决服从党中央集中统一领导，把"四个意识"落实在岗位上，落实在行动中，不断丰富和深化立德树人内涵，更加深入地完成好培养人的重大任务，为西部培养更多人才。二是坚持用习近平新时代中国特色社会主义思想武装头脑，用社会主义核心价值观凝聚人心，牢牢掌握学校意识形态工作的领导权、主动权和话语权。大力推进课程思政建设，将思政教育贯穿于学校教育教学全过程，将教书育人落实在课堂教学主渠道，让所有课程都上出"思政味道"、让立德树人"润物无声"；成立大学生思想教育与实践研究中心，以实践创新推动理论研究，以理论研究指导实践创新，构建科学完整的大学生思想政治教育体系；办好"习近平教给我们的智慧"网络学习平台，持续激发师生党员学讲话、学方法、强党性、强本领的热情。三是通过出台《加强和改进基层党组织建设的十条意见》、建立党支部组织生活月报制度、开展党委常委进支部活动等一系列举措，不断巩固基层党组织建设，严肃党内政治生活，增强创造力、凝聚力和战斗力，努力将基层党组织建设成为推动学校事业发展、提升人才培养质量、服务群众凝心聚气的平台。

秉持不畏艰辛的执着追求，
续写爱国奋斗的新故事

交通大学历经 122 年沧桑洗礼。20 世纪 50 年代的内迁西安，却要算它有史以来所经受过的一场最严峻的考验。因为它不是短暂的支援，而是永久的扎根；它不同于战争年代临时性的迁徙，而是为了建设和发展去开创大业。迁校中的几载风雨年华，无论对学校还是对每个人、每个家庭，都不是一件简单的事情，因为它需要人们舍弃太多熟悉的东西，勇于去陌生和艰苦的地方肩负重大使命、奠立千秋基业、攀登新的高峰。但实践证明了一切，交通大学的举校西迁是成功的。一代代西迁人克服重重困难，用青春和汗水在大西北建成了一所具有示范引领作用的社会主义一流大学，为国家特别是西部的社会进步和经济发展作出了不可磨灭的贡献，成为中国高等教育史上浓墨重彩的重要篇章。西迁洪流所筑成的爱国奋斗、无怨无悔的精神丰碑，世世代代给人以教育和启迪。

在西迁精神沐浴下的年轻一代人正在续写勇攀高峰、勇挑大梁的交大新辉煌。1984 年，西安交大在全国高校第一批试建研究生院；1985 年，西安交大建立了第一个国家级科研机构——机械结构强度与振动国家重点实验室；1987 年，西安交大固体力学、机械制造等 11 个学科首批成为国家重点学科；1995 年，西安交大作为试点单位在全国高校第一家接受教育部本科教学工作评估，结果为优秀；1996 年，西安交大首批进入"211 工程"建设；1999 年，西安交大首批进入"985 工程"第一层次建设的"2+7"大学；2000 年，西安交大与原属卫生部的西安医科大学、原属中国人民银行的陕西财经学院三校合并，组建新的西安交通大学，成为一所具有理工特色的综合性研究型大学；2005 年，西安交大在全国高校率先实行本科书院制，创办钱学森实验班等首批拔尖人才培养基地，创建"让学生奇思妙想开花"的工程坊等。党的十八大以来，交大人更是积极响应国家"一带一路"倡议，发起成立"丝绸之路大学联盟"，吸引了来自 36 个国家和地区的 140 多所高校参与，共同推动"丝绸之路经济带"沿线高校和学术机构间在教育、科技、人文领域的交流与合作，服务"丝绸之路经济带"沿线及欧亚地区的社会发展与经济建设。经过几代人的执着追求以及六十余年的坚持不懈，西迁人再次用实际行动证明了"爱国就要奋斗，奋斗为了爱国"的伟大真理，铸就了新时代交大人的精神风骨和优秀品质。

习近平总书记在 2018 年新年贺词中指出，"幸福都是奋斗出来的"。党的十九大描绘了我国发展今后 30 多年的美好蓝图。要把这个蓝图变为现实，必须不驰于空想、不骛于虚声，一步一个脚印，踏踏实实干好工作。作为新时代西迁精神的新传人，要从历史和现实相贯通、国际和国内相关联、理论和实际相结合的宽广视角，用持续的奋斗为实现中华民族伟大复兴的中国梦作出更大贡献。一是继续牢牢扎根祖国西部，更加全面服务经济社会发展。要按照习近平总书记提出的"三个面向"的要求，加强优势学科整合，加强与地方政府在产业上的互动，使科学研究真正做到"顶天立地"，使学校发展更好地服务陕西、服务西部，成为推动区域经济社会发展和实施"一带一路"建设的新的推动引擎。二是紧盯"双一流"建设目标，坚持办好中国特色社会主义大学。在新的历史时期，我们必须敢于向世界顶尖大学看齐，以博大谦虚的胸怀向国内顶尖兄弟高校学习，科学分析自身所存在的短板和不足，加快形成一流的办学理念、教师队伍、研究平台、文化环境，为建设世界一流大学奠定坚实的基础。三是全面深化改革，不断激发学校发展的内生动力。要紧扣国家和学校"十三五"规划纲要，加强学校改革发展的顶层设计和战略谋划，进一步明确改革任务、改革项目、改革目标，增强改革的系统性、整体性、协调性。要以踏石留印的精神推动改革，做到真抓实干，善做善成，确保一张蓝图一干到底。

砥砺开拓奋进的意志品格，
开启艰苦创业的新征程

交通大学内迁西安，是她在创建 60 年之后，面向共和国未来和学校未来的一次庄严出发，表现出开拓奋进的坚强意志，彰示了艰苦奋斗的崇高风范。西迁意味着创业，孕育着发展，也带来了挑战。西迁，就是要以高涨、持久和永不磨灭的激情，投身于祖国西部的开发与建设，就是要在大西北的山川莽原间孜孜不倦地耕耘、播种和收获，于艰苦奋斗中建成中国一流大学，并向世界一流大学的目标前进。正是秉持这样一种崇高的信念，西迁师生员工在艰苦岁月的磨砺中创造出了崭新的业绩：迁校之初，没有因为迁校而迟一天开学，没有因为迁校而开不出一门课程，也没有因为迁校而耽误原定的教学实验。而后，通过恢复理科建制，扩大招生规模，扩充实验室建设，开办应用数学、工程力学、自动控制、电子计算机等新兴专业，迅速缔造了办学历史上的第二个"黄金时代"。与此同时，积极倡导学生做到"思想活跃、学习活跃、生活活跃"，进一步树立认真读书、刻苦钻研的优良学风，弘扬独立思考、追求真理的科学精神，为全面提高教学质量创造了良好条件。西安交大通过自身的发展壮大，引领和带动整个西部地区的高等教育乃至整个教育的发展，形成了一马当先、万马奔腾的大好局面。

迁往西部，扎根西部，奋斗拼搏在西部，西安交大的这种精神追求，不但贯穿了迁校以来62年的历史，更体现在当前的工作中。2015年，学校开启了西迁后的再次创业——建设中国西部科技创新港，正在大西北创造未来中国最具创新活力的创新实体，打造一个最具典范的"校区、园区、社区"三位一体的"智慧学镇"，成为引领社会发展源源不竭的创新源泉。同时，学校提出旨在促进思想培育、强化思想提升、推动思想传播、实现思想引领的"思想交大"建设任务，持续开展高扬爱国主义、集体主义、英雄主义、乐观主义四面旗帜活动。在西迁精神的引领下，西安交大每年获得的教学科研奖励数量都位居全国高校前列。仅2017年，以第一完成单位获国家科学技术奖7项，居全国高校第二；"煤炭超临界水气化制氢发电多联产技术"入选"2017年度中国高等学校十大科技进展"；获批国家西部能源研究院等4个国家级重点科研基地；立项国家重大科技基础设施培育项目2项，居全国高校第一；入选国家一流大学A类建设名单，8个学科入选一流学科建设名单，深度融入国家建设发展。交大人满怀在祖国西部率先建成世界一流大学的坚定信念，正以前所未有的魄力和豪情，开拓前行。

艰难困苦，玉汝于成。习近平总书记指出，全党一定要保持艰苦奋斗、戒骄戒躁的作风，以时不我待、只争朝夕的精神，奋力走好新时代的长征路。作为新时代西迁精神的新传人，面对当前国内外高校的激烈竞争以及拔尖创新人才培养、学科建设和科研道路上的重重关隘，更需要砥砺艰苦奋斗和开拓创新的精神品格。一是大力弘扬艰苦创业、追求卓越的优良传统，面对自然科学、工程技术、社会科学等领域的重大问题，努力探索新方法，研讨新见解，提出新假说，开拓新视角，追求带有交大特色的原理、定律、法则、公式，形成具有世界和国家影响力的原创性学术思想成果与体系。二是致力于创新型人才培养，努力在原始创新、交叉创新、综合集成创新上有新的突破，在组织创新、管理创新、体制创新上有新建树，在学术创新、理论创新、观念创新上有新进展。三是在世界大学发展格局中把握好自身发展特殊规律，注重研究人才成长规律、教育教学规律、学科发展规律、文化合作与交流规律等，努力探索一流大学新形态、塑造立德树人新构架、构筑科教融合新高地、创新国际合作新模式、打造一流学科新格局，抢占未来高等教育竞争的制高点。

激扬知识分子的家国情怀，
扛起奉献报国的新担当

中国知识分子历来有浓厚的家国情怀和强烈的社会责任感。为了民族振兴、国家富强、人民幸福，他们前赴后继、上下求索，甚至甘洒热血、慷慨赴死。与交大西迁同载史册的还有一群以国家民族为重、舍小家顾大家的知识分子。我党久经考验的无产阶级革命家、具有深厚造诣的马克思主义哲学家、开拓新中国高等教育事业的教育家彭康，作为党委书记兼校长，他担起了领导交大西迁以及随之而来的分设两地和各自独立建校等一系列艰巨任务。在迁校过程中，他始终坚持大局观念，将党和国家的利益放在首位，以前瞻的战略眼光、无私的献身精神，带领交大师生奔赴西部，开辟了西安交大一片崭新的事业。"中国电机之父"钟兆琳，花甲之年毅然西迁，西迁后他谆谆教导学生和青年教师确立献身开发大西北的理想。钟老虽生长在锦绣如画的富庶水乡，却矢志建设祖国大西北，乃至鞠躬尽瘁，不惜马革裹尸，使全国教育界都深感钦佩！数学家张鸿、热力工程学家陈大燮、物理学家赵富鑫、材料学家周惠久、电磁场理论与技术专家黄席椿、自动控制与电子工程学家沈尚贤、电力拖动专家严峻……他们身上所体现的对国家、对民族的挚爱之心以及为此奋发图强、努力工作的强烈社会责任感，已然熔铸于交大人的内心，潜移默化为一代代西迁人共同的文化心理密码。

西迁已经过去 62 年了，在祖国西部的土地上，西安交大这棵"西迁大树"已经根深叶茂，成为大西北的一部分。老一辈知识分子奉献报国的使命担当，已成为交大人由此而知所奋发的家国情怀。周惠久、谢友柏、汪应洛、屈梁生、卢秉恒、蒋庄德，西安交通大学机械学科"一门六院士"曾经成为中国知识界的美谈。他们创造着前沿的科技，也培养着追求真理、甘于奉献的人才。随校西迁时还不满 20 岁的学生陶文铨，在西安交大这片沃土上已经成长为中国科学院院士、首届国家级教学名师、"党和人民满意的好老师"。如今年近八旬的他仍然坚持在本科生教学第一线，每晚在办公室为青年学生答疑解惑。1995 年留学归国的管晓宏，面对母校清华大学及多所东部高校伸出的橄榄枝，毅然选择回到当时生活和科研条件仍较为落后的原单位西安交大从事研究工作。1979 年考入交大的郭烈锦，38 年来始终把国家发展需要作为科学研究的风向标，他提出的"水蒸煤"高效清洁能源理论更是瞄准我国能源产业现状破解难题。

习近平总书记强调，我国广大知识分子要以时不我待的紧迫感、舍我其谁的责任感，主动担当，积极作为，刻苦钻研，勤奋工作，为全面建成小康社会、建设世界科技强国作出更大贡献。作为新时代西迁精神的新传人，要始终做到胸怀大局、心有大爱，想国家之所想，急人民之所急，进一步调动和激发广大师生员工的积极性、主动性和创造性，更好地为国家民族而勇于担当和不懈奋斗，努力创造无愧于新时代的光辉业绩。一是重道义、勇担当，义不容辞地担负起新时代赋予的使命责任：忠诚于党并勇于奉献的国家责任、服务于人民的社会责任、实施科技创新的发展责任，更加自觉成为推动实现中国梦的中坚力量。二是把爱国爱校、胸怀大局的革命精神传承下去，把无私奉献、勇挑重担的创业精神传承下去，把尽职敬业、艰苦奋斗的务实精神传承下去，坚持扎根西部的定力，提高服务西部的能力，磨炼愿吃苦、能吃苦的毅力，立足本职，力求实实在在地为西部发展、国家建设奉献自己的智慧和力量。三是将个人的前途和国家、民族的命运紧密联系在一起，引导广大教师牢记"四有"标准，用高尚师德帮助学生树立正确的世界观、人生观、价值观，为发展具有中国特色、世界水平的现代高等教育，培养社会主义事业建设者和接班人作出更大贡献。

（原载于《中国高等教育》2018 年第 3/4 期）

做新时代的"西迁人"

王树国

近年来，习近平总书记对弘扬爱国奋斗精神作出一系列重要指示，特别是 2017 年 12 月对西安交通大学老教授的联名来信作出重要指示，"希望西安交通大学师生传承好西迁精神，为西部发展、国家建设奉献智慧和力量。"在 2018 年新年贺词中，习近平总书记再次提到交大西迁老教授们。这些重要论断，为我们在新的历史征程中大力弘扬爱国奋斗精神、做新时代的"西迁人"指明了方向。

新中国成立后，党和国家绘制了西部建设发展的宏伟蓝图。1956 年，以交通大学为代表的一批高校、工厂、科研院所坚决拥护和执行党中央关于西迁的决定，义无反顾地奔向大西北，积极投身到祖国最需要的地方来，成为西部大开发的先行者。在 60 余年的奋斗征程中，一代又一代"西迁人"用实际行动彰显出"爱国、报国、兴国"的情怀，诠释了"爱国就要奋斗，奋斗为了爱国"的真理，形成了"胸怀大局，无私奉献，弘扬传统，艰苦创业"的西迁精神，树立起一座不朽的精神丰碑。

站在新的历史起点上，我们必须按照习近平总书记关于弘扬爱国奋斗精神的重要指示，不忘初心、牢记使命，进一步传承好西迁精神，做新时代的奋斗者，为实现"两个一百年"奋斗目标、实现中华民族伟大复兴的中国梦贡献力量。

——秉持知识分子的家国情怀，主动扛起建设科技强国的使命担当。习近平总书记高度赞扬以西安交通大学"西迁人"为代表的老一辈知识分子"党让我们去哪里，我们背上行囊就去哪里""始终与党和国家的发展同向同行"的家国情怀，并强调面对新的征程、新的使命，需要在知识分子中弘扬这种传统、激发这种情怀。这就要求我们必须将个人的理想和前途与国家民族的命运和未来紧密地联系在一起，主动担当，积极作为，为建设世界科技强国作出更大贡献。要强化"立德树人"导向，引导广大教职员工以西迁前辈为榜样，积极投身于教育工作中，更好担当起学生健康成长指导者和引路人的责任。要坚持"四个服务"办学方向，着力培育学生奉献报国的使命意识与家国情怀，引导他们争做"爱国、励志、求真、力行"的优秀青年。要进一步强化"扎根西部、服务国家、世界一流"的办学定位，继续牢牢扎根西部大地，输出一流人才、产出一流成果、熔铸一流文化。

——永葆爱国奋斗的精神品格，努力实现高等教育的内涵式发展。习近平总书记指出，爱国主义是中华民族精神的核心……爱国主义精神激励着一代又一代中华儿女为祖国发展繁荣而不懈奋斗。幸福都是奋斗出来的，社会主义是干出来的，新时代是奋斗者的时代。要把爱国之情、报国之志融入祖国改革发展的伟大事业之中、融入人民创造历史的伟大奋斗之中。这就要求我们必须把爱国之志转为报国之行，以时不我待、只争朝夕的精神不懈奋斗，努力创造出经得起实践和历史检验的新业绩，实现高等教育内涵式发展。要坚持用习近平新时代中国特色社会主义思想武装师生头脑，高扬"爱国主义、集体主义、英雄主义、乐观主义"旗帜，汇聚发展共识，凝聚发展力量。要以中国西部科技创新港建设为契机，努力探索一流大学新形态、塑造立德树人新构架、构筑科教融合新高地、创新国际合作新模式、打造一流学科新格局。要加快形成一流的办学理念、教师队伍、研究平台、文化环境，促进学校早日实现"双一流"建设目标。

——坚守无私奉献的高尚情操，自觉成为推动实现中国梦的中坚力量。习近平总书记指出，一代又一代知识分子为我国革命、建设、改革事业贡献

智慧和力量，有的甚至献出宝贵生命，留下了可歌可泣的事迹。扎根西部
60 余年，"西迁人"始终以国家繁荣富强和增进人民福祉为己任，前赴后
继、上下求索，甚至甘洒热血、慷慨赴死，集中体现了他们在爱国奋斗精神
品格下的价值追求。这就要求我们必须始终坚持党和人民的利益高于一切，
做到吃苦在前、享受在后，夙夜在公、勤勉工作。要把脚踏实地、埋头苦
干、不畏艰难、无私奉献的优秀品质内化为广大师生自强不息、奋勇前行的
强大精神动力，并使之成为广泛认同的精神价值与共同追求。要坚持扎根西
部的定力，提高服务西部的能力，磨炼愿吃苦、能吃苦的毅力，立足本职，
力求实实在在地为西部建设、为国家富强与民族振兴作出自己的贡献。

（原载于《人民日报》2018 年 8 月 13 日）

建设接地气、有底气的世界一流大学[*]

张迈曾^{**}

在中国高等教育史上，有一所大学的建设和发展，始终与国家需要息息相关。从黄浦江畔到黄土高原，从多学科性工业院校到特色鲜明的综合性研究型大学，她始终发挥着引领知识和服务国家的先行作用。而今，这所大学已跨越三个世纪，走过119年历程，扎根西部59年。"精勤求学、敦笃励志、果毅力行、忠恕任事"的校训，是这所高校最真实的写照。她，就是西安交通大学。

初春时节，本报记者走进西安交通大学，校园一排排苍劲的梧桐树矗立在道路两旁，迎接着春天的到来。穿过钱学森图书馆前的四大发明广场，记者来到主楼校党委书记张迈曾简洁明亮的办公室，对他就西迁精神、学科格局、服务地方和国家需要、建设世界一流大学等话题进行了采访。张迈曾书记俊逸的脸庞上透着稳重与干练。从调离大学到省委工作，再重回大学，张迈曾对西安交大有着非同寻常的感情。

* 此文为西安交通大学党委书记张迈曾接受《中国社会科学报》的采访实录。
** 张迈曾（1954— ），男，西安交通大学原党委书记、校党委委员、常委。

西迁精神　传承风范

《中国社会科学报》：西安交大曾举校西迁。迁入地与迁出地经济发展悬殊，文化环境迥异，生活条件差距较大，所面临的困难和挑战在今天难以想象。请简要回顾西安交大西迁的历史。

张迈曾：1896年，作为中国高等教育源头之一的南洋公学创建于上海，1921年改称交通大学。1956年，为响应国务院决定交通大学内迁西安以适应新中国大规模工业建设需要的号召，交通大学从繁华黄浦江畔的上海西迁至临近黄土高原的西安，1959年正式命名为西安交通大学。

西安交通大学自觉肩负将自身发展融入国家战略的责任和使命。当年，以著名马克思主义教育家、哲学家彭康校长兼党委书记为首的西安交大党组织、全校师生员工衷心拥护西迁重大部署，为成功迁校付出巨大努力。许多员工甘愿舍弃优越的生活条件，甚至不惜卖掉上海的住房。在迁校及新校建设历程中，师生员工开拓奋进，备尝艰辛，顾大局，讲奉献。其间，许多感人至深的事迹，筑成了西安交大西迁精神的丰碑。

当年带头西迁的众多老教授如今已入耄耋之年，有的已长眠于大西北这片雄浑质朴的黄土地上。交大西迁人扎根于黄土地艰苦创业的豪迈气概，立足于中国高等教育事业甘于奉献的品格风范，为一代代的交大人树立了学习的榜样。

这段历史所凝练的"胸怀大局，无私奉献，弘扬传统，艰苦创业"16字西迁精神，极大地丰富了西安交大的优良传统，塑造了西安交大特有的大学文化。

《中国社会科学报》：如今，作为西安交大文化根基的重要部分，西迁精神贯穿于这所高校的育人理念中。请您具体谈谈这一点。

张迈曾：西安交大一直秉承这样的传统，那就是广大教师在授业解惑的同时，注重传承崇高的精神风范，铸成道德榜样，惠泽莘莘学子。老一辈交大人用实际行动诠释了西迁精神，涌现出钟兆琳、张鸿、陈大燮等一批德艺双馨的大师先贤。他们高远的人生志向、朴素的爱生之情和博大的爱国情怀常令学生感佩于心。

如今，交大依然铭记西迁精神，不遗余力传承师表懿德。这里有年近八旬的全国教学名师马知恩教授，他倾力创建教师教学发展中心，为青年教师师风培养披肝沥胆；也有全国师德先进个人陶文铨院士，他始终坚守三尺讲台，获评学校首届教学终身成就奖；还有带领材料学科勇立潮头的孙军院长，虽然长期饱受淋巴癌晚期病痛折磨，依旧坚持指导该专业学生突破了《自然》（*Nature*）杂志论文发表的"零纪录"。

高等教育的使命是宏学、启智、立德、树人。我们要牢记习近平总书记对广大教师提出的"四有"标准，"有理想信念、有道德情操、有扎实知识、有仁爱之心"，在教育教学的实践中，坚持以思想育人、以道德育人、以知识育人、以感情育人的四大育人导向。

联动治理　争创一流

《中国社会科学报》：结合《国家中长期教育改革和发展规划纲要（2010—2020 年）》，您对西安交大的长远建设和发展，尤其是实现创建世界一流大学的目标有着怎样的规划和思考？

张迈曾：依我的理解，世界一流大学就是"转身遇见大师，随处可见讨论"。结合《国家中长期教育改革和发展规划纲要（2010—2020 年）》，西安交大要实现建成世界一流大学的目标，必须首先实现学科建设、师资队伍、科学研究和人才培养的全面国际化。学校将借鉴世界一流大学先进的办学理念和经验，采取"自上而下"和"自下而上"的联动战略：在学校层面，要加强"自上而下"的顶层设计、资源投入、目标考核和统筹协调；在学院层面，要强化"自下而上"的目标定位、需求驱动、责任意识和落实力度。学校和学院上下联动，部门协同，从整体上快速提升西安交大的国际化水平。

具体而言，首先要开展一流学科共建项目。学校在推进国际化进程中的一个重要战略和当务之急，就是进一步明确办学目标和学科优势，进行分层和分类管理，突破有限资源对一些有竞争力或有潜力学科的制约，加大资源投入和引智力度，优先扶持，率先发展。

其次，开展一流学者来访项目。学校要充分借鉴和吸收世界一流大学在吸引一流师资方面的先进经验，根据学科发展的战略需要，一方面，注重未来师资引进和聘用的特色化，使新任职教师尽快与已有的学科团队融合并提升。另一方面，也要刻不容缓地加大对现有师资，尤其是青年教师队伍的国际化、特色化培养，大力鼓励和支持教师进行国际学术前沿及交叉学科的探索，在国际顶尖学术期刊上发表重要的学术成果。

《中国社会科学报》：近几年社会各界对高校行政化多有诟病。近期，在您的倡导下，西安交大从校领导班子着手，在全国高校首推《约法十则》，强调在管理和学术发生冲突时，高校领导须全身心地投入管理工作。请您谈谈《约法十则》的内容和出台的缘由。

张迈曾：去年10月15日晚，西安交大召开全校干部大会，宣布了教育部关于郑庆华、席光、荣命哲、颜虹、王铁军、张汉荣等六位副校长的任命决定，引起社会广泛关注。与此同时，校领导班子《约法十则》向社会公布，接受群众监督。

《约法十则》的内容涉及提高思想政治水平、坚持民主集中制、全身心投入管理工作、勇于承担责任、严格管理分管部门、自觉履行请示汇报制度、做维护团结的模范、开展创造性工作、做好调查研究、遵守中央廉洁从政要求等十项约定。

《约法十则》的很多内容源自上届领导班子在工作实践中的总结。目前将它形成文件，作为一项制度来执行，归功于制度本身的可操作性，以及背后的文化积淀。在宣布六位副校长任职的前一周，我和校长王树国与即将就任的副校长逐一谈话，对"能否保证每天8小时以上的管理工作"征求意见，得到大家一致支持，并有同志主动提出，不与教师争学术资源，不利用职权跑项目课题，当管理和学术出现矛盾时，以管理为主。

要做到以上几点，领导者首先应成为教育家和政治家，而非大学者。当前，时代呼唤现代大学加大治理力度，对此，要以表率作风唤醒执行力量，以可操作性寻找制度执行力。"实在、具体"，"有重点、有要求"，这是解读《约法十则》的关键词。前者强调将《约法十则》真正落实到每位校领导的日常工作中，后者则体现了《约法十则》操作层面的明确性。

自《约法十则》公布以来，领导班子从中感受到了压力，但更多的是动力。《约法十则》是"座右铭"，更是"警示牌"，敦促我们形成团结向上、奋发有为、廉洁公正的管理合力，推动西安交大的高校治理更加民主化、人性化、科学化。

《中国社会科学报》：创新是大学发展的内在驱动力。为培养创新型人才，西安交大近年来做了哪些努力？

张迈曾：从1985年开始，西安交大开始从初中毕业生中选拔招收少年班大学生，突破传统教育观念和教育体制，针对智力超常少年实施特殊教育，在中国高等教育史中较早建立了研究型大学创新人才培养模式；2004年，西安交大在全国率先实施"2+4+X"人才培养模式，即2年综合基础素质培养教育、4年科研能力培养教育和X年创新能力培养教育的"三段式"模式；2006年创建了"工程坊"，为学生搭建创新实践的新型平台，培养学生的创新意识和实践动手能力；从2005年起，西安交大在本科生中试点"双院制"管理，即专业所在的"学院"关注学生的学业教育，住宿生活所在的"书院"侧重学生的人格养成，至2008年，西安交大八大书院已覆盖全校本科生；2010年，西安交大将体育精神深入贯彻到人才培养中，让体育运动伴随学生的大学生活。

目前，学校启动实施了"青年拔尖人才支持计划"，培养和造就一批杰出青年人才，快速提升学校学科水平，在前沿基础学科领域和交叉研究领域取得突破，以实现创建国际知名高水平大学的战略目标。

以文载道　工文并重

《中国社会科学报》：人文精神是一所优秀大学文化价值的灵魂。西安交大是如何将人文精神融入其高校文化中的？

张迈曾：我国具有悠久的人文教育传统。《大学》开篇写道："大学之道，在明明德，在亲民，在止于至善"。这一被视为中国儒家学派教育思想之根本的"大学"三纲，体现了中国古代教育为教、为学、为人的理念，显示出强烈的人文精神。而人文精神亦是一种实践精神，其另一重要特点在于内化，在于引导人与塑造人。

西安交大丰富的人文社会科学研究，旨在提升师生学术水平，为国家和社会进步提供智慧支撑，更重要的在于营造良好的人文环境，这是一流名校的基本标志。通过人文素养的熏陶，人文知识可转化为受教育者内在的人文精神。大学通识教育必须承载人文意识的培养，让学生理解人类文明发展，明辨人性善恶，知晓生命意义。

《中国社会科学报》：您如何评价人文社会科学在大学学科中的地位？西安交大在发展人文社会科学方面做了哪些努力？

张迈曾：人文社会科学作为人类整个科学事业的重要组成部分，与自然科学具有同等重要的地位。二者在某种意义上有着共通之处。《老子》云："道生一，一生二，二生三，三生万物。"这句话从哲学上讲，指整个宇宙为一个多样统一的和谐整体；从美学角度而言，这也是一条美感的基本法则；体现在物理学中，便是"一"变"多"、"多"变"一"的原理。另一个例子是，作为研究现实世界数量关系的一门科学，数学中的公式如同但丁神曲的诗句般优美，黎曼几何学亦如同肖邦的钢琴曲般美妙。

当人们读到可演算为无穷级数形式的某函数时，顿时会满怀人与天地并立的浩然之气。无穷级数的对称性有一种和谐美，读它像读一首数学诗，又仿佛是欣赏漂浮在蔚蓝天空的一片白云，无边无际，正犹如宋朝朱敬儒名句所道出的境界："晚来风定钓丝闲，上下是新月。千里水天一色，看孤鸿明灭。"

以文载道、工文并重，做人治学两相宜，是西安交大薪火相承的光荣传统。可以说，西安交大人文社科的发展脉络和历史传承，伴随其综合性大学的发展历程起伏而行。"厚植学子根底"，传承中国传统文化，是当年南洋公学执着的追求。建校早期的唐文治校长是一位具有新兴思想的国学大师，他不仅是西安交大工程技术教育的开创者，也是中国大学素质教育和校园文化建设的先行者。1908 年，他在开办电机科的同时，也创办了国文科，由此奠定了西安交大理、工、文并重的办学方针。

另外，西安交大历史上的彭康校长为充分发挥西安交大在国家和西部建设中的作用，响应国家"向科学进军"的号召，主持兴办了多个新学科和新专业，初步促成了西安交大的多学科格局，在很大程度上扭转了 20 世纪 50 年代初全国范围内文理分家的弊端，推动了高校人文社会科学的良性发展。

1984 年，西安交大在全国最早恢复成立管理学院，具有一定理工特色的人文社会科学如管理学、工商管理学等始终在全国高校中名列前茅。2000 年，原西安医科大学和原陕西财经学院并入西安交通大学。至此，西安交大拥有除军事和农业以外的所有基础学科门类，成为真正意义上的综合性研究型大学。人文社会科学和自然科学交融发展，迎来了其人文社会学科的春天。

经过 15 年的发展，西安交大已拥有公管学院、经金学院、人文学院、马克思主义学院、戏剧学院等人文社科学院，加上正在筹划成立的新闻学院，西安交大人文社会科学将形成"三分天下有其一"的学科格局。

家国情怀　不辱使命

《中国社会科学报》：承担国家战略发展的责任是西安交大的一大使命。在服务国家和地方社会经济发展方面，西安交大扮演怎样的角色？

张迈曾：2014年是深化改革元年，习近平总书记提出的"三个面向"，为我们指明了大学的未来发展方向。大学要将自我命运与国家命运紧密联结，肩负起理应担当的社会责任和历史使命，面向世界科技前沿、面向经济主战场、面向国家重大需求，主动融入区域经济的发展。

西安交大作为国家重点大学，已经与陕西省12个市区签署了战略合作协议，这是陕西省部属高校与陕西省各地开展全方位战略合作的新起点，也是政产学研合作的新探索。此外，西安交大与陕西省西咸新区将共建中国西部科技创新港，把绿色、环保、节能和"三个陕西"的概念融入到建设设想中，实现"校区、园区、社区"功能集成，建设开放共享平台。这丰富了现有的大学形态，以一种开放包容的形式，将大学里的软科学到硬科学、自然科学到社会科学，应用到港区的规划和建设中，把大学真正办成社会的重要组成部分，建成社会发展的引擎。

结合国家丝绸之路经济带建设的重大战略需求，西安交大通过整合其在丝绸之路经济带研究中涉及的管理、经济、法律、政治等学科优势，凝聚活跃在新丝路上的专家学者，刚刚成立"丝绸之路经济带研究协同创新中心"。该中心将以"世界视野、丝路特色、中国重心"为总体定位，按照"国家急需，世界一流"的要求，坚持统筹国际国内两种资源、省内省外两支力量、政产学研四方面优势，着力解决丝绸之路经济带建设过程中政策沟通、道路联通、贸易畅通、货币流通等领域的重点难点问题，提升中国在当代世界文明体系中的认同度和话语权，为促进国家战略实施和区域共同繁荣提供智力支持。

作为西安交大培养的干部，我与西安交大产生了永生的情结。是她教给我知识，教会我做人，给我提供锤炼自我的良好平台。我们要有这样的雄心壮志：不仅做陕西的西安交大、中国的西安交大，更要做世界的西安交大，要让西安交大走向世界、跻身世界顶尖高等学府之列。这亦是所有西安交大人的梦想。要实现这个梦想，除了要有面向未来的战略谋划，更要靠我们每一位高校干部与师生的脚踏实地、埋头苦干。

2016 年，西安交大将迎来 120 年校庆。对西安交大而言，这段几近 120 年的奋斗史见证的，是中国高等教育界一所名校的双甲子历程；折射的，是一种履行国家战略、肩负国家重任的家国情怀。

2020 年国家要基本实现教育现代化，2049 年国家要建成富强民主文明和谐的社会主义现代化强国。在这样一个伟大历史进程中，西安交大要争取的是世界高度，要追求的是中国特色，要承担的是国家使命。

（原载于《中国社会科学报》2015 年 3 月 16 日）

写好新时代交大科技工作的奋进之笔

王树国[*]

作为科技第一生产力、人才第一资源和创新第一动力的重要结合点，高等教育必须肩负起科技创新的历史使命，为中华民族的伟大复兴提供强力支撑。大学要按照习近平总书记的要求，坚持"面向世界科技前沿、面向国家重大需求、面向国民经济主战场"，促进与社会的融合发展。大学要有广阔的国际视野，加强与国际一流大学或研究机构的融合发展，瞄准世界科技前沿，强化基础研究，实现前瞻性基础研究、引领性原创成果的重大突破；加强与国家主要行业、骨干企业的融合发展，促进不同学科间的交叉，瞄准国家战略需求、协同创新，产出颠覆性创新成果，掌握关键核心技术，从体制上破解科技成果转化的瓶颈问题，服务国家重大需求和国民经济主战场。

西安交通大学在党的十九大精神指引下，认真学习贯彻习近平新时代中国特色社会主义思想，弘扬西迁精神，肩负历史使命，以建设中国西部科技创新港为抓手，坚持内涵式发展，加快一流大学和一流学科建设；突出目标导向和问题导向，以"组建大团队、建设大平台、承担大项目、产出大成果"来落实"三个面向"工作要求，改进科研组织模式、完善考核评价体系、营造科技创新文化，突出有组织的科学研究，抢占科研制高点，着力破

---

* 王树国（1958—　），男，西安交通大学校长、党委副书记、校党委委员、常委。

解国家在科技创新方面的瓶颈问题，为国家经济社会的发展提供有力支撑。

加快建设中国西部科技创新港，
不断提升科技创新能力和社会服务水平

中国西部科技创新港（以下简称"创新港"）是陕西省委省政府郑重作出决定、教育部予以大力支持的重点项目，是西安交通大学和陕西省贯彻国家创新驱动、军民融合发展战略，落实"一带一路"倡议，助力陕西省创新型省份建设的重大举措。学校正以前所未有的决心和举措，大力开展自主创新，为国家和区域经济社会发展发挥重要引领作用。

作为省部共建的重点项目，创新港以科学研究、研究生培养、成果转化为主要功能，以"学科交叉、军民融合、资源共享"为主要特色，以"组队伍、建平台、争项目、求合作、筹经费"为主要任务，按照"国家使命担当、服务陕西引擎、创新驱动平台、科研教学高地、智慧学镇示范"的建设定位，聚焦国家战略目标，瞄准能源革命、中国制造2025、"互联网+"等，构建校—院—所的科研组织架构，在理学、工学、医学、人文社科四大学科板块建设一批研究院、研究所（中心）以及百余个国家级、省部级科研基地、校企合作研究平台，面向世界科技前沿，开展有组织的科学研究，服务国民经济主战场和国家重大需求。

创新港位于西咸新区沣西新城，建设面积5000余亩，包括教育、科研、转孵化和综合服务等4个板块。目前，占地2100亩、建筑面积159万平方米的科研教育板块已全面封顶，正在积极推进内涵建设。创新港作为教育科研改革的试验田，将主动探索21世纪现代大学与社会发展共融共生的新模式、新形态，努力建成"校区、园区、社区"三位一体的创新体、技术与服务的结合体、科技与产业的融合体，更好地服务于学生创新能力培养、服务于科技成果转孵化和经济社会发展，为中国高等教育改革提供有益借鉴，不断丰富一流大学建设内涵。

加强"大团队、大平台、大项目、大成果"建设，推动科研内涵式发展

学校以建设"大团队、大平台、大项目、大成果"作为加强科技创新的重要抓手，按照"理科补短强基、工科扩新强优、医学交叉强质、文科经典强用"的建设思路，强化基础研究和应用基础研究，加强创新体系建设，促进科技成果应用，推动学校科研内涵式发展。

1. 建设一流创新研究平台

各级各类的创新研究平台既是学校科技创新体系的重要组成部分，也是国家和区域创新体系的重要建设内容。学校坚持以建设大平台夯实科研基础，以建设中国西部科技创新港为载体，加快构建支撑学校可持续发展的科技创新体系，建设以国家重点实验室、国家西部能源研究院为代表的基础研究和应用基础研究平台，以国家技术创新中心、国家工程研究中心为代表的应用研究平台，以大科学装置、分析测试中心为代表的大型共享平台三类科研大平台。

2. 提升基础研究与原始创新水平

基础研究是整个科学体系的源头，基础研究的深度和广度决定着原始创新的动力和活力。学校以承担大项目提升科研能力，一方面将加强前瞻布局，实施"科学前沿重大基础研究导向计划"，设立"原始创新基金"，瞄准国际科学技术前沿和国家重大需求，不断提高各学科的原始创新能力，争做国际学术前沿并行者乃至领跑者；另一方面加强学科交叉融合，设立"交叉学科研究基金"，打破原有一级学科壁垒，在学科交叉领域开展前沿

探索，孕育新兴交叉学科，催生基础科学研究新的生长点，推动一流学科和科技创新不断发展进步。

3. 强化解决国家重大问题能力

学校坚持面向国民经济主战场，瞄准国家和行业重大需求，整合学科优势，开展前沿技术和颠覆性技术创新，不断提升自主创新能力；实施"国家重点重大项目培育引导计划"，加强与国内外高新技术企业合作，联合承担国家重大科技和工程项目，力争实现在国家重大项目以及关键技术领域研究的突破，产生一批服务国家战略需求的重大创新成果，提升学科的行业影响力和学术影响力；贯彻落实"军民融合"发展战略，实施"军工科研项目提升计划"，支撑国防科技与武器装备创新发展。

4. 促进科技成果转化

学校瞄准国民经济主战场，以能源、电力、制造、化工等传统产业转型升级为主要关注点，充分发挥机、动、电等学科的优势，建立以"行业企业共建为引领、学校示范为先导、学院组织为主体、项目实施为依托、教师参与为核心"的工程技术研究体系，深入了解企业转型升级与技术变革需求，提炼技术着力点，攻克产业转型升级的关键技术、成套技术。进一步完善具有学校特色的"政金产校+"新型科技成果转化机制，加强产学研技术供给与需求对接，加强知识产权的全链条管理，建立专业的知识产权运营机构，形成"授权、转让、作价、孵化"的科技成果转化模式，加速推进学校科技成果转化应用，推动关键技术转变为现实生产力。

深化科技体制改革，释放科技创新活力

学校牢牢把握"三个面向"根本要求，结合国家科技体制改革的新形

势新任务新要求，深化综合改革，着力破除阻碍科技创新的体制机制障碍，充分发挥学院办学主体作用，积极开展有组织的科学研究，抢占科研制高点。

1. 深化科研组织架构和组织模式改革

结合创新港建设，学校出台《关于基层科研组织建设的指导意见》，建立校—院—所三级科研管理模式，培育和组建高水平的科研团队，变"单兵作战"为"团队作战"，积极承担重大科研任务；实行所长负责制，鼓励所内人员发挥各自专长，提倡"单项冠军"，鼓励"全能冠军"，激发教师和科研人员创新活力和积极性，在基础研究、技术开发、成果转化、社会服务等方面发挥作用，支撑学科和平台建设。出台《关于改进科研组织模式 优化资源配置 增强科技贡献力的指导意见》，从研究院和职能部门两方面提出要求，一方面优化人才队伍、建设经费、物理空间、招生指标等资源配置；另一方面加强协同配合，形成"保证重点、支持交叉、鼓励融合、促进共享"的政策支撑体系，引导更多教师在组建大团队、建设大平台、承担大项目、产出大成果方面发挥重要作用，持续增强学校科技贡献力。

2. 深化科技成果"三权"改革

围绕科技成果转化处置权、使用权、收益权改革实践，出台《西安交通大学科技成果转化管理办法》，建立健全科技成果转化体制，明确责任主体，完善工作机制。成立科技成果转化工作领导小组，组建科技成果转化办公室，加强对科技成果转化的组织、管理和协调。明确"授权、转让、作价、孵化"的科技成果转化模式，优化科技成果作价入股流程，厘清部门职责，建立协调管理机制。加大科技人员收益奖励力度，转化所得收益80%奖励给技术完成人，20%归学校所有，促使教师将科研关注点由"发表论文、申请专利"向"成果转化、产业化"方向转变。创新成果转化混合收益模式，采取转让、许可、作价入股以及混合实施等方式进行转化，构建独具西安交大特色的"科技成果三权改革+科技创新平台+创业基金+孵化器"的科技创新创业体系，推动更多科技成果转移转化。

3. 营造学术繁荣的良好氛围

良好的学术氛围是创新思维迸发的土壤。学校出台《促进自然科学学术繁荣的实施办法》，着力加强学术环境建设和创新氛围营造，围绕国际学术前沿和国家重大需求，举办战略研讨会、名家讲坛、学术论坛、青年学术沙龙等主题新颖、形式灵活、注重实效的学术研讨和交流活动，启迪创新思想，倡导创新文化，弘扬学术民主。进一步促进学科交叉与融合，促进战略性、前瞻性、引领性重大科研项目的谋划，促进战略科技人才、科技领军人才、青年科技人才以及高水平创新团队的培养。

4. 深化绩效考核改革

严格考核、科学评价是做好学校各项工作的重要保障。学校按照"历史最好为底数、奋斗拼搏创新高、基本指标定任务、标志成果量贡献、党建管理铸作风、能上能下看实绩"的思路，深化绩效考核改革，构建"面—线—点"指标体系，明确"横—纵—重"考核标准，强化"实—准—严"工作要求，突出体现学校发展核心竞争力指标的完成，突出与"双一流"高校相同学科、本单位最好成绩的对比，突出工作业绩的刚性考核和严格奖惩，逐层传导责任，全员调动活力，激发各单位的积极性、主动性和创造性，为学校各项事业快速发展作出更大贡献。

弘扬西迁精神，以"爱国、奋斗"
文化持续引领科技创新

2018 年新年前夕，习近平总书记对西安交大 15 位老教授来信作出重要指示，并通过新年贺词充分肯定西安交大的西迁精神。这为西安交通大学的建设和发展指明了前进方向，激发了巨大的精神力量。西迁 62 年来的执着奋斗，使大西北拥有了具有示范引领作用的国家重点大学和一批领军学科、专业和重要研究基地，为祖国西部的发展提供了重要的人才和科技保证，也铸就了"胸怀大局、无私奉献、弘扬传统、艰苦创业"的伟大西迁精神。

1. 弘扬"西迁精神"就是要坚持服务国家的科研理念

想国家之所想，急人民之所急，为国家民族而勇于担当和不懈奋斗是西安交大"西迁精神"的生动实践。学校将认真落实习近平总书记的批示要求，传承好、弘扬好"西迁精神"，坚持"扎根西部、服务国家、世界一流"的办学定位，继续向西而歌，把党和国家托付的使命承担好、完成好，建成科技创新的高地、人才集聚的高地、成果转化的高地，充分发挥学校的学科优势、人才优势、科研优势，为全面建成小康社会，为建设社会主义现代化国家和社会主义现代化强国目标的实现，作出交大应有的贡献。

2. 弘扬"西迁精神"就是要坚持顶天立地的科研目标

西迁 62 年来，西安交大坚持"顶天立地"的科研目标，累计创造重要科研成果 29000 余项，其中获国家"三大奖"成果 226 项。学校将继续瞄准世界科技前沿，强化基础研究，努力实现前瞻性基础研究、引领性原创成果重大突破。加强应用基础研究，突出关键共性技术、前沿引领技术、现代工程技术、颠覆性技术创新，进一步加强与各级政府、国内外知名企业、重要研发机构的实质性合作，促进科技成果转化，为助力我国科学研究从跟跑并跑向并跑领跑转变发挥重要作用。

3. 弘扬"西迁精神"就是要倡导严谨求实的科研作风

淡泊名利、奉献奋斗是"西迁精神"的重要内涵。西迁 62 年来，西安交大形成了具有时代特征和交大特色的奉献报国的使命文化、严谨精致的卓越文化、开拓进取的创新文化、团结互助的团队文化，持续引领着学校的科技创新。学校将进一步深化科技体制机制改革，加强协同创新，突出以质量和贡献为导向的科研评价，鼓励科研人员持续研究和长期积累，把广大教师和科研人员的智慧和力量聚焦到科技前沿和国家需求上来，以政策和制度来保障科研任务的顺利完成，以政策和制度来倡导严谨求实的工作作风，以政策和制度来营造潜心科研的氛围环境，着力培养一大批黄大年式的，具有至诚报国情怀、甘于奉献情操、敢为人先精神的科技创新人才和拔尖创新团队。

新时代要有新气象，更要有新作为。西安交大将在党的十九大精神的指引下，认真学习贯彻习近平新时代中国特色社会主义思想，坚持"三个面向"要求和"扎根西部，服务国家，世界一流"的办学定位，着力在组建大团队、建设大平台、承担大项目、产出大成果方面下功夫，在完善学术评价体系和科研考核评价指标方面下功夫，在营造浓厚学术氛围和宽松创新环境方面下功夫，不断推动学校科研内涵式发展，写好新时代交大科技工作的奋进之笔。

（原载于《中国高等教育》2018 年第 12 期）

为国家发展贡献全部智慧和力量

史维祥[*]

2018 年 5 月 30 日是我国第二个"全国科技工作者日"。为了迎接这个属于科技工作者的节日，中国科学技术协会邀请百名科学家、百名基层科技工作者欢聚在人民大会堂，重温习近平总书记在"科技三会"和 2018 年两院院士大会上的重要讲话。西安交大原校长史维祥教授应邀参会并作发言。现转载如下：

我今年 90 岁，是党龄近 70 年的老党员，也是交通大学"西迁"的亲历者。去年 11 月底，很多"西迁"的老教授共同给习近平总书记写信，呼吁在知识分子群体中弘扬以"爱国、奋斗"为核心的奉献报国精神。这封信很快得到了回复，习近平总书记还在新年贺词里再次提到我们，强调幸福都是奋斗出来的。这体现了他对广大知识分子的厚爱和关怀，我们感到无比激动和温暖。

爱国，就是党让我们去哪里，我们就背上行囊去哪里。1956 年 1 月，党中央向全党全国发出了"向科学进军"的号召。随着一道来自中央的

---

[*] 史维祥（1928— ），男，中国机械工程学会流体传动与控制学会主任委员、西安交通大学校务委员会副主任、国务院学位委员会学科评审机械工程组召集人。

"西迁"指令,我和几千名师生在"歌唱祖国"的高歌声中,开启了扎根黄土地,发展西部、建设国家的奋斗历程。尽管条件艰苦,但在那个热气腾腾的年代,为建设祖国出一份力,是所有年轻人心目中的至高理想。

奋斗,就是哪里有事业,哪里有爱,哪里就是家。"中国电机之父"、钱学森的老师钟兆琳先生迁校时已经50多岁了,周恩来总理考虑到钟先生年事已高,让他不必去西安了,但他却坚持克服困难,毅然随校西迁。临终前他叮嘱孩子,要求去世后把骨灰安放在他献出一生的黄土地。像这样的故事还有许多许多,他们的精神始终激励和引领着一代代交大人扎根西部,艰苦创业。

传承,就是交大人始终与党和国家的发展同向同行。迁校62年来,西安交大培养了25万名毕业生,其中40%留在西部地区奋斗,成长为各个行业的中坚力量,培养的34位院士中,有近一半留在西部工作。交通大学这棵大树已在西北深深扎下根来,在一代代交大人的奋斗中,枝繁叶茂,硕果累累。

"西迁精神"作为中国科学家精神的重要组成部分,其最核心的内涵是"爱国、奋斗"。新时代,知识分子要面向世界科技前沿、面向经济主战场、面向国家重大需求,加快各领域科技创新,掌握全球科技竞争先机,为人民过上美好生活,为消除社会发展中的不平衡、不充分,为西部建设、国家发展贡献全部的智慧和力量。

(原载于《光明日报》2018 年 5 月 31 日)

小我与大我的博弈

——西迁精神的核心内涵

卢烈英[*]

交大西迁的最初动因是基于当时的国际形势，出于对沿海地区战备的需要。1955年3月30日，高教部党组在《关于沿海城市高等学校1955年基本建设任务处理方案的报告》中提出"将交通大学机械、电机等专业迁至西北设交通大学分校（具体地点和陕西省委商定）。准备在两三年内全部迁出。"1955年4月9日，彭康校长在交大党委会和校委会上报告：中共中央决定学校搬家，搬到西安，以改变西北地区高校少的不合理状况，同时也有国防意义。1955年5月24日至25日，交大校务委员会扩大会议通过了关于迁校问题的决议，全校教师热烈拥护迁校决定。

1956年国际形势发生了变化，6月27日，中共上海市委向中央反映了交大西迁问题意见，要求交大内迁后，由交大负责在上海筹建一所新的工科大学，中央同意为照顾上海需要，留下个小摊子。8月13日，《解放日报》发表了上海市人民代表张孟闻教授对交大西迁提出不同意见的发言。上海舍不得金娃娃搬迁，这对上海也是一次小我与大我的博弈。直至1957年6月

* 卢烈英（1932— ），男，西安交通大学人文社会科学学院教授、博士生导师，西安交通大学社会科学系主任、社会科学研究所所长，全国高校艺术教育研究会常务理事。

22 日，上海市委就交大迁校问题召开全市 17 个单位工程技术人员座谈会，经过热烈讨论赞成交大西迁。6 月 23 日，高教部杨秀峰部长提出"一个学校，分设两地"方案，两个部分为一个系统、统一领导。7 月 4 日，交大校务委员会扩大会议一致通过新迁校方案，形成了上海、西安"两个交大"的格局。

西迁的交大人思想斗争就更为激烈，长期以来，江南水乡的人对大漠西北存在着莫名的恐惧，迁离上海牵涉生活、家庭、事业等一系列小我问题。但是交大人在小我与大我的博弈中，顾大局、识大体，认定支援大西北是兴国大计，匹夫有责，将个人困难看作小事、私事，个人利益坚决服从国家利益。交大师生坚决贯彻中央决定，在德高望重的老教授的带领影响下，开发大西北成为全校的共同心声。大家甘愿舍弃上海优越的生活条件，甚至不惜上交自己在上海的住房，舍小家为大家，义无反顾积极西迁。如当时"中国电机之父"的钟兆琳教授在西迁时，周恩来总理提出钟先生年龄较大，身体不好，夫人又卧病在床，他可以留在上海，不去西安新校，但钟先生认为："如果从交大本身讲，从个人生活条件讲，或许留在上海有某种好处，但从国家考虑，应当迁到西安。"他毅然处理了上海的住宅，把已经瘫痪的夫人安顿好，自己孤身一人第一批赶赴西安。这种感人的例子在西迁时并不鲜见，它就是西迁精神的真实写照。

西迁精神的内涵不仅局限于艰苦奋斗，它更是老一代交大人在长期实践中体现出来的奉献精神。奉献是一种自觉的不计回报的、把集体利益看得高于个体利益的行为。判断"奉献"与否，主要看是否包含着自我牺牲的因素，劳动者在本职岗位上为社会创造价值，但如果没有对个人利益的自觉舍弃，不能称之为"奉献"。真正的"奉献"需要有两个条件：一是它涉及本分之外的牺牲，二是它有一定的价值和贡献。正由于老一辈交大人的胸怀大局、无私奉献，在大西北为祖国贡献了一所著名大学，1996 年首批进入"211 工程"，1998 年又跻身"2+7"的"985 工程"，如今一南一北，两个交大两棵并峙的参天大树，这就是交大西迁的价值与贡献。

　　奉献是社会得以进步的最大源泉，社会离开奉献就不能进步，人们没有奉献就无法生活。英国诗人拜伦说："如果人人都为自己活着，世界便冷却下来。"奉献精神是社会主义核心价值观的体现，是我们民族宝贵的精神财富。井冈山精神、延安精神、"两弹一星"精神、抗洪精神、抗击非典精神，这是奉献精神在不同时期的生动体现和丰富内涵，是一个民族集体凝聚力的不可或缺的源泉，是实现中国梦伟大复兴的动力和保障。

　　"胸怀大局、无私奉献"的西迁精神是西安交大在办学过程中孕育产生的宝贵精神财富，这种精神的生成，不是一朝一夕之功，必须诉诸长期的历史沉淀、凝聚发展。它是特殊范围的"文化体"和"文化群"的共同价值判断、价值选择和价值认同的自然结果。大学是传承和推进人类文明的地方，是学术、思想、文化更新的中心，大学为人的一生奠基和定向。继承和发扬西迁精神，是今天我们培养能承担社会责任、转移社会风气，具有强烈社会责任感和使命感的一流人才的需要。

从南洋公学到西安交通大学

——纪念交通大学建校 120 周年暨迁校 60 周年

朱继洲*

　　作为我国创建最早的大学之一的交通大学，她的前身是创建于 1896 年的南洋公学，2016 年 4 月 8 日，将迎来建校 120 周年；经国务院批准，交通大学主体从 1956 年起内迁西安后分设的西安交通大学，也将迎来西迁 60 周年。

　　南洋公学—交通大学—西安交通大学的 120 年，是中国新兴教育发展的缩影。从封建教育到半封建、半殖民地教育，从学习欧美到学习苏联的教育到探索有中国特色的社会主义教育，从改造旧教育到建立发展人民的新型教育到创建世界一流大学，这就是我国的近代教育史，也是中国近代工程教育发展的历程。南洋公学—交通大学—西安交通大学经历了每一个转折，走过了不平凡的道路，一代代师生员工不辱使命、奋力前行，为国家发展教育、培育人才、促进科学技术进步，作出了巨大的贡献。

---

　　* 朱继洲（1935—　），男，西安交通大学核科学与技术学院教授、博士生导师，西安交通大学国家级教师教学发展示范中心专家工作组成员，西安交通大学大学校史与大学文化研究中心专家组成员。

一、南洋公学：近代中国高等教育的开端

1894 年中日甲午之战，清军惨败。就在甲午战争前后，为了使中国能够自强，一些有识之士纷纷提出学习西方和日本，开办新式学堂的设想。1895 年，清朝官僚中的洋务派盛宣怀奏请清廷，以"自强储才"为宗旨，在天津创办北洋西学学堂，1896 年 3 月，又在上海创建南洋公学。南洋公学为官办民助之新式公立学校，内设师范、上、中、外四个院，即师范、大学、中学、小学四部分。先设师范院，以栽培胜任新学教育之师资人才；遂又在师范院附设高等小学堂，从小学毕业生依次提升进入中学。从师范生和中学毕业生中，选拔一批优秀人才，派赴欧、美、日等国大学深造，以尽快培养出一批能从事洋务、外交、新学教学的新型高层次人才。

与此同时，南洋公学还设立了具有高等程度之特班以及铁路班、政治班、商务班等，以应急需，并为设立高水准的大学创造条件；并设译书院、东文学堂以引进西方文化典籍。北洋西学学堂和南洋公学的创设，是中国近代高等教育的发轫，垂范于世，影响深远。

什么是"南洋公学精神"？据记载，100 年前有两位校友论述过南洋公学精神。陈容认为，南洋公学精神的重要者有三：注重体育、注重国学国文、注重科学工艺；他认为南洋公学精神所汇粹之点，即爱国救民。革命先驱邹韬奋则认为，南洋公学的学风，有三方面是应该做到而又难以做到的，那就是自尊其人格而且知道尊重他人的人格，人格为为人之基；勤奋做学问同时又极尊重他人之勤奋学习者，勤奋为成功之诀；毫无奢侈恶习而同时知道敬重他人俭朴，俭朴为立身之本。

其后，1907 年 9 月，国学大师、杰出的教育家、著名爱国人士唐文治鉴于国政腐败，又受袁世凯排挤，决心弃政从教，接受清政府邮传部委派，任邮传部隶属的上海高等实业学堂监督（校长）。这一时期，中国民族工业

发展迅速，工业专门人才缺乏，于是本校培养学生的目标开始逐步转向工科，唐文治主持校务之初即着手创办学校第一个工程专科——铁路专科，次年又建成电机专科，本校工程教育由此肇基，学校性质为之转变，中国人自办新型理工科大学初见端倪。唐文治任校长（1907—1920 年）14 年间，潜心学习西方先进教育经验，在学制、课程设置、教学方法等方面进行重大改革，为交通大学（1921 年定名）的发展壮大，做了许多开创性的工作，唐文治先生把"以明德为先，科学尚实"作为大学的使命和教育宗旨。如直接采用美国麻省理工学院、哈佛大学原版教材。与此同时，高度重视优良校风、学风的培育和学生高尚人格的养成，在中国传统文化教育、体育等方面倾注极大心血，求是务实蔚然成风，形成本校鲜明特色以及他的为国储才的献身精神，指导了交通大学办学的信念和准则。为交通大学"爱国爱校，追求真理，勤奋踏实，艰苦朴素"的校风和"起点高、基础厚、要求严、重实践"的教学传统的形成，为交通大学在 20 世纪 50 年代发展成为国内外著名的理工科大学奠定了基础，铸就了交通大学的品格，成为近代高等教育史上的一笔宝贵的财富。

在 1937—1945 年八年抗战的艰苦岁月中，本校辗转在重庆和上海法租界的困难环境下，继承传统、坚持办学。1937 年 10 月，在全校师生员工的努力下，交通大学先从沦陷的上海徐家汇校区迁入法租界继续上课；后又在重庆建立国立交通大学，尽心竭力继续为国家培养工程人才。

抗战胜利后的 1946—1949 年，在全国民主运动的推动下，交大学生的民主爱国运动也日益高涨，他们在反对国民党政府"反饥饿、反内战、反迫害"一系列斗争和反对美国暴行的示威游行中，所表现出的坚定不移的革命精神和视死如归的革命气概，是可歌可泣的。进步学生史霄雯、穆汉祥（共产党员）在执行任务时先后被捕，1949 年 5 月 20 日，在上海解放前夕，穆汉祥、史霄雯两位遇害，临刑前高呼"中国共产党万岁！"穆汉祥、史霄雯两位烈士陵墓，在交通大学徐家汇校区内。

纵观从学校创办时起到 1949 年中华人民共和国成立止的 53 年历史，

经过清朝、北洋军阀、国民党政府三个统治时期，交通大学一直是"工业救国"的旗帜、革命的先锋和战斗的堡垒。师生们矢志探求救国救民之策，追求光明、反对黑暗，追求自由、反对压迫，爱国爱校、不怕牺牲。以自己的办学特色和优良的校风、学风，培养了众多的蜚声中外的革命先驱、政治家和社会活动家：黄炎培、邵力子、蔡锷、邹韬奋、李叔同、侯绍裘、陆定一、穆汉祥、史霄雯、江泽民、汪道涵等。培育了为国家作出卓越贡献的科学家、工程技术专家：蔡元培、凌鸿勋、白毓昆、茅以升、王安、钱学森、张光斗、吴文俊等杰出人士。

二、交通大学：思想改造、院系调整、全面学习苏联，为建立社会主义的高等教育体系作贡献

1949 年 5 月上海解放，经过革命斗争洗礼的交通大学师生，欢欣鼓舞地迎来了学校的新生，昔日的"民主堡垒"肩负起了培养造就社会主义接班人的重任。全校师生员工学习苏联教育经验、以苏联教育体制为模式，改革旧的教育体系、教育制度和教育方法，建立新的专业，进行了教学改革。为适应社会主义建设的需要，以极大的热情投入各项运动。

为了适应社会主义经济建设全面发展的需要，第一个五年计划期间，高等学校进行了两次院系调整。

（一）知识分子的思想改造

从解放初期到 1952 年，共产党领导了一系列政治运动和知识分子思想改造运动。那段时期，每周一次的政治学习开展得很有成效，学习的内容紧密结合形势，从师生员工思想实际出发，学习中国革命与中国共产党、文教

政策与知识分子政策、新人生观等专题；学习毛主席《为人民服务》《纪念白求恩》和《愚公移山》等文章，树立张思德、白求恩、老愚公等光辉的形象。通过学习，有力地促使广大教师提高了思想认识和政治觉悟，用学习到的理论来联系解放后的所见所闻，对照自己的行动，从而对中国的革命问题，对中国共产党和党的方针政策，以及树立新的人生观有了初步的认识。

（二）交通大学在全国第一次院系大调整中的贡献

1952 年的全国第一次高等学校院系大调整，是党和国家对旧大学系科设置庞杂、师资设备力量分散、教学内容陈旧，不能适应国家建设对人才的需要而采取的措施。

交通大学在和全国各兄弟院校一起进行的院系调整中，作出了贡献。许多院、系调往兄弟院校，有的院、系独立建校。如：交通大学理学院中的数学、物理、化学学科被调到复旦大学，化学系支援成立了华东化工学院（即今华东理工大学）；实力雄厚的土木建筑系全部被调入同济大学；独具特色的管理学院的管理、会计、财务等系并入复旦大学和华东师范大学，部分支援成立了上海财经学院（即今上海财经大学）；纺织系分离出去成立了华东纺织工学院（即今东华大学）；水利系分至华东水利学院（即今河海大学）；航空系分出成立了南京航空学院（即今南京航空航天大学）；机电学科中的电子学科支持了南京工学院（即今东南大学），1955 年又支援了成都电讯学院（即今电子科技大学）。此外，还有部分院系分出去支援了西北工业大学、上海海运学院等多个学校。同时，许多兄弟院校的系科也陆续调入交通大学，给交大增添了新生力量。通过院系调整，交通大学调整为机械类、电机类、造船类共设 7 个系的多科性工科大学。在这全国第一次院系大调整中，经过思想改造运动学习的广大教师，克服了形形色色的个人主义思想，初步树立了个人利益服从国家整体利益、为人民服务的观点，提高了思想认识和政治觉悟，为进一步的院系调整工作打下一定的思想基础。

在进行院系调整的同时，交通大学还进行了全面的教学改革，教学改革的方针是学习苏联先进经验并与中国实际相结合。首先是明确高等学校的任务，改变旧大学只设学科的做法，仿照苏联高等教育的专业目录设置专业、按专业培养人才，制定统一教学计划和教学大纲，采用苏联教材和教学方法、教学制度以及建立普遍教学基层组织——教研室，健全各种考查、考试制度。交通大学基本按工艺、装备、产品以及行业等设置专业，设机械制造系、动力机械制造系、运输起重机械制造系、电工器材制造系、电信工程系及造船工程系等 7 个系，下设 27 个专业，15 个专修科。教育部聘请了 123 名苏联教育专家到上海各高等学校工作，1953—1959 年间，陆续聘请来交通大学任教的苏联专家就有 26 名。在交大任职的苏联专家认为教学计划是学校培养人才的"宪法"，具有高度的严肃性和计划性。交大院系调整后各专业先后按苏联同类专业制订了本专业教学计划，按教学计划进行教学，由于苏联高校是五年制，而我国是四年制，要在四年内完成苏联高校五年的教学任务，出现了很多矛盾和困难，试行了午前六节课一贯制，每周周学时超过 54 学时，以致学生学习负担过重，学习忙乱，学习效果差，并影响了学生的健康。1955 年 4 月，高等教育部召开会议，讨论了减轻学生负担、保证教学质量、贯彻培养全面发展人才方针的问题，决定本科学制由四年延长为五年。

在当时的教学改革中，交大大量采用了苏联的教材，特别是基础课，如当时采用了别尔曼的《高等数学》、福里斯的《物理学》、伏龙科夫的《理论力学》、别辽亚夫的《材料力学》等。为此，很多老师突击学习俄文，边教边译，积极翻译苏联高等学校有关课程的教学大纲、教学法指导书和各种教材。从 1952—1953 学年起，期末考试课程全部实行口试，并实行 5 级记分制。按照苏联的教学计划，十分重视生产实习和毕业设计。为了培养工程师，四年中，要进行认识实习、生产实习和毕业实习三次，在毕业设计答辩时要举行"国家考试"。这些教学改革中，交通大学的教师感到，学习苏联教育经验与发扬交大"基础厚、要求严、重实践"优良办学传统是相一致的，有一定的促进作用，使得教师们学习苏联的热情高涨。1954 年年初，高等教育部在交大召开了有浙江大学等 6 所高校代表参加的座谈会，制定工科内燃机等 4 个专业的本科和专科教学计划共 6 份。

抚今追昔，60 多年已经过去，本着"以史为鉴"的精神，回望与反思这段历史，无疑是有意义的：

学习苏联教育经验，改革原有的高等教育，是新中国成立以来一次重要的战略措施，是 20 世纪 50 年代的国策，全国范围内都在进行。教育包括高等教育作为社会主义改造与建设的一个有机组成部分，执行这一国策。当时，西方帝国主义国家在外交上孤立中国，在经济、科学技术上对我实行封锁，使我们很难获取资本主义高等教育的信息，借鉴他们的办学经验。但当时，我国教育行政部门片面认为，苏联教育经验从思想体系到教材教法，都具有社会主义性质，对于苏联高等教育的缺点和错误，缺乏全面的、历史的、系统的研究与分析；对于苏联高等教育经验中成功的、有益的部分，缺乏对其实施过程的外部条件和内在因素的分析，更没有注意从中国实际情况出发，灵活地加以运用。

院系调整从宏观上改革了高等教育的类型、层次、学科、布局和形式结构，对于建立社会主义的高等教育体系，扩大高等教育的总体规模，起了一定的积极作用。但不足之处是，院系调整的有些工作比较粗糙，缺乏周密的调查研究，对有些学校的调整不够恰当。调整中把理科和工科分开，理科与农科、理科与医科分家，对管理学科的忽视，都是不妥的。交通大学在院系调整中，无论是调进或调出，有些对国家经济建设和高教事业是有利的，有些则影响到学校优良办学传统和办学特色的传承。如对理科和管理学科的调整，以致到了改革开放后的 80 年代，交大又重新建设了理学院和管理学院，说明当时把理科和管理学科全部从交大调整出去是不必要的。

（三）交通大学内迁西安：带有战略转移性质的全国第二次院系调整

1955 年至 1957 年，为改变旧中国遗留下来的高等学校布局不合理，考虑到第一个五年经济建设的需要和国际形势的影响，国家高等教育部决定进行带有战略转移性质的、全国第二次院系调整。计划在西安、成都、兰州、重庆、内蒙古等地，由内地迁入或充实加强原有学校及新建高等学校共 27 所，国务院决定交通大学从 1956 年起内迁西安。这一方案的实施结果是：全校或大部分系科、专业内迁的，有华东航空学院、交通大学；以两所以上的学校的同类专业迁至内地为基础，新建或扩建的学校，有成都电讯工程学院、西安建筑工程学院、西安动力学院、长春汽车拖拉机学院、武汉测绘学院；由有关学校抽调力量扶植的，有兰州大学、内蒙古大学等；由于支援内地而撤销的学校，有青岛工学院、苏南工业专科学校等。

（四）从迁校西安到分设两地到两地独立建校

1955 年 4 月，为了适应形势和社会主义建设布局的需要，国务院决定交通大学迁往西安；7 月 21 日，高等教育部通知交大，要求交大于当年开始西安新校基建，并在次年开始搬迁工作。

到 1956 年夏，西安新址完成了 10 万平方米的基建工作，可以满足两个年级学生的教学、生活需要；1956 年 5 月下旬，一批先遣的职工和家属迁往西安；7 月 20 日，张鸿副教务长等第一批职工和家属迁往西安；8 月 15 日，师生员工上千人，登上在上海徐汇镇开出的交通大学支援大西北的专列，首趟火车离开上海，奔赴西安。当时乘车的人都持有一张粉色乘车证，正面印有火车图案以及"向科学进军，建设大西北"的字样。

1956 年 9 月 10 日，交通大学在西安人民大厦礼堂举行开学典礼，参加典礼的有 2000 余人。一、二年级的学生在西安新校正式开学上课。至此，交通大学在西安已有师生员工及家属共计六千多人。其时，迁校工作仍在进行。

1957 年 3 月，交通大学党委向上海、西安两地师生员工传达了毛主席两个讲话，通报了国际国内的形势，动员师生员工大胆鸣放，揭露矛盾，帮助领导改进作风。全校师生员工回顾全校一年的情况，两个多星期贴出大、小字报几万张，意见、建议数万条，引发了对迁校问题的讨论，出现了搬与不搬的不同意见，认为迁校西安是不正确的意见占了上风。交通大学的迁校不仅仅是交大的本身，也牵涉对全国院系调整的估价，牵涉地方和许多部委，惊动了周恩来总理。周总理于 6 月 4 日亲自主持国务院会议，有高教部及国务院各有关部和中宣部等领导同志，上海、西安及两地交通大学师生代表参加的会议，研究交通大学迁校西安的问题，周恩来总理在会上作了重要讲话。

周总理循循善诱地引导与会同志正确地分析情况，认真对待发生的问题。他说，西北是落后的，但将来会成为我国建设的巩固后方；上海基础厚、发展快，有责任去支援内地；上海高级知识分子多，技术条件先进，因此，要从上海多调动，使全国均衡发展。周恩来总理解释，1955 年决定交大内迁，支援西北建设，照顾国防是必要的；1956 年是可搬可不搬，也可以由交大去支援一部分；到 1957 年上半年，毛泽东主席作了《关于正确处理人民内部矛盾的问题》等讲话，交通大学内部对迁校问题的争论十分激烈，正如程孝刚先生说的，出现了"骑虎难下"的局面。但是，困难是由国内外、校内外等原因造成，如别的学校都要回老家、如果我们从哪里来回哪里去，那就是回到半殖民地半封建，就不可能有新中国，建设社会主义。在周总理关怀下，得出了交通大学一校分设西安、上海两部分，实行统一领导的方案；此后，大部分系、专业和师生陆续迁至西安。

1959 年，经国务院批准将迁至西安的交通大学主体部分定名为西安交通大学；上海部分定名为上海交通大学。

教育部部长蒋南翔于 1981 年 4 月莅校时，评价说："事实充分说明，西安交大的迁校是我国在调整高等教育事业战略布局方面的一个成功范例。西安交大的建设和发展，促进了我国大西北的经济建设和文化建设，对于实现祖国社会主义现代化，具有重要的意义。"

三、西安交通大学：西北黄土高原上的一颗璀璨明珠

交通大学——这棵已经在黄浦江畔生长了 60 年的大树内迁西安，是第一代中央领导集体作出的重要决定，从 1955 年 3、4 月间启动，到 1959 年国务院决定交通大学西安、上海两部分分设为两校，前后历时 5 年。周恩来总理亲自处理迁校中遇到的矛盾和问题；当时主管文教工作的陈毅副总理 1957 年曾经说过："交通大学迁校对不对，十年以后作结论，因为这个问题比较复杂，影响深远。"

如今，交通大学西迁已届一甲子，一棵 60 年的大树，从黄浦江畔迁到西北高原。迁校方案经调整后，交通大学 1955 年年底原有教师 556 人，迁到西安的有 341 人（占 61.3%）；1956 年年底原有教师 767 人，迁到西安的有 537 人（占 70.0%）；1956 年、1957 年两届毕业新教师的大部分（约 80%）分配在西安部分工作，交通大学的校长兼党委书记、副校长、教务长、总务长、人事处处长等主要领导干部以及所迁各系、专业的党员和骨干教师中的大多数都迁到了西安，所以说，实现了交通大学的主体西迁。

60 年，在人类的历史长河中只是短暂的瞬间，但当年最年轻 20 来岁的教职工，而今已都是白发苍苍的耄耋老者。那么，西迁给西迁交大人带来了什么影响？西迁给西北人民又带来了哪些变化？

（一）扎根西北、无私奉献，艰苦奋斗、筑西迁丰碑

1. 服从需要、顾全大局、勇挑重担

1958 年暑假，随着机械制造工程系四年级学生和专业课教师迁至西安，至此，交通大学主体西迁的任务顺利完成。从调整后实施的最后方案来看，是相当好的，这个方案，大力支援了西北，照顾了群众具体的困难，调整了西安、上海两地同类的高校。1959 年 7 月，交通大学西安部分、上海部分分设为西安交通大学和上海交通大学。从迁校最后方案和实施情况看，达到了周恩来总理处理交大迁校问题讲话中提出的第一方案（高的方案）的要求。

交通大学迁校问题的顺利解决，即从迁校到分设两地到两地独立建校，说明了：交通大学的师生能自觉传承老交大人"工业救国"思想，发扬老交大人"爱国爱校、顾全大局，明大理、识大体，一心为中国富强、要富强就要到祖国最需要的地方去建设"的革命精神。

学校精心组织，坚决贯彻中央决定，教授带头西迁，使开发大西北成为全校师生的共同心声，多少人甘愿舍弃在上海的优越生活条件，甚至不惜无偿上交上海的住房，义无反顾、敢当建设大西北的排头兵。在交通大学西迁以及随后克服艰难险阻中，充分体现了交大人的崇高风范。

迁校，对每个人、每个家庭，都是一件不简单的事情。它需要人们舍弃太多太多熟悉的东西，改变已形成多年的生活习惯，辞别自己的高堂父母、至亲好友，勇于去一个陌生和艰苦的地方担负新的使命，开拓自己的事业、攀登新的高峰。

在 20 世纪 50 年代中期，西安和西北地区的条件远比现在艰苦。交通大学师生员工以高度爱国主义精神和社会主义觉悟，毅然放弃在上海比较舒适的生活、工作条件，自觉来到西北，对于当时沿海支援内地的其他院校和工

厂企业，起到了示范带头作用，不少内迁单位都向交通大学看齐，以交大为榜样。1957 年，交通大学师生对迁校问题的正确处理和主体内迁成功，不仅是交通大学一所学校的问题，而且直接关系到国务院的院系调整战略步骤和沿海支援内地，其影响是很大的；西迁教职工贯彻了党和国家的意图，维护了大局、稳定了局势、安定了人心，增进了全国人民的团结。这种响应号召，服从祖国需要，沿海支援内地、先进地区帮助落后地区，勇挑重担、开发大西北的拓荒者精神，是永远值得纪念和倡导的。

2. 舍小家、为大家，无私奉献

交通大学调往西安的教职工中，要解决调动配偶、家属去工作和安家的有近 300 人，他们分布在各个省市。经国家部门发出通知，由学校人事部门和有关系、室派出专人，长途跋涉，取得支持，才能陆续调往西安。1958 年 8 月，我曾接受学校人事处委托，去上海有关单位联系几位老教师夫人的人事调动，及几位年轻教师配偶的查档工作。从中我了解到，为了支持交通大学的迁校，做好配偶的工作调动，高等教育部、上海市委、市政府专门发出通知，要求上海市各单位对交通大学教师、职工家属的调动给以大力配合和热情支持，不加阻拦，但其中只有少数家属能安排在校内工作。值得一提的是，学校有很多教师的配偶（多数是夫人）在上海各个大医院当医生或主治医生，为了支持交通大学西迁，调到西安后，由于学校医务室的规模小，水平和条件又较差，她们的工作一般都安排到西安市的各大医院；即使这样，西安这些医院的工作条件与水平仍然远不能与她们原来在上海的大医院相比；而且，离学校又比较远，以致她们不得不早出晚归，长年累月要挤公交车去上班，为家庭带来了很多的不便。这是为交通大学的迁校、为西安的建设作出的看不见的，实实在在的而又鲜为人知的贡献。

3. 身处逆境、爱国爱校、不计前嫌

1957 年 5 月，党内的整风运动转向了反击"右派分子"的群众运动。

此时，交通大学校内关于迁校方案的鸣放辩论也进入白热化阶段，交通大学的反右斗争就在迁校辩论中进行；因此，揭发批判中，把反对迁校和"反党""反对社会主义"的言论混在一起，对一些发表过反对迁校意见的同志，采取了错误的组织手段，打成了"右派分子"，仅交通大学迁来西安和1956年入学（西安部分）的人员中，就有30多名教师（包括知识分子、爱国人士和党内干部）和150名学生错划为"右派分子"，损坏了党的知识分子政策，伤害了同志，影响了学校的工作，造成了不幸的后果。许多不赞成西迁的同志，其本意不无对交大的爱护，对党的教育事业的负责，而并非反对社会主义。反右扩大化所带来的恶果直到今天还不能消除其不良影响。

这些受到伤害和委屈的同志中的教职工，虽然身处逆境，但他们不计前嫌，仍然在不同的岗位上忍辱负重，尽力奉献。在中共十一届三中全会后，错案才得以改正，他们青春焕发，才华重展，为国家建设和交通大学的发展作出了更大的贡献。

（二）艰苦创业、开拓奋进，在大西北为祖国贡献了一所著名大学

1. 艰苦创业，教学、科研迅速发展

回顾建校120周年、迁校60周年，交大师生不仅在迁校问题上经受了一次重大考验，又历经1958年"教育大革命"、三年自然灾害困难时期、社会主义教育运动、"文化大革命"、改革开放建设四个现代化社会主义强国等不同历史时期，西迁师生员工不辱使命、备尝艰辛、艰苦创业、奋力前行。

西北地区经济社会发展滞后，关键是缺人才。交通大学西迁后，人才培养规模进一步扩大，迁校最初10年间向社会输送的人才即达万人之多，接近解放前交通大学53年培养的毕业生总数的两倍；培养了大批国家建设急

需的毕业生，大批人才在西部和全国现代化建设中发挥骨干生力军作用，为西部经济与社会发展提供了坚实的人才支持。

1957年4月，高教部批准交大从下学期开始新增设应用数学、工程力学、自动控制、电子计算机4个专业和工程物理系。1958年7月，学校新成立了高电压研究所、焊接研究所、金属研究所、电工研究所、纺织研究所、机制工艺研究所、电子学研究所、采矿冶金研究所、矿产地质研究所、工业经济与生产组织研究所、应用力学研究所、应用数学研究所、摩擦磨损研究所、土力学研究所、动力研究所等15个研究所。1957年1月，学校恢复出版《交通大学学报》（创刊号），在发刊词中指出："到目前为止已经基本上走完了教学改革的主要阶段，今后即将进入新的阶段，就是：提高全校学术水平来进一步提高教学水平。这样，科学研究就成为今后培养师资的重要方法"。自此，西迁交大人以自强不息的精神为在西北高原上建设好交通大学这所名校而艰苦创业，为祖国的建设，乃至世界科学技术的发展，发奋工作，取得成果累累。请看不完全的统计：

周惠久院士（1909—1999），1958年率全家迁到西安，任机械制造系主任；同年，加入中国共产党。1980年被选为中国科学院学部委员。1980—1984年，任西安交通大学副校长。

周惠久院士作为我国金属材料强度学科的奠基人和学术带头人，在材料强度、塑性和韧性合理配合理论、小能量多次冲击理论和低碳马氏体强化理论的科学研究中作出了突出贡献。他主持的课题组曾荣获全国科学大会奖、国家科技进步一等奖、国家自然科学三等奖，"金属材料及强度研究"重大成果在1965年被誉为全国高校"五朵金花"之一。大量学术成果应用于生产实际，创造的经济效益数以亿计。材料强度研究成果花开遍地，培养出成百上千有成就的材料强度科学技术人才，在西部和全国现代化建设中发挥骨干生力军作用。

"金属材料及强度研究"是中国科学院院士周惠久教授移植在西安交大这块沃土上的光辉的奇葩，是交通大学西迁后取得的重要成就。

陈大燮教授（1903—1978），是著名的热工专家。在上海时，毛主席曾接见过他两次。迁校时，他卖掉了在上海的房产，和夫人一起来到西安。

陈大燮教授担任副校长后，仍坚持上讲台，并一如既往地热情培养青年教师成长。青年教师试讲，他坐在下面聚精会神地听；他勉励青年同志既要严谨治学，又要敢于严格要求；要把课讲得像"说书"一样吸引学生。他还带动大家积极开展科学研究。

1956年9月10日，西安新校开学典礼上，陈大燮先生讲话说："我是交通大学包括上海部分和西安部分的教务长，但我首先要为西安部分的学生上好课。"一席话更坚定了大家献身大西北的决心。

由陈大燮教授创建的热工课程教学团队，50多年来，一直是西安交通大学国家级的优秀教学团队。

张鸿教授（1909—1968），党中央和国务院发出交通大学西迁、支援西北建设的号召后，他毅然携病妻弱女，带头来到西安创业，以满腔热情，不分昼夜地投入紧张繁重的建校工作。

张鸿任副校长后，把老交大传统总结为四句话，"起点高、基础厚、要求严、重实践"，广为传诵。认真加强了教学工作的管理，建立了严格的制度，抓好教材建设、实验课程、教学实习等环节，奠定了西安交大重视教学的声誉，发扬了老交大优良的传统。由张鸿教授创建的大学数学教学团队，50多年来，一直是西安交通大学国家级的优秀教学团队。

钟兆琳教授（1901—1990），是我国电机制造事业的奠基人，1932年就自行设计制造电动机成功，成为民族工业发展的先驱，他培养的许多学生中，有著名的政治家、学者、教授和实业家，如江泽民、钱学森、王安、丁舜年、张钟俊等。

1956年搬迁时，周恩来总理曾提出，钟兆琳先生年龄较大，身体不好，夫人又病卧在床，他可以留在上海，不去西安新校，但钟兆琳表示，"上海经过许多年发展，西安无法和上海相比，正因这样，我们要到西安办校扎根，献身于开发共和国的西部"，他第一批到了西安。

他勉励青年学生说，"男女青年志在四方"。我们伟大祖国幅员辽阔，很多地方没有开发，这些地方大部分在西北、边疆。为了民族繁荣、国家强盛、人民幸福，青年学生应当抛弃贪图安逸的思想，挑起时代的重任；他的表率作用，鼓舞、激励了电机系及交大的许多教师、学生，为交大的成功西迁作出了贡献。

陈学俊院士（1919— ），1957 年陈教授全家由上海迁来西安，1980年当选为中国科学院院士，1996 年当选为第三世界科学院院士。

陈学俊教授在 1979 年主持创建了我国第一个工程热物理研究所，进行基础研究及应用基础研究，使得西安交通大学在两相流与传热方面的研究成为国际知名的高校之一。他担任这一重点实验室主任与 40 余位研究人员从1990 年至 1998 年进行热科学领域的基础科学研究工作，还出色地进行应用研究以解决工程实际问题，如对动力工程及核反应堆工程安全问题，作出卓越的贡献。他获得过 5 次国家级奖及 6 次部委省级奖。

汪应洛院士（1930— ），1952 年毕业于交通大学机械制造系，1955年哈尔滨工业大学研究生毕业，1958 年响应祖国的召唤，义无反顾地全家随校迁往西安。60 多年来，随着西安交通大学的发展壮大，在西北这片沃土上，忠诚于党的教育事业，克服重重困难，呕心沥血，培养了一批又一批的管理工程专门人才。他们活跃在社会主义建设的各条战线，有的担任了省部级领导干部或教育战线有学术专长的校长、院长、教授、博士生导师，英才辈出，桃李满天下。

他一贯重视科研工作，认为一个优秀的教师只有通过承担国家重大科研任务，才能为国民经济建设作出应有的贡献。同时，他身体力行，一贯努力提高自己的学术水平和认识问题、解决实际问题的能力，从而能够充实和丰富教学内容，提高教育质量。20 世纪 80 年代以来，他率先在中国推动系统工程在社会、经济系统的研究和应用。受国家科委和教育部的委托，主持制订系统工程科学发展规划，主持十余项重大科研项目，取得了一批开创性科研成果。并积极推动科学管理理论和方法的推广应用，为地方经济的发展作出重要贡献。

屈梁生院士（1931—2007），1958 年举家随交通大学西迁古城西安，作为中国机械故障学的奠基人之一，屈梁生在国内率先将时间序列方法应用于机械工程领域，他提出的"诊断是以机械学和信息论为依托，多学科融合的技术，本质是模式识别"的学术思想，在业界影响深远。他首创的全息谱理论等多项发明成就，广泛应用于电力、化工、冶金行业，产生巨大经济效益，为国家节省亿万资金。他不仅桃李满天下，而且取得丰硕的科研成果，在机械故障和状态监测领域走在世界前列。2003 年，晋升为中国工程院院士。

蒋大宗教授（1922—2014），是中国生物医学工程的创始人之一，是西安交通大学生物医学工程专业的奠基人。

近 30 年来，蒋大宗为西安交大生物医学工程专业的发展倾注了满腔的心血。蒋大宗在计算机辅助医学诊断、功能性神经电刺激、生理信息的提取和信号处理技术、X 线数字直接成像和双能量成像等方面均取得了杰出成就。

由于蒋大宗在生物医学工程领域的杰出贡献，2006 年 10 月，蒋先生当选为 IEEE Life Fellow（终身会士），也是当选 IEEE Life Fellow 的第二位中国人。

唐照千教授（1932—1984），1953 年毕业留校后，随校西迁；在机械振动方面的研究成果，受到力学界的关注和工程界的好评，被校党委确定为重点培养教师。

在"文革"中，因莫须有的罪名，他被扣上了"现行反革命分子"的帽子，受拘留审查达 4 年零 7 个月之久。1973 年被释放出狱后，他不念旧恶，埋头苦干，发奋读书和做实验研究，提出一种新的计算"止裂"的动力学模型，受到国内外同行的普遍重视。1980 年 4 月，他以访问学者身份赴美国进修；在美国 2 年多，取得科研成果 6 项，有两篇论文在全美力学会议上宣读；将大哥送给他购买小汽车的钱，全部用来购买书籍资料、电子器件和磁带；他拒绝亲友的挽留，如期返回学校。在妻、儿不在西安的情况下，再次单身一人在西安工作，当时上海有的单位以优厚待遇和条件聘他去工作，但他积极关心学校的建设和发展，坚持留在西安工作。

1983 年，他被选为第六届全国人大代表、国务院学位委员会学科组成员；1984 年 11 月，唐照千不幸患癌症逝世，终年 52 岁。

万百五教授（1928—　）是家里的独子，他的父亲是上海市文化界有名的"万氏三兄弟"之一——动画家万古蟾。西迁时他丢下年迈的父亲，来到西安；他的两个孩子出生后就送到上海交给家里照管，他们夫妇在学校工作忙，上海的爷孙们就互相照顾着生活，先是爷爷照顾孩子，后来孙子长大了，能照顾年迈爷爷。每每提到这段往事，万教授的内心就涌动着酸楚。在西迁的交大人中，像万百五教授这样的独子（独女）的人不少，他们扔下个人的小家来到西安，想的是、为的是祖国的大家庭！这就是一代老知识分子的人生境界和崇高追求。万百五教授是自动化和系统工程专家，是中国大系统理论与应用的重要创始人之一。

谢友柏院士（1933—　），1955 年毕业于交通大学内燃机制造专业并留校执教，后随校西迁，在西安交通大学任教。1986—1997 年曾任西安交通大学润滑理论及轴承研究所所长，1994—1999 年曾任润滑理论及转子轴承系统国家教委开放研究实验室主任。现任西安交通大学教授、博士生导师，清华大学摩擦学国家重点实验室学术委员会主任，国务院学位委员会学科评议组成员等职。

谢友柏教授和许多同志经过 40 多年的共同努力，把一个研究小组发展成研究室，最终成为在流体润滑理论、轴承技术和转子—轴承系统动力学领域里国内外知名的研究所。而同时发展起来的实验室也被国际同行认为是大学里这一领域中最大的实验室，处于领先地位，拥有国际上还没有的实验台。

林宗虎院士（1933—　），1955 年毕业于交通大学。现任西安交通大学能动学院热能工程系教授、博导。曾任中国工程热物理协会副理事长等职。

在热能、核电、石化等工程的重要理论——气液两相流与传热学科领域取得多方面开创性成果。在气液两相流方面，创建的林氏公式被国际上推荐为最佳公式，并被收入国内外 6 本著作，被引用数十次，开拓了传热研究新方向。在多相流测量方面，首先解决了用一个元件同时测定两相流量和组分两个参数的国际难题并得到专利和应用，经济效益显著。获得国家科技进步二等奖等奖项及中国专利 12 项。在国内外正式出版的著作有 23 部，发表论文 200 多篇。1995 年当选为中国工程院院士。

姚熹院士（1935—　），现为西安交通大学国际电介质研究中心主任，"电子陶瓷与器件"教育部重点实验室学术委员会主任，教授、博士生导师。1991 年当选为中国科学院院士，2007 年当选美国国家工程院外籍院士。姚熹是国际知名的材料科学家，他是国际陶瓷科学院院士，是我国在铁电陶瓷研究方面的主要奠基人之一，并被国内外同行看成是我国在这一领域的学术带头人和代表。

孟庆集教授（1932—　），1956 年交通大学涡轮机专业毕业后留校任教。1979 年，受化工部邀请担任对外商技术谈判主谈中他以自己的聪明才智，以其扎实的理论功底，用大量的计算数据和科学理论，透彻地分析了事故是由于叶片设计存在着强度方面的根本性错误；谈判以我方取得胜利而告终，对方同意了我方赔偿的合理要求。

孟庆集以真才实学取得对外索赔胜利的消息，1980 年 5 月 21 日《人民日报》头版以《在和外国厂商技术谈判中显才能——孟庆集分析质量事故有理有据》为题作了报道，并以孟庆集等人的事迹，配发了《有真才实学才能建设四化》的社论。次日，全国各大报纸都在头版作了转载，有的还配发了评论员文章。孟庆集与外商谈判的先进事迹，为中国人民争了一口气，为"臭老九"平了反，为新中国培养的知识分子争了光。

1980 年 6 月 28 日，《人民日报》再次以此为背景发表了《论破格》的社论，强调选拔、使用人才，要坚持正确的标准，主要看本人的贡献大小、学术水平和业务能力的高低，提出要破除"论资排辈"，像孟庆集那样的优秀人才应该破格提升为教授，鞭挞了社会上各种"论资排辈"、影响优秀人才脱颖而出的现象。

俞茂宏教授（1934—　），1955 年毕业于浙江大学，分配到交通大学工作，后随校西迁。2012 年 2 月 14 日，在最新揭晓的 2011 年度国家自然科学奖中，俞茂宏的"双剪统一强度理论及其应用"以其在工程科学技术方面作出重大的、系统性的创新性成就和贡献，并有显著应用成效的成果荣获二等奖，被科技部奖励办认为"成果突出，意义重大"。荣誉的背后是俞茂宏教授 50 多年的艰难探索，是他作为一位科研工作者的坚守与执着、责任与奉献。

早在 1961 年，俞茂宏就提出了双剪概念，并推导出双剪应力屈服准则，突破了"最大剪应力"或"单剪"这一传统概念。1985 年他又在国际上首次提出更为全面的"双剪强度理论"。在此基础上，1991 年，俞茂宏正式发表统一强度理论公式，将各种单一的准则和理论发展为"统一强度理论"，用了整整 30 年时间。之后，俞茂宏又用 20 年的时间，研究将双剪统一强度理论扩展到结构强度理论，推出一系列结构塑性分析的新方程，应用于一些典型结构问题，得到一系列序列化的结果，使双剪统一强度理论趋于完善。俞茂宏的理论成果受到越来越多的关注。目前，他已经在世界著名科技出版集团 Springer 出版了四部英文著作，反响很好。Springer 希望继续得到他下一本书的书稿，世界其他著名出版社也与他联系出版新的著作。

俞茂宏教授在基础理论研究的冷板凳上，一坐就是半个多世纪。他的研究突破了百年来被认为是不可能的统一强度理论难题，提出并发展形成双剪统一强度理论，成为第一个写入基础力学教科书的中国人的理论。

以上只是部分反映了迁校后的交大人继承和发扬交通大学爱国爱校，严谨治学的优良传统和作风，又吸取艰苦奋斗、发愤图强的延安精神，在条件相对艰苦的黄土地上，在为国家培养人才、发展科学技术和社会主义现代化建设中创造出的辉煌业绩，作出的令人自豪的卓越贡献。

2. 弘扬先进的教育理念，优良的办学传统

在交通大学迁校过程中，学校领导干部、学术带头人、党团员起到了带头作用，积极服从组织安排；特别是一批德高望重的老教授，积极响应党中央和国务院的号召，胸怀建设西北大志，顾全国家战略大局，义无反顾地放弃了上海优越的生活条件，处理了上海的住房，携老带幼，自觉地来到西北。如：陈大燮、张鸿、钟兆琳、沈尚贤、陈季丹、严峻、朱麟五、陈学俊、赵富鑫、黄席椿、周惠久、孙成璠、吴之凤、顾崇衔、张景贤等教授。还有一批年富力强的学术骨干。如：万百五、蒋大宗等。

是西迁交大人，带来了先进的办学理念、良好的教风和校风；带来了严谨的教育教学经验、踏实的教学管理经验；带来了勇攀科学高峰、服务于国家和社会的能力，提高人才培养质量和学术研究水平的豪情壮志。

西安交大师生在社会主义精神文明建设中起到带头、示范和辐射作用。教师深入厂矿搞科研、调查研究，带领学生下厂实习，真刀真枪搞毕业设计；下放农村劳动，搞社教、扶贫支农，走与工农相结合的道路，在虚心学习工农群众优秀品质的同时，普及了科学技术知识，传播了先进文化，弘扬了民族精神和创新精神，为西北地区精神文明建设作出了贡献。

3. 在大西北为祖国贡献了一所著名大学

将交通大学的大部分从上海搬迁到西安，改变了整个中国西部地区没有一所规模宏大的多科性工业大学的局面。

西安交通大学不仅保留了机、动、电传统学科的国内领先优势，而且新建了无线电系、工程物理系、数理力学系，奠定了西安交大多科性大学的基础，1959 年即被中共中央确定为全国 16 所重点大学之一。在国民经济和社会发展第七个五年计划和第八个五年计划中，都被列为重点建设单位；在党中央和国务院的亲切关怀下，在国家计委、财政部的支持下，在教育部和陕西省委省政府的直接领导下，西安交通大学 1995 年进入了国家"211 工程"

首批建设的行列。学校抓住机遇，深化改革，取得了前所未有的成绩，圆满完成了"211 工程""九五"建设任务，为教育、科技、经济的进步和社会的发展作出了重要的贡献。1999 年列入国家首批跨世纪重点建设的高水平大学（即"985 工程"）的"7+2"所大学之一，承担起要建成世界一流大学的崇高使命和艰巨的任务。

1984 年国务院批准西安交大试建研究生院，教育部批准西安交大恢复管理学院，学校开始向综合性研究型高水平大学方向发展。

1986 年 6 月 4 日，原国家教委何东昌副主任来校参加交通大学建校 90 周年暨迁校 30 周年纪念活动时说："新中国成立后，迁校成功的例子不多，西安交大迁校以后，能够很快在西北站住脚，发扬光大了过去的优良教学传统和革命传统，培养了大批人才，取得了不少成果，确实非常值得纪念"。

2006 年 4 月 9 日，教育部在西安交大召开迁校 50 周年纪念座谈会，周济部长在长篇讲话中指出："交大西迁是国家实施西部大开发的十分重要的举措，体现了党中央、国务院的英明决策。正是交大的西迁，改变了整个中国西部高等教育的格局，改变了西部没有规模宏大的多科性工业大学的面貌。西安交大通过自身的发展壮大，引领和带动整个西部地区的高等教育乃至整个教育的蓬勃发展，形成了'一马当先，万马奔腾'的大好局面。"

老校友江泽民同志在担任总书记期间，1989 年、1993 年、2002 年三度来校，离任后 2009 年还来过一次；1989 年 9 月 13 日第一次回到母校，看望他当年的老师时，他说："交大是我的母校，我读的电机系基本上都迁过来了，应该说这里是我的母校……我同交大有很大的关系，所以我应该来看望我的老师。"2005 年，中央领导同志在视察学校工作时，对交大迁校以来的发展给予很高的评价，并十分关怀西迁老同志的工作和住房状况，就此作出重要指示，后由中央拨专款支持学校兴建小高层 4 栋楼，解决了近 400 户西迁老职工的住房问题。

至今，有不少年轻教师，在听到西迁经过和事迹后，会向那些两鬓斑白、年届古稀的老教授、老干部和职工提出这样的问题："当时，您们是自觉自愿的吗？有没有后悔过？"不少老交大人的回答是："我们不后悔，我们的选择是自愿的，我们听党的话。吃亏不吃亏，要看用什么尺子量。我们在大西北为祖国贡献了一所著名大学，这是我们最大的荣耀。"不言而喻，西迁给这些交大人的生活带来不少困难，乃至他们子女的一生轨迹都发生了不可估量的变化，其中，数百名西迁时已是中年的交大人，如今已经长眠在西北黄土高原。他们是开发西部的先行者，他们对祖国大西北的发展作出了直接贡献。一代老交大人扎根黄土高原，传承和创新了交通大学的文化，筑成的爱国爱校、顾全大局，无私奉献、勇挑重担，尽职敬业、艰苦奋斗的西迁精神丰碑却历久弥新！实现了周总理寄交大人以"支援西北建设"的殷切期望，这是西安交大人的骄傲，发展、创新西安交通大学需要它，开发大西北仍然需要它。

（原载于《西安交通大学学报（社科版）》2016 年第 2 期）

立足西部大地，奋力追赶超越

——关于弘扬西迁精神的思考

贾箭鸣*

交通大学的西迁精神表述为"胸怀大局、无私奉献、弘扬传统、艰苦创业"16 个字，其实质就是习近平总书记所指出的中国知识分子所特有的爱国奋斗精神。如果我们考察交通大学西迁的由来以及西迁精神的形成，不难发现，交大西迁的鲜明主题就是爱国奉献，就是为了国家民族而艰苦奋斗、追赶超越。

党中央、国务院为什么会在 1955 年 4 月作出交大西迁的决定？因为在当时，朝鲜战争才刚刚平息下来，我国第一个五年计划已经启动，面临摆脱一穷二白，加快实现社会主义工业化的重大战略任务。关于这一历史性任务的极端迫切性，让我们在这里引用毛泽东当时讲的一段话加以说明。他指出："现在我们能造什么？能造桌子椅子，能造茶碗茶壶，能种粮食，还能磨成面粉，还能造纸，但是，一辆汽车、一架飞机、一辆坦克、一辆拖拉机都不能造。"从半殖民地、半封建社会走过来的中国，工业基础十分薄弱，尤其是极端缺乏大技术制造业和现代技术装备。很显然，如果这种情况不能

---

* 贾箭鸣（1956— ），男，曾任西安交通大学校刊编辑室主任、党委办公室副主任、党委研究室主任、校长办公室主任，党委宣传部部长、校副秘书长兼政策研究室主任、校史与大学文化研究中心主任、档案馆馆长、学报社科版主编等职。

尽快得到扭转，中华民族经过浴血奋战终于站立起来的基石就难以巩固，建设和发展社会主义的目标就难以实现。

在当时的历史条件下，我们党的根本任务有两个，一是要实现由农业国向工业国的转变，二是要实现由新民主主义社会向社会主义社会的转变。这样就提出了党在过渡时期的总路线"一化三改"，即实现社会主义的工业化，对农业、手工业和资本主义工商业进行社会主义改造。而社会主义工业化的当务之急在于发展重工业，并在全国范围内进行大规模的工业建设。

作为推进工业化的一个重大措施，新中国刚刚成立，我们党就确立了"以培养工业建设人才和师资为重点"的高等教育发展方针，通过院系调整，加强工科大学，组建多科性工学院或专门工学院，使全国的工科院校由新中国成立前的寥寥数所猛增到38所，在当时院系调整后全国181所各类高校中排第一位，在全部高校所设的249种专业中，工科就达144种。一些有名的综合性大学，如清华、浙大、湖南大学、重庆大学等，都已经改办为工科大学，它们与几所老牌工科大学，交通大学、哈工大、天津大学等一起，组成工科院校中的第一方阵。这些学校的任务很重，因为国家在第一个五年计划内就要求培养出工科毕业生94000余人，相当于解放前20年间工科毕业生总数的3倍（1949年全国工科在校生不足两万人）。同时，为提高培养质量，从1955年起，清华、交大等校的本科生由4年制改为5年制，研究生培养也加大了规模，加快了步伐。这几个学校国家要求率先发展成万人大学，其中交大又被排在建成万人大学的第一位。

当此之际，随着苏联援助我国的156个工业建设项目的落地，对于工业建设人才的迫切需求更趋白热化，而其中又特别凸显了中西部地区的人才匮乏。

当时我国存在两个严重不平衡，一是高等学校布局的不平衡，70%的高校在沿海地区，特别是集中在上海、北京这样的大城市，而像西北五省区，全部高校加起来才不过八九所，工业院校只有地处咸阳的区区一所；二是工业布局不合理，同是也是70%在沿海，30%在内地，这种状况无论对于社会主义建设还是当时所面临的国防形势，都是极端不利的。为了扭转工业布局的不合理，"一五"期间国家在内地安排的基本建设占全国投资额的一半左右。其中在限额以上（当时规定投资 300 万元到 1000 万元的项目为限额以下，高于这个数字的为限额以上）的工业建设单位中，有 53% 部署在内地，它们主要分布在武汉、太原、西安、包头和兰州。从全国范围看，主要是扩建和新建 8 个工业区，其中包括以电器、机械制造工业为中心的西安区域。

以西安为中轴，东到洛阳，西到兰州，在当时被视为一个重要的战略地带，用周恩来的话讲，这里应该成为我国的乌拉尔，那里是苏联卫国战争期间的可靠大后方。以西安来讲，第一个五年计划将西安列为全国重点建设城市之一，党和国家领导人刘少奇、周恩来、朱德、邓小平等，都曾先后来西安考察。苏联援建的 156 项重点建设工程，布局在陕西的有 24 项，西安就有其中 17 项；同时安排在西安地区的大中型建设即"限额以上建设"单位和项目多达 52 个，非常集中；中央还决定将一批重要的工业项目，包括核工业研究等尖端科技及兵器工业放在西安，这在全国同类城市中是罕见的。可见，在我国的工业化建设中，西安是重要的一环。当时的建设速度十分惊人，像西安东郊的军工城、纺织城，西郊的电工城，南郊的文教区等，在 1955 年均已开工兴建，城市面积由 1952 年的 22.66 平方公里，向 90 平方公里迅速扩展。从全国各地调来的基建大军达 10 万之众，在解放军整建制转业的 6 个建筑师中，有 4 个师调入西安。建在西安的企业大都为国内领先，像黄河机器制造厂是我国第一个雷达工厂，电力电容器厂是我国最大规模的综合电力电容器厂，远东公司是我国第一个航空发动机附件厂，东风仪表厂是我国鱼雷研制生产的主要基地，光学仪器厂是我国光电行业骨干企业，高压开关厂是我国高压开关制造的龙头企业等，西安附近几个大电厂就更不用说了。在这种情况下，西安和整个中西部地区对于人才的迫切需求可想而知。

反观当时位于上海的交通大学，恰恰遇到了发展中难以解决的突出瓶颈。建于 19 世纪末的交通大学校园，到了 20 世纪 50 年代，面积不过三四百亩地，已经远远不能满足需要。1949 年全国解放时交大有在校生 2000 多人，校园已经显得拥挤，而到 1953 年、1954 年，学校扩大到四五千名学生时，就必须借地上课了，按照国家要求尽快办一所万人大学的目标更难以实现。1952 年，在交大由理工管为特色的大学调整为机电和造船为主的重工业大学后，几乎所有设置的专业都要从头创建，对于空间的要求更为紧迫和突出。国家号召"向科学进军"，势必要求学校大规模开展科学研究，而当时的条件却难以支撑。显然，这些与"工程师的摇篮"的定位是难以相符的。

那怎么办，为什么不设法增加校园面积呢？问题恰恰就出在这里。当时的沿海地带，包括上海，形势还相当严峻。虽然朝鲜战争已经在 1953 年结束，但美国仍然不断发出威胁，甚至叫嚣在中国丢原子弹。台海一再出现紧张局势，蒋介石"反攻大陆"的口号喊得很响，对东南沿海的袭扰经常进行，在 1955 年 2 月，国民党军队残余力量才被驱赶出盘踞多年的大陈岛、一江山岛等，浙江沿海岛屿得以全部解放。上海 1949 年解放后曾遭到敌机频繁轰炸，在那以后的几年中也一直被视为有可能随时爆发战事的前线地带，大规模基建不得不暂停进行，一些单位转移到内地，压缩人口、动员疏散的任务都已在进行中，这些都对地处闹市区的交大直接产生影响。而从具体情况看，地征不下来，稍具规模的基建更是搞不起来。即使这些因素得以解除，在寸土寸金的上海，土地问题也是很难解决的。当时估算，就算有可能着手进行新校区建设，至少也要花费 10 年时间，同时所需费用也是一个天文数字。后来迁校西安，土地费用只是上海的十分之一。

一边是国家等着用人才，但学校力量却发挥不出来，也一下子看不到解决的办法，一边是西安和整个大西北的工业化建设亟需高教力量的支撑，这种情况就构成了交大西迁的历史大背景。后来周恩来在处理交大迁校问题时讲过一句话：并不是说没有考虑过交大迁校的困难，但当时的情况是针对西安和大西北的建设需要。让交大去，就是想搞得快一点。

这样，在高教部 1955 年 3 月底第一次向中央提出加强内地高校建设，并提出交大迁到西安的动议，中央在短短几天内就表示同意。圈阅这个文件或作出批示的有刘少奇、周恩来、朱德、陈云、邓小平、陈毅和彭真。两个多月后中央召开全国文教会议，其文件就正式写上了交大西迁。文件经毛泽东批准下发全国。毛泽东对交大西迁很关心，曾当面向交大教务长陈大燮先生了解有关情况。周恩来亲自指挥了交大西迁。特别是在1957年迁校遇到困难时，周恩来不惜花费大量时间进行调查研究，并召开国务院专题会议予以解决，提出了更加符合实际的交大西迁新方案。陈毅以前是上海市市长，对交大最了解，作为主管文教工作的副总理，他坚决主张交大内迁。他讲过，交大迁得对不对，十年以后看，自己愿为交大迁校挨10年骂。

也正因为出于国家的高度重视，交大迁校的基建盘子是1900万元，这在当时全国高校属最大一笔巨额投资。校园按12000名学生的规模，确定为1200亩，在当时也是规模最大的。社会主义集中力量办大事，在中宣部、高教部、陕西省西安市、上海市的共同努力下，有关迁校的经费保证、土地保证、基建保证、运输保证、生活保证，甚至配偶调动、办中小学、教学区供应暖气等，都在第一时间得到圆满解决。比如土地征用，西安市政府在1955年4月一接到高教部来函时就表示，交大迁西安，地要多少给多少，要哪块给哪块。征地涉及三个村庄，几个月内就征集到位，完成了一切手续。当1957年的一段时间里交大迁校遇到干扰时，西安市通过人代会坚决挽留交大。市委第一书记方仲如同志表示说，交大在上海有60年历史，而在西安将会有600年、6000年。在交大成功迁至西安的过程中，充分显示了党的思想力量、组织力量、作风力量，体现了社会主义制度的巨大优越性。

对于迁校到西安，交大党组织和广大师生员工雷厉风行贯彻中央决策，体现出炽烈的爱国奋斗情怀。

在1955年4月初中央作出交大西迁的决定后，学校动作很快，创造了今天难以想象的建设和搬迁速度。4月6日晚交大校长兼党委书记彭康同志接到高教部党组书记、部长杨秀峰同志的电话通知，第二天一大早就分别召开校党委会和校务委员会进行研究部署，并很快在全校公布校务委员会有关迁校的决定。同时也马上安排人前往高教部领受任务，并在第一时间与陕西省委、西安市委取得联系。接到电话通知仅仅一个月后的 1955 年 5 月 10 日，交大在西安的 1200 多亩校址就已经踏勘到位，确定下来。再过 5 个月，1955 年 10 月下旬，校园规划完成，一切手续到位，2000 多名工人进入工地，按当时的最高标准进行开工建设，连大年初一都没有停工。到第二年四五月，新建成的校园就已经基本满足上课条件。1956 年 9 月 10 日，交大首批迁至西安的近 6000 名师生员工，在西安举行了盛大开学典礼，随之开展紧张的教学科研。前后算起来还不到一年半时间。

交大师生员工对于中央有关迁校决定，给予了极其热烈的响应。正如 1955 年 5 月 25 日交通大学校务委员会公告中所郑重表示的："这一迁校的决定，我们必须坚决执行，保证顺利完成。""必须动员全体师生员工正确地接受国务院的这个决定，要有全局观点和克服困难的精神，充分发挥在工作中的积极性和主动性，为顺利完成迁校任务而努力！"当时交大最年长的教授之一，解放前曾经担任过交大校长的著名机械学家程孝刚院士兴奋地说："这是多么雄伟的远景！毫无疑问，中国的重工业的重心正在逐步西移，也毫无疑问，配合重工业的大学，也很有必要逐步在西部建立起来。交通大学又一次站在时代的前列，担当向西部工业进军的先锋，这是值得我们引为自豪的。"以一级教授陈大燮、钟兆琳，二级教授沈尚贤、赵富鑫、周惠久、严峻、黄席椿、张鸿、陈季丹、殷大钧以及最年轻的教授陈学俊等为代表，几十位教授专家成为迁校的核心力量，对于年轻一代起到了标杆和带头作用。他们中的许多人无偿上交自己在上海购买的住房，举家西迁，义无反顾。

广大青年教师和学生们更是热烈拥护交大西迁。在迁校启程之前，全校同学已经迫不及待地开展了"跑西安"活动。当时上海到西安的火车路程全长 1509 公里，平均每人要跑 50 公里。5 月 26 日，绝缘 52 班首先跑完全程。到 1956 年 6 月 6 日，72 个班级已有 41 个班在西安会师了。同学们实际跑的路程加起来就有 80455 公里，相当于绕地球赤道跑了两圈。在结束这项活动时，同学们致信彭康校长表达心情，说："离到西安的日子越来越近，我们的心格外不安地激动起来。是的，要到大西北去了，我们怎么能不兴奋、不喜悦呢？我们怎么能不忘怀歌唱、不尽情欢乐呢？西北期待着我们，期待着我们这批未来的工业战士。"

就这样，在党和国家的关怀下，在各级党组织的坚强领导下，经过师生员工的共同努力，交大的主力迁到了西安。在当时交通大学的七位党委常委中，有六位来到西安。原交通大学校长兼党委书记彭康，被任命为西安交大校长兼党委书记。1956 年年底交通大学在册教师 737 人中，迁来西安的有 537 人，占教师总数 70%。以当时的人员组成情况看，最优秀的人才集中到了西安。迁校中青年教师改革开放后成长为两院院士的有 9 人，评为国家级有突出贡献专家的有 11 人。

当年迁校学生中的情况是：1954 级、1955 级迁来西安的共计 2291 人，占这两个年级总数的 81.1%，而 1956 年的入学新生 2133 人全部在西安报到。分设之后，1957 年、1958 年、1959 年入学的学生，除造船、运输起重两个确定留在上海的系之外，绝大部分在西安就读。研究生中的大多数人也随所在学科专业来到西安。1956 年以交大迁校为契机，国家开始实行高校全国招生。华东上海一带的大量应届高中生，就是因为已经知道交大要迁到西北去，报考交大更加踊跃，招生质量大大好于往年。1957 年交大确定分设两个部分后，决定四五年级的同学在上海读完，但仍有相当多的同学坚决要求随校西迁，在西安毕业。迁来西安的学生以及迁校中在西安入学的学生中，后来成为两院院士的也有 9 人之多。

1956 年至 1957 年，运送西迁物资的列车装满 700 多个车厢。图书设备以及档案的绝大部分迁到了西安。全迁或部分迁至西安的实验室有 25 个，同时还新增专业实验室 20 多个，实验室总面积比上海扩大 3 倍以上。在交大分设为西安、上海两校之际，西安的仪器设备超出上海近乎一倍，圆满实现了国家所赋予的西迁任务。

1959 年 7 月，按照中央指示，交通大学的西安和上海部分单独建校，分别命名为西安交大、上海交大，它们同时都进入全国首批 16 所重点高校行列。按照当时所确定的规模，交大两个部分的在校生达到 16000 人，这就远远超越了万人大学的目标。由于交大西迁，祖国西部第一次拥有了国家重点大学。西安交大没有辜负党的期望，前进步伐很快。以学科建设来讲，迁来西安最初的短短两三年中，在理科方面建成了应用数学系、应用物理专业、应用化学专业，在工程领域建成了钱学森一回国就大力提倡的工程力学专业，建了自动控制、电真空技术、计算技术与装置、无线电材料与元件等一批新兴专业，并建成了原子能、高电压等专业，使迁来时的 15 个专业增加到 25 个，大大扭转了院系调整后的学科单一状况，成为一所以机、电、动、无线电、原子能等为主，兼有应用理科的新型工业大学，新技术学科得到孕育和发展，办学特色更加鲜明，有条件承担起更大的责任。

迁校时师生手持的车票印有 10 个大字："向科学进军，建设大西北"。秉承这一宗旨，学校以服务地方经济建设为己任，为生产一线大力提供智力支持。命名西安交大后仅仅几个月，就有 2800 余名师生奔赴陕西与周边省市的 63 个企业，所开展的设计、制造、投产项目达 1900 余个，与大西北一批大中型企业建立了稳固的长期协作关系。这是以往几十年间在上海从未有过的经历。

迁校后的科研工作紧密结合国家需求，上质量、上水平，迈向高精尖。1960 年全校开展的各类科研课题超过 1000 个。在当时国家科委所下达的"科技十年规划"中，西安交大承担了 32 个规划、120 个中心问题中的 257 个课题的研究任务，其中由学校一家负责的就有 9 个中心问题、68 个研究课题。周惠久院士主持的"金属材料强度理论研究"，是 20 世纪 60 年代我国能够与人工合成胰岛素相媲美的几项突破性研究之一。迁校后的交大校园也出现了科研"国家队"，即由教育部批准的金属材料及强度研究室、电气绝缘研究室、工程热物理研究室（筹），它们代表着中国大学的先进水平，后来顺理成章列为西安交大 5 个国家重点实验室中的 3 个。

扎根西安后，学校事业不断得到健康和快速发展。1985 年西安交大与清华北大复旦上交同时列为国家重点建设项目，1996 年在西部率先开展"211 工程"建设，1998 年成为"985 工程"第一方阵中的九所高校之一，2017 年起又投入了"双一流"建设。用原教育部部长周济院士的话说，"如果把中国的发展战略比作一盘棋的话，交大西迁则是党中央在这盘棋局中摆下的一个十分关键的棋子。随着我国社会经济结构的调整和发展，随着国家经济发展重心进一步向中西部转移，当年这着棋的战略意义和深远的影响早已充分显现了，而且会越来越重要。可以说，交大西迁是国家实施西部大开发的十分重要的举措，体现了党中央、国务院的英明决策。正是交大的西迁，改变了整个中国西部高等教育的格局，改变了西部没有规模宏大的多科性工业大学的面貌。西安交大通过自身的发展壮大，引领和带动整个西部地区的高等教育乃至整个教育的蓬勃发展，形成了'一马当先，万马奔腾'的大好局面。"

这一切也正如习近平总书记所指出的，幸福都是奋斗出来的。我们完全有理由认为，在我国建成社会主义现代化强国和创新型国家的历史进程中，在我省追赶超越的伟大实践中，"胸怀大局、无私奉献、弘扬传统、艰苦创业"的西迁精神仍然熠熠生辉，永远赋予我们美好的理想追求与前进动力。西迁精神永放光芒！

"四个结合"：使"西迁精神"
成为追赶超越的精神动力

肖云儒[*]

结合对党的十九大报告的学习，我重温了习近平总书记对西安交大老教授来信作出的重要指示，深感对西迁精神的研讨要进一步拓展、深化、提升，使之成为陕西和整个西部发展重要的精神动力，让它在西部的振兴和西安乃至陕西的追赶超越中发挥更大的作用。概括起来就是：事从交大起，惠由西部受。

交大西迁不仅是一所高校的西迁，而具有当时中国经济、文化整体西迁、西进的意义。

结合1：把"西迁精神""西进实践"与当时国家发展的大战略紧密结合起来，抓住"西迁精神"的两个层面。

交大西迁的背景是什么？当时主持这项工作的周恩来总理说得十分明确，他说："看问题不能离开当时的形势和历史发展，决定交大西迁是根据西北工业基地建设的要求和远离国防前线的条件下提出来的，是必要的。"周恩来指出的两大背景是"西北工业基地建设的要求"和"远离国防前线"

---

* 肖云儒（1940— ），男，著名文化学者、书法家、教授，西安外事学院人文学院（文化产业学院）名誉院长。

的区位，一是国家需要，一是西部可能。在这两大背景下，西迁的意义早已超出了一所高等院校的迁移，它是国家从当时社会发展大局出发提出的重要战略举措。

在这前后出现了两次"西迁"高潮，第一次在 20 世纪 50 年代中后期第一个五年计划期间，几乎和交大西迁同步，国家在西部大量部署基础工业，当时叫"支援大西北"。仅西安就建设了纺织城、电工城、飞机城、军工城（如庆安公司、远东公司、秦川厂、东方厂、昆仑厂、黄河厂、红旗厂、西光厂、庆华厂），还有布设在关中各地的秦岭公司、陕柴厂、惠安厂、烽火厂、长岭厂、宝成厂、渭阳厂等多个大型企业群落。"一五"期间全国 156 项重点工程，陕西有 25 项（超过河南、武汉），为全国 1/6 强，奠定了陕西现代工业的基础，形成了制造业的优势。而交大西迁，就是为了从人才和科技上支持西部发展，保持西部发展的可持续性。

第二次西迁高潮出现在 20 世纪六七十年代，国家提出三线建设战略，形成了川渝大三线、秦巴腹地小三线。汉中、商洛、凤县等均有三线企业基地。如果说"一五"计划期间奠定了西部制造业基础，三线建设时期则奠定了西部先进科学技术的基础，以国防工业带动尖端科技成就，为西部奠定了创新的前沿科技工业传统。

从这个角度来看，交大西迁不仅是一所高校的西迁，而具有当时中国经济、文化整体西迁、西进的意义。在国家几度大西迁的热潮中，交大的"西迁精神"和"西迁实践"成为一道亮丽风景，西安交大也因之成为高科技、高素质人才的西部基地。西部和交大，以西迁为纽带，互相成就、交相辉映。

中国历史上有一些规律性的现象，可以帮助我们从历史纵深解读交大西迁和国家西进的意义和必然性——中国西部常常以异质文化因子周期性地撞击中国社会发展这个粒子加速器而产生巨大能量，推动社会加速发展。

每当历史上一个大王朝由创业的蓬勃趋于守业的平庸，盛极而衰的时候，西部游牧部落便南下、东进，与中原王朝开始激荡交流。这种交流或潜移默化或带强制性，有时甚至挟带着烽烟和铁血，民族生命力和创造力却因此一度又一度激活。

每当社会发展要出新、出异，要破局、破格，西部常常是最可驰骋的疆场。西部的相对滞后形成了一种后发优势，如同毛泽东所说的一张白纸好画最新最美的画图，搞起来可以少负累、低成本、新思路、快见效。在西部博大的物质空间、文化空间和历史纵深中，人们眼界更宽，生存能力更强。

每当良性循环和可持续发展提上日程，西部就是最优选择。西部资源丰沛，地域广阔，人口负担相对小，是保持经济、文化、社会良好生态的重要支撑。西部是中国的"巨无霸"储藏库，储备着阳光、土地和水，以及种种物质和精神的巨大资源，是中国未来发展重要的动力。

这样我们就可以发现，"西迁精神"的内涵其实有两个层面，一个是治国理政层面，如社会发展在横向上要协调全局平衡、纵向上要维持可持续发展的理念和思维；如以文化教育引领并服务于经济社会建设，使之能够高质高效、充分发展的理念和思维；如以异质文化交融激发创新活力的理念和思维；等等。再一个是人文精神层面，这就是大家都谈到的，"到祖国最需要的地方去"的爱国主义、全局观念、奋斗和奉献精神；还有在新空间、新机遇中释放创造力，加速事业和人生发展的观念。

西部地区加速发展，将有力促进国家发展的新平衡和社会发展的更充分，使我国社会主要矛盾的解决迈出关键一步。

结合2：把"西迁精神""西进实践"与解决新时代社会主要矛盾结合起来，促进社会发展的平衡与充分。

整整一个甲子之后，"西迁精神"和"西进实践"的当代价值愈益突显出来。宣扬和实践"西迁精神"和"西进实践"，其实是解决当前社会主要矛盾的一个重要的发力点。习近平总书记在党的十九大报告中指出："我国社会主要矛盾已经转化为人民日益增长的美好生活需要和不平衡不充分的发展之间的矛盾。"这个矛盾是全国、全社会的，尤其是西部、陕西的。种种发展的不平衡不充分，东、西部发展的不平衡，城、乡发展的不平衡，贫富差距的不平衡，教育、卫生、养老以及公共服务与经济发展的不匹配，西部在中国都首当其冲。胡焕庸先生 1935 年提出的黑河—腾冲人口密度对比线将中国人口分为东南和西北两部分，东南占全国面积四成多，人口却占到九成多，而与人口相关的东、西部经济社会发展更不平衡。中国现有贫困人口中一半以上在西部；城乡差距最大的地区在西部；供给侧问题最待解决的区域在西部；由中国制造向中国创造、中国智造转变最迫切的地区在西部；人民群众在物质生活水平提升之后，对于精神生活和社会福利改善最渴求的地方也在西部。

除了"不平衡"，"不充分"的问题也同样存在。我们在 20 世纪西迁前后累积了一些工业基础，主要是军工和装备制造业优势，但资源消耗型、劳动密集型的较多。在国家解决发展不充分矛盾的过程中，借着"军民融合"和"中外交流"的机遇，西部的基础工业将整体向 4.0 时代升级，直奔科技化、智能化前沿。党中央提出的"不平衡、不充分"，既给了我们一个警示、一个激励，更是给了我们一个发展机遇。

总之，跨越"胡焕庸线"，实现经济社会发展和文化精神同步"西迁""西进"，全面、深度地发展西部，是缓解新的社会主要矛盾极为重要的抓手。要更得力更有成效地抓西部发展，就要弘扬、践行、提升"西迁精神"和"西进实践"。这既是为了让西部不拉后腿，也是为了延续、发扬西部在中国历史上从周秦汉唐到延安时期的光彩。将"西迁精神"与汉唐精神、延安精神熔接起来，延伸、转型到新时代经济、社会、文化的深度发展上来。西部地区加速发展，将有力促进国家发展的新平衡和社会发展的更充分，使我国社会主要矛盾的解决迈出关键一步。

提振、拓展"西迁精神"，要"走进西部、深耕西部"，更要"走出西部、拓展西部"，西部再向西，西部再出发，依托丝绸之路经济带将西部发展的成果向外传递，加快西部国际化进程。

结合 3：把"西迁精神""西进实践"与"一带一路"倡议和新型全球化理念紧密结合起来，为中国走向世界舞台中心作贡献。

我个人认为，国家对于西部的发展可以分为西部大储备、西部大开发、西部大开放三个阶段：

西部大储备——"一五"计划、三线建设时期，西部开发起步，步子不算大，但为后续发展储备了资源和潜力。

西部大开发——20世纪90年代正式提出"西部大开发"战略，国家开始深掘西部的潜力，加速发展自身并为全局作贡献，至今已有20多年。但应承认，这个阶段西部的发展，或多或少带有承接东部和港澳台过剩产能和资金的色彩，主体没有得到充分的突显。

西部大开放——"一带一路"倡议的提出，使西部发展进入新阶段，即由别人走进来帮扶促的同时，我们也走出去，走向全国，走向世界，世界也走进西部。西部抢占"一带一路"的先机、发挥丝路起点的优势，正在完成重大的角色转型。

"西迁精神"和"西进实践"，上承抗日战争前后的政治西迁，中承第一个五年计划、三线建设的经济西迁，今后还会承接丝路精神、新型全球化战略，向世界辐射。"西迁精神"和"西进实践"就这样与国家大战略同步结合，从大储备、大开发到大开放，逐步实现西部与世界的互通互融。"西迁精神"与丝路精神，"西进实践"与丝路经济带实践正在融为一体，西安交大的丝路大学联盟有140多所国内外大学参与，外国留学生辐射170多个国家和地区，就是明证。

从历史、地理、现实、社会的大格局来看，"西迁精神"的确是国家理念，是全球化战略，是中华民族精神在新时代的重要内容。有了丝路格局和博望眼光，我们的思考空间、发展空间就大得多了，对这一精神的开发、利用就更充分、更到位了。

我们要将"西迁精神"讨论在历史脉络的延长线上，在科学发展观的延长线上，进行提升、转型、拓展，使之成为西部文化经济发展、陕西和西安追赶超越的一个重要精神动力。

结合4：把"西迁精神""西进实践"与当下陕西、西安追赶超越的中心工作结合起来，实实在在推进几个特大项目。

若对中国的改革开放作极简明的归纳，大致可以表述为这样几个板块和时段：沿海开放催生了粤港澳湾区和深圳；沿江开放催生了沪宁杭湾区和浦东；沿路开放催生了西安、郑州、成都、重庆四个中心城市和关中、成渝两大城市群；沿都（首都）开放正在催生京津冀环渤海湾区和雄安。几大开放板块都诞生了一两个领衔的世界大都会，只有沿路开放一线目前还没有明确领衔的世界大都会，所幸国家已定位西安为国际化大都市和国家中心城市，定位成渝城市群 2030 年建成世界级城市群，可以说初步奠定了一个基础。我提出几点建议：

第一，国家尽快采纳西安市委、市政府的意见，将西安"以历史文化为特色的国际化大都市"的定位，正式升格为"以历史文化为特色的、亚欧合作交流的国际化大都市"的定位。前者只能体现历史的西安，后者才能体现当代西迁的成果和西部国际化成果。

第二，在条件成熟时，可考虑由关中、成渝两个城市群合并打造中国西部城市群或秦巴腹地城市群。西部两大国家级城市群合并、提速，向世界级城市群迈进，可望成为与沿海三大城市湾区相匹配的中国第四大腹地城市环区。"三湾一环"的全国顶级城市群将凝聚"西迁精神"和西部开发的全面成果，有利于引领、统筹整个中国西部的发展，承接、辐射各沿海湾区对内陆的影响力，有利于统筹长江、黄河最大水资源（秦巴山区注入江河水量远超三江源）的保护利用，更有利于充分发挥"一带一路"的作用，加速西部国际化进程。

第三，抓住中央提出的军民融合的机遇，加速打造国防工业创新体系，打造国际一流军工科研基地，使西安加快由硬科技中心向新型智能科技中心转型的步伐。

第四，加速打造国际一流的历史文化大遗址特区，统管秦汉唐遗址和陵墓，建立世界一流的遗址博物馆，以西北大学文博学院（与北大并列第一的一流学科）为中心，加上相关教育科研单位和博物馆，组建世界一流的大遗址保护、研发、教育、展示中心。

第五，将"西迁精神"发源地——西安交通大学建成国际一流学府。围绕西部开发、"一带一路"和全球化理念，确立新的建校办学理念，设置、调整专业，建成中国西部第一校，丝路经济带第一校。并与西安、川渝重点高校联手，打造国际一流的高校集群和科研中心。力争与国家其他三大城市群匹配，跻身国内四大高校与科研基地，让"西迁精神"结出绚丽的文明硕果，使陕西成为中国历史精神（汉唐精神）、革命精神（延安精神）、建设精神（西迁精神）以及全球化精神（古丝绸之路起点）发源地。

目前的当务之急，是要出台一个新时代西迁、西进的总体方案，按批次规划项目，制订相应的配套政策措施，抓实干、抓实效，真正将西迁、西进精神的再学习再实践，放到当下国家战略大平台和国内外经济社会发展大平台上去。

（原载于《西安日报》2018 年 3 月 19 日）

试论中国精神谱系中的
"西迁精神"及其教育价值

卢黎歌　吴凯丽　隋牧蓉*

62年前，交通大学（迁校时校名，1959年分设为西安交通大学和上海交通大学。以下同）响应祖国号召，将学校主体从上海迁到西安。2017年12月，习近平总书记给西迁老教授回信，希望西安交通大学师生传承好"西迁精神"；2018年新年贺词再提"西迁"。随着学习和宣传的不断深入，"西迁精神"由特定小众群体范围内使用的术语，正逐步向大众扩展。对"西迁精神"及其在中国精神谱系中的位置和功能的研究，引起了学界和舆论的广泛关注。

一、"西迁精神"的概念界定与内涵表述

正确理解"西迁精神"的前提基础是"西迁精神"的概念界定和内涵表述之澄明。

* 卢黎歌（1953—　），男，西安交通大学马克思主义学院教授、博士生导师；吴凯丽（1990—　），女，延安大学马克思主义学院助教、硕士；隋牧蓉（1979—　），女，西安交通大学马克思主义学院流动站博士后。

（一）"西迁精神"的概念界定

目前使用最为普遍的是交通大学西迁所形成和发展的"西迁精神"，但是在新疆锡伯族西迁研究、抗战时期部分高校被迫西迁（如西南联合大学等）研究以及中华人民共和国成立以来少数学校整体西迁（如华东航空学院等）研究中，也使用"西迁精神"一词，因此，有必要对这一概念进行必要的界定。当前社会所宣传的"西迁精神"特指交通大学西迁所形成和发展的精神。本文也是基于这一界定使用"西迁精神"概念的。

（二）"西迁精神"的内涵表述

关于"西迁精神"内涵的表述，西迁教师朱继洲认为是"爱国爱校，顾全大局，乐于牺牲，无私奉献，尽职敬业，艰苦奋斗"。西安交通大学党委常务委员会将其概括为"胸怀大局，无私奉献，弘扬传统，艰苦创业"。西安交通大学档案馆馆长霍有光将其归纳为三条：一是服从国家全局利益；二是自强不息、艰苦创业；三是敬业奉献。西迁教师史维祥说："习近平总书记提到'爱国奉献，无怨无悔'，都是'西迁精神'的体现。"陈至立认为，"西迁精神"是服从大局、追求真理、乐于牺牲、无私奉献、无怨无悔、勇挑重担、团结协作、尽职敬业、勤奋踏实、艰苦奋斗、开拓创业的精神。

通过对不同表述的分析，我们可以看出这些表述既有共同点，也有差别。一是大局意识。"胸怀大局""顾全大局""服从大局""服从国家全局利益"的表述，在主体的主动性上还是有些差别。二是奉献精神。"无私奉献""敬业奉献""爱国奉献"的表述，是从公私观、职业观和国家观三个层面来理解。三是艰苦创业意识。这一表述高度一致，既说明了当年西迁时条件之艰苦，也说明了西迁人奋斗精神之坚韧。四是爱国精神。这一表述虽然出现不多，但是结合大局意识和奉献精神的表述，可以认为爱国精神是"西迁精神"的应有之义。五是弘扬传统。虽然这出自校方的表述，在学者的成果中并不多见，但是结合交通大学办学传统、学风传统、革命传统等，"西迁精神"源自交通大学传统。

在"西迁精神"研究中，"胸怀大局、无私奉献、弘扬传统、艰苦创业"的表述具有共识性。结合学习习近平的回信和新年贺词精神，笔者建议在此基础上，调整为胸怀大局、爱国奉献、无怨无悔、弘扬传统、艰苦创业。

（三）对交通大学西迁意义的认识

一是从国家民族角度。陕西省常务副省长梁桂、西安交通大学校长王树国、西迁校友沈世恩认为，交通大学西迁是当时党中央从全国经济社会发展的全局考虑，从全国高等教育事业发展的布局出发，作出的一项重大战略决策。这个决策为新中国工业基础的奠定、研究基础的布局、教育事业的发展，作出了重要的贡献。二是从西安交通大学发展角度。西安交通大学党委书记张迈曾、西迁教师谢友柏、吴百诗认为，从 60 多年的经验教训来看，"西迁精神"指引着西安交通大学人克服艰难险阻，在西部建功立业，点燃了创新的激情，并为国家为人民作出更大贡献。

二、中国精神谱系的构成

以爱国主义为核心的民族精神和以改革创新为核心的时代精神，共同构成了伟大的中国精神。中国精神，在不同的时期或者不同的历史使命中，表现形态虽有个性和特殊性，但是精神具有共性和恒久性。中国精神正是由一系列特殊时期精神形态所构成的精神之谱系，形成了具有普遍意义的精神宝库。所谓谱系，本文指有历史发展源流关系的事物形成的系统或关系。从中国共产党成立以来，中国精神谱系既包括革命时期形成的精神，也包括社会主义建设时期和改革开放时期形成的精神。

红船精神：中国共产党建党时创立的精神。内涵为：开天辟地、敢为人先的首创精神；坚定理想、百折不挠的奋斗精神；立党为公、忠诚为民的奉献精神。

井冈山精神：大革命失败后，共产党人在井冈山坚持革命斗争形成的精神。内涵为：坚定执着追理想、实事求是闯新路、艰苦奋斗攻难关、依靠群众求胜利。

长征精神：中国工农红军在艰苦卓绝的万里长征中形成的精神。内涵为：把全国人民和中华民族的根本利益看得高于一切，坚定革命的理想和信念，坚信正义事业必然胜利；为了救国救民，不怕任何艰难险阻，不惜付出一切牺牲；坚持独立自主、实事求是，一切从实际出发；顾全大局、严守纪律、紧密团结；紧紧依靠人民群众，同人民群众生死相依、患难与共、艰苦奋斗。

延安精神：党在延安时期创立的精神。内涵为：坚定正确的政治方向，解放思想、实事求是的思想路线，全心全意为人民服务的根本宗旨，自力更生、艰苦奋斗的创业精神。

抗战精神：中国人民在 14 年艰苦卓绝的抗战中形成的精神。内涵为：天下兴亡、匹夫有责的爱国情怀，视死如归、宁死不屈的民族气节，不畏强暴、血战到底的英雄气概，百折不挠、坚忍不拔的必胜信念。

红岩精神：中国共产党人在国民党统治区特殊的社会环境和特定的历史背景下，为完成特殊任务所形成的精神。内涵为：刚柔相济、锲而不舍的政治智慧，"出淤泥不染，同流不合污"的政治品格，以诚相待、团结多数的宽广胸怀，善处逆境、宁难不苟的英雄气概。

西柏坡精神：中国处于革命即将取得全面胜利的历史根本性转折时期形成的精神。内涵概括为：谦虚谨慎、艰苦奋斗的精神；敢于斗争、敢于胜利的精神；依靠群众、团结统一的精神。

以上精神，是中国人民在中国共产党领导下，经历浴血奋战，推翻三座大山，在实现中华民族站起来的伟大历史进程中，弘扬爱国主义精神优秀传统，结合具体历史背景和形势任务所形成的精神，是对中国精神的丰富与发展。

雷锋精神：中华民族传统美德与社会主义精神、共产主义精神融合形成的精神。内涵为：艰苦创业、积极进取、自强不息、奋力拼搏的奉献精神，顾全大局、忠于职守、克己奉公、处处以国家和集体利益为重的主人翁态度，相互尊重、助人为乐、诚实守信、和谐融洽的良好社会风尚。

大庆精神：大庆石油会战中形成的精神。内涵为：牢记为国争光、为民族争气的爱国主义精神；独立自主、自力更生的艰苦创业精神；讲求科学、"三老四严"的求实精神；胸怀全局、为国分忧的奉献精神。

红旗渠精神：30万林州人民，苦战10个春秋修建红旗渠过程中形成的精神。内涵为：自力更生、艰苦创业。

焦裕禄精神：焦裕禄同志带领兰考人民在改变贫困面貌奋斗中形成的精神。内涵为：亲民爱民、艰苦奋斗、科学求实、迎难而上、无私奉献。

"两弹一星"精神：我国科研人员在研制"两弹一星"过程中形成的精神。内涵为：热爱祖国、无私奉献，自力更生、艰苦奋斗，大力协同、勇于登攀，其核心为科技创新精神。

救灾抢险精神：2008年抗震救灾斗争中形成的万众一心、众志成城，不畏艰险、百折不挠，以人为本、尊重科学的抗震救灾精神；1998年抗洪抢险斗争中形成的万众一心、众志成城，不怕困难、顽强拼搏，坚韧不拔、敢于胜利的抗洪精神。

航天精神：几代航天人在追赶世界先进科学技术的奋斗中形成的精神。内涵为：特别能吃苦、特别能战斗、特别能攻关、特别能奉献。

以上精神，是中国人民在中国共产党领导下，完成社会主义革命，确立社会主义基本制度，推进社会主义建设，进行改革开放，开辟中国特色社会主义道路，形成中国特色社会主义理论体系，实现中国人民从站起来、富起来到强起来的伟大历史飞跃中形成的，是对中国精神的新贡献。

通过对中国共产党成立以来的中国精神谱系研究，发现这一谱系在不同时期、不同领域的精神共性在于，以爱国主义为旗帜，以振兴民族为奋斗目标，以爱国奉献为追求，以历史担当为己任；其基本特征在于，传统与现实相结合，理论与实践相结合，长远目标与当前任务相结合，理想信念与艰苦奋斗相结合，党的领导与群众参与相结合。中国精神谱系在内容上随着时代的进步不断发展，在涉及的领域和类型上还将不断充实完善。关于中国教育领域的精神，也将随着大学精神的进入而得到填补。

三、"西迁精神" 在中国精神谱系中的位置

在种属关系中，"西迁精神"隶属于中国社会主义大学精神。大学精神是大学自身存在和发展中形成的具有独特气质的精神形式的文明成果，它是科学精神的时代标志和具体凝聚，是整个人类社会文明的高级形式。大学精神内涵丰富，体现了民族精神、时代精神，具体包含人文精神、学术精神、科学精神等。

"西迁精神"既具有大学精神的普遍属性又具有特定属性。在教育部召开的教师工作战线学习"西迁精神"座谈会上，与会教师认为："全国教师工作战线学习'西迁精神'，一要学习传承'西迁精神'蕴含的爱党爱国浓厚情怀，做忠诚于党、至诚报国的奋斗者；二要学习传承'西迁精神'蕴含的敬业奉献高尚情操，做立德树人、为国育才的奉献者；三要学习传承'西迁精神'蕴含的强烈使命担当，做实现中华民族伟大复兴中国梦的追梦者。"北京大学教师沙宗平认为："西迁行为本身就是大学之道得以呈现于公众和社会面前的一个生动感人的案例：大学的发展既是社会进步的产物，也是社会进步的组成部分。大学既要专注于追求高深学问，探索未知世界，

也要服务于国家发展、社会进步之需要，推动文明互鉴、文化理解之历史进程。"可见，"西迁精神"已经超出了校域概念，成为了教育战线的共同精神财富，成为了社会主义大学精神的有机组成部分。

"西迁精神"隶属于中国社会主义大学精神，而中国社会主义大学精神又是中国精神的重要组成部分。由此可以推出，"西迁精神"是中国精神谱系中的一部分。正如教育部部长陈宝生所说："'西迁精神'是民族精神、爱国精神和改革创新精神的重要组成部分，交通大学西迁充分体现了老一辈知识分子'始终与党和国家的发展同向同行'的报国情怀和奋斗精神，是我们教育工作者学习的光辉榜样，也是激励我们不断前进的动力。"随着学习的不断深入，"西迁精神"的影响力将会向全国高校以及其他地区和领域扩展，但是，"西迁精神"产生于特定时代，服务于特定国家需求，有着特定的职业和人群的适用性，因此要对其在中国精神谱系中进行准确定位，根据时代发展的要求，在原有内涵的基础上赋予新的时代意义。

四、弘扬"西迁精神"的教育价值研究

（一）"西迁精神"的爱国精神教育价值

"西迁精神"中的基本内核是爱国奉献。进行传承和弘扬"西迁精神"的教育，就是在大学生思想政治教育中，突出"坚持爱国奉献，无怨无悔"的教育，对"西迁精神"中的爱国精神内涵进行深入挖掘，与以民族精神为核心的爱国主义教育、社会主义核心价值观的"爱国"价值观教育有机结合。

（二）"西迁精神"的大局意识教育价值

交通大学西迁，既是出于当时国际国内形势的考虑，也是国家对新中国

未来的教育布局、科技和工业发展布局的深谋远虑。西迁人通过对党中央和国务院决策的学习，理解领会国家的战略需要，胸怀大局意识，服从国家的整体安排。要解决新时代不平衡不充分的发展问题，调整发展布局将会是常态。通过"西迁精神"的大局意识教育，培养现代大学生超越自我、胸怀大局的素质，是社会发展的需要。

（三）"西迁精神"的历史担当教育价值

西迁人既是传承了中国知识分子传统的家国情怀，又清醒于中国历史转折时期自己的历史担当。西迁人和后来者的历史担当精神，是培养新时代大学生的鲜活教育资源。

（四）"西迁精神"的重义轻利教育价值

重义轻利是中国优秀传统文化中的义利观内容，也是中国知识分子气节的精神支撑。西迁人和后来者正是坚守了这一义利观，抱定爱国奉献的决心，从繁华的上海来到西北创业，而当下，错误的义利观以及模棱两可的义利观对大学生产生了消极影响。以弘扬"西迁精神"为契机，进行中华优秀传统文化的义利观教育，具有重要的时代价值。

（五）"西迁精神"的艰苦创业教育价值

许多文献资料和实物说明了西迁初期条件之艰苦和后来者艰苦创业，使西安交通大学成为我国西部第一强校。"西迁精神"诞生于物质短缺时代，而继续弘扬"西迁精神"却置身于物质逐步丰富的时代。目前有的大学生受错误的消费观、享乐观影响，缺乏艰苦创业精神。要积极引导大学生认识在物质短缺与物质丰富的不同背景下艰苦创业之"艰苦"的不同性质以及

"创业"之异同，说明新时代艰苦创业的必要性。

（六）"西迁精神"的追求卓越教育价值

交通大学西迁的价值，不仅体现在顾全大局、艰苦奋斗等方面，更体现在改变我国不平衡发展的现状上。党和政府在各方面支持西安交通大学发展，不仅是对西安交通大学人西迁的肯定和补偿，更是希望西安交通大学在西部发挥教育科技的引领作用。正是追求卓越的目标，激励西安交通大学师生不负党的重托，取得一系列卓越成绩。把"西迁精神"的追求卓越教育与实现中国梦的教育有机结合，具有时代的现实意义。

习近平总书记希望西安交大师生传承好"西迁精神"，为西部发展、国家建设奉献智慧和力量。这既是对以西安交通大学西迁老同志为代表的老一辈知识分子为祖国的教育科技事业无私奉献、艰苦奋斗精神的高度肯定，也是对新时代高校教师的殷切期待。"西迁精神"必将激励一代又一代知识分子自强不息、砥砺前行。

（原载于《思想教育研究》2018 年第 3 期）

为世界之光

——交大校训与西迁精神管窥

燕连福[*]

1956 年交通大学内迁西安，交大师生在西安这片古老的土地上，在"胸怀大局，无私奉献，弘扬传统，艰苦创业"的西迁精神鼓舞下，继承传统，续写辉煌，为西部的发展、为祖国的建设作出了新的贡献。实际上，当我们回眸西安交通大学校训"精勤求学，敦笃励志，果毅力行，忠恕任事"时，不难发现，西迁精神既是对交通大学古老校训的继承与弘扬，更是对校训在新的历史时期的进一步发展与创新。

西安交通大学的前身为 1896 年创建于上海的南洋公学，1921 年改称交通大学。1956 年国务院决定交通大学内迁西安，1959 年正式定名为西安交通大学。交通大学自从 1896 年创办以来，其校训有多次变动和发展，但无论语词怎么变动，时代如何变迁，其弘扬的思想宗旨都没有太大的变动。1909 年，学校颁布的校训是四个字：勤、俭、敬、信；1933 年，学校对校训的表述是"精勤，敦笃，果毅，忠恕"；1937 年，进一步扩充为"精勤求学，敦笃励志，果毅力行，忠恕任事"。2005 年 4 月 4 日，西安交通大学决定启用 1937 年《交通大学一览》公布的该 16 字校训。交大的校训，既体

* 燕连福（1976— ），男，西安交通大学马克思主义学院院长、教授、博士生导师。

现了中国传统文化的精华，也体现了交通大学的办学宗旨，更蕴含着对师生承担民族重任、勇做国家栋梁之才的殷殷希望。

一、精勤求学，顾全大局，为国为民

精本义是"上好的白米"，引申为精细精密；勤即是做事尽力，不偷懒；求学就是探求学问。精勤求学，即是说做学问不能浅尝辄止，不能投机取巧，而要专心守一，自强不息。韩愈说，业精于勤而荒于嬉，讲的就是这个道理。

"顾全大局"，出自清朝吴趼人语，意指从整体的利益着想，使之不遭受损害。如果说精勤求学强调的是个人的奋斗的话，那么顾全大局则强调了民族的重托、国家的使命，顾全大局使得求学有了历史的厚重感和集体的使命感。

（一）精勤求学创一流

"欲成学问，当为第一等学问；欲成事业，当为第一等事业；欲成人才，当为第一等人才"，唐文治校长曾经如是说。在110多年的风雨历程中，交大培养出来的200多位中国科学院、中国工程院院士，交大研制或承担任务的中国第一台发电机、无线电台、内燃机、中文打字机以及国产第一艘万吨轮船、第一枚运载火箭、神舟飞船，无不体现着这种精勤求学的精神。

作为"最受崇敬的西安交大校友"之一的钱学森，堪称精勤求学的楷模。在西安交大钱学森图书馆里，仍然保存着他1934年的水力学试卷。当年教授水利学课程的老师是金悫先生，为了避免学生自满自足，他在考试的试卷里总会安排一道难度特别高的题。没想到钱学森还是把所有的试题全都答对了。金先生非常高兴，给钱学森打了 100 分的满分。等试卷发下来之后，钱学森仔细复查自己的答案，却发现了一个问题：在公式推导的最后一步，他将"Ns"误写成了"N"，于是主动要求金先生更改自己的分数。钱学森的成绩最终定为 96 分，这份试卷也成为交大人"精勤求学"的历史写照。

（二）顾全大局为祖国

精勤求学的背后，更体现着顾全大局的高风亮节。响应祖国号召、支持西部发展，交通大学决然西迁，这是顾全大局；钱学森不顾重重阻力，放弃在美国优裕的生活条件，毅然回国报效祖国，这是顾全大局；彭康校长为了支援西北建设，亲自踏勘校址，组织迁校，率领交大师生来到黄土地上奋斗，在这里一直工作到他生命的结束，这是顾全大局；钟兆琳教授，作为我国电机制造工业的拓荒者和奠基人，在西迁时，卖掉了自己在上海的住宅，把已经瘫痪在床的夫人安顿在上海，孤身一人来到大西北，一生立志建设大西北，矢志不移，这是顾全大局；陈大燮教授，是被毛主席接见过两次的我国著名的热工专家，迁校时，他卖掉了在上海的房产，和夫人一起来到西安，为建设和发展西安交大呕心沥血，辛苦工作了一生，这是顾全大局。

在交通大学迁校、建设的日子里，像彭康校长，钟兆琳、陈大燮教授这样一心一意为顾全大局、支持交大西迁而牺牲小我、牺牲小家的人举不胜举。吴之凤教授举家来到西安之前，卖掉了在上海的钢铁厂和小洋房；周惠久教授一家都来到了西安，其爱人当时已是上海一家医院小有名气的医生，可为了周先生的事业，他们决然西迁；陈学俊教授，同样卖掉上海的房子，携家西迁，刚到西安的日子，他两个孩子要进城上学，主要交通工具就是农民的马车；殷大钧教授，当时其老母亲已经 88 岁，而自己也患有胃病，为了事业，他克服困难，说服全家，携老母和家属共 6 口人来到西安；赵富鑫教授，迁校时他已年过半百，到了知天命的年纪，记者问他为什么要举家西迁时，他笑笑，朗朗地说："五十多岁我还算年轻，到西北有好多事可以做啊！"

在新的历史时期，交大师生"扎根西部、服务国家、世界一流"的精神，同样是顾全大局。今天的交大，已经成为西部大开发的重要力量，成为辐射西北、带动全国科研发展的重要力量。

二、敦笃励志，无私奉献，勇担重任

敦是厚道的意思，而笃则是指一心一意。敦笃即是说做学问不能求名求利，三心二意，而当坚定志向，勇担重任。孔子说，"三军可夺帅也，匹夫不可夺志也"；孟子言，"如欲平治天下，当今之世，舍我其谁"，讲的都是这个思想。无私奉献，既是人类最纯洁、最崇高的道德品质，也是中华几千年文明史中最耀眼的精神品质。屈原、司马迁、孙中山、新中国革命和建设的先烈等，无一不是诠释无私奉献精神的杰出人物。

交通大学的西迁精神，既是对敦笃励志精神的传承，更是对无私精神的写照。1955年，国务院决定交通大学内迁西安，以适应新中国大规模工业建设需要。为响应祖国的号召，诸多知名教授放弃上海的优越生活，毅然来到一片麦田的西安，仅仅用一年的时间，建设起了新的交大，把自己的青春奉献给了西安交通大学的建设与发展。

（一）无私奉献服务西部

钟兆琳教授，西迁后一心一意致力于教学与科研工作，直到他80岁高龄，还不辞劳苦亲自前往新疆、甘肃等地实地考察，并抽出时间学习维吾尔语，以更好地为新疆人民服务。在他去世前不久，他还关注着西部的发展，并对西北开发提出了建议，他最大的遗憾就是未能亲自去宁夏实地考察。钟先生在临终前，语重心长地告诫儿子，一定要把自己的骨灰安放在西安，安放在他为之奋斗过的黄土地，安放在他为之献出一生的美丽的大西北。

陈大燮教授，西迁后一直奋斗在教学与科研的一线，去世前，他把自己一生积蓄下来的 3 万元钱，全都捐给学校做了奖学金。让人可敬的是，他的夫人在去世前，又把陈先生留给她的生活费、医疗费总共 1 万元，也全都捐给了学校。他们不仅在生前无私地为学校贡献力量，而且想着死后也要为自己所热爱的学校奉献自己的余热！

数学教授张鸿来到西安后，为学校的事业呕心沥血，无私奉献。那时，在交大校园，张先生常常忘我地工作，经常到下班半小时后才离开办公室，拎着饭盒走进食堂。在他的带动下，不少在思想上曾经产生波动的教师，最终下决心西迁来到西安。张先生全身心都扑在工作上，但是生活却非常俭朴。在三年困难时期，党和政府想办法保证对高级知识分子的基本副食供应，其中，发"红卡"就是一项特殊供应的措施。但是，张先生却一直没有用过"红卡"，他宁愿自己坚持、自己生活苦一些，也不愿过多地给政府增加些许负担。这就是西迁教授的奉献精神，这就是西迁教授的高风亮节！

（二）接力奉献开创未来

当年西迁的交大人，奉献的不仅仅是自己的美好年华，奉献的更是自己的整个生命；奉献的不仅仅是自己，更有一家几代人。在他们这个群体中，有的只身一人来到西安，而把家属留在了上海；有的则夫妻一起来到西安，把孩子留在上海交由家中老人照顾；有的则拖家携口，一家老少举家西迁。

周龙保教授就是这个西迁群体中典型的一员。他和妻子刚来西安时，西安的供应十分紧张，而两个孩子都很小。为了能让西安的两个孩子吃到白糖，他在上海的母亲省吃俭用，每天早晨在买粢饭团时，都要把里面夹的白糖一点点剥出来，再用纸小心地包好，就这样一点点积攒起来，然后托人带到西安，送给孙子吃，以补充营养。多年后，周教授已经是博士生导师，有许多单位看中他的才学，希望邀请他去工作，都被他一一谢绝了。他说：

"我的根在交大，我们的事业在西北。"

万百五教授也是西迁队伍中的一员，他是家里的独生子，西迁时，他没有留在上海陪伴年迈的父亲，而是决然来到西安。他的父亲万古蟾，是上海市有名的动画家。由于他们夫妇在学校工作比较忙，他们的两个孩子出生后，就送到上海交给爷爷照管。在上海，爷孙们就这样互相照顾着生活，孙子小的时候，先是爷爷照顾孩子，等后来孙子长大了一些，又开始照顾爷爷。每次提到当年这段往事，万教授的内心就难以平静，就涌动起莫名的酸楚。在西迁的交大人中，像万百五教授这样的独子、独女的人并不是个例，而是有许许多多。他们为了祖国，不顾个人的小家，来到西安，就是为了承担重任，希望祖国发展得更快一些、更好一些！

"心底无私天地宽"，这种舍个人、为集体，舍小家、为祖国，不求索取、默默工作的无私奉献精神，正在激励着新的交大人勇担重任、果决前行，团结进取、继往开来。

三、果毅力行，弘扬传统，续写辉煌

果为果敢，毅为强决，果毅即为行为果决，大胆前行。孔子说，"君子名之必可言也，言之必可行也"，"好学近乎知，力行近乎仁，知耻近乎勇"，皆为此意。在传统文化中，知行合一，敢于拼搏，无疑是做学问的重要方面。传统是世代相传的精神、制度、风俗和艺术等的总称；一个国家的发展，需要继承优良的传统；一个民族的发展，需要继承优良的传统；一个学校的发展，更需要继承优秀的传统。

（一）优良传统独树一帜

交通大学自从建校之初，就形成了独树一帜的优良传统。

从 1896 年开始建校，交大便初创新式教育，引领办学风气之先；20 世纪 20 年代，应时之需，乃重组交通大学，全面提升办学层次；20 世纪 30 年代，随着时代变迁，再次改组交通大学，形成"理工管"相结合的办学特色。经过前后近 40 余年的探索与实践，基本形成了一套独树一帜的育人传统，其典型特点概括起来就是"门槛高，基础厚，要求严，重实践"，我们常说的老交大传统就源出于此。

在此传统的支撑下，交通大学曾经创造了辉煌的历史，试举两例：

其一，交通大学电信研究所被誉为"解放前我国工学硕士授予最多单位"。

交通大学于 1943 年成立电信研究所，以专门培养"有独立研究能力"的电信专业研究生，学制两年，1944 年正式招生。至解放前，全国只有 10 余所工科研究所，授予工学硕士学位者总共 39 人；而交通大学共有电信研究生 29 人毕业，其中至少 19 人获得工学硕士学位，成为国内授予工学硕士学位最多的单位。其中杰出人物就有中国计算机科学技术奠基人、中科院院士夏培肃；中国工程院院士陈太一等人。

交通大学培养的研究生不仅数量多，而且质量也堪称一流。电信研究所办学思路新颖，育人理念先进，培养方式科学，所培养研究生不仅在数量上于国内遥遥领先，而且质量当属上乘，完全可与国外大学研究院相媲美。"交通部电信总局或其他机关，对于该所研究生均乐任用，其叙级与国外研究院毕业生者相同。"

其二，交通大学航空系被誉为"中国航空航天事业人才的摇篮"。

1942 年 8 月，交通大学正式成立航空工程系，为国内最早设立的航空系之一。在当时艰难的条件下，交大师生攻坚克难，团结进取，至抗战前夕，航空工程系在规模上已发展成为国内规模最大的学校之一，其教育水平也名列国内前列。至 1952 年院系调整之际，从交通大学航空工程专业毕业的学生已达 169 名，其中包括有"航天之父"之誉的钱学森，新中国航空工业和航空科研的创建人、原航空部副部长徐昌裕，"旧金山中国飞机制造厂"总设计师、美国阿波罗登月计划的主要参与者胡声求，新中国首任飞机总设计师、"歼八"飞机的开拓者黄志千，中国第一颗人造地球卫星研制的主要领导者杨嘉墀，中国第一枚火箭设计主任工程师潘先觉等。此外，中国科学院院士谈镐生、庄逢甘，中国工程院院士杜庆华、屠基达，中科院外籍院士吴耀祖，两院院士顾诵芬等，都是从交通大学航天工程系毕业的佼佼者。

总之，我校航空工程教育人才辈出，当之无愧地被誉为"中国航空航天事业人才的摇篮"，其为中国的航空航天事业作出了不可磨灭的巨大贡献。按照《中国大百科全书》（2014 年版）最新统计，在"航天航空卷"所列航空代表人物 57 人中，有我校校友钱学森、季文美、曹鹤荪、顾诵芬等 15 位，所占比例超过总数 1/4，在国内大学之中排名第一。

（二）西迁之后续写辉煌

在西迁之后，由于地处西部，交大面临诸多挑战。面对挑战，交大人没有退缩，而是弘扬传统，不断地用创新续写着辉煌。

其一，近年来，学校继承传统，积极探索，大胆创新，实现了办学模式的全方位改革。

"2+4+X"的新教学模式，以钱学森大乘智慧学为引导的钱学森实验班，科学与艺术融合的教育理念，推动学生全面发展的通识教育，锤炼学生身体素质和竞争意识的体育精神，提升学生综合能力、创新能力和实践能力的工程坊，无不引导着学生朝向"知行合一、学思结合"的目标发展，无不继续在中国高等教育领域引领着风气之先。

从 2006 年开始，西安交大在国内高校率先推行"书院制"，把全体本科生划归八个书院管理，实现了学生管理方面的突破，也形成了书院和学院的"双院制"培养模式，为学子插上了腾飞的翅膀。

2007 年，学校试点"钱学森实验班"，因材施教，培养拔尖人才；创办医学"宗濂实验班",探索符合医学教育规律的人才培养模式;兴建"工程坊",以发展学生科技兴趣、促进发明创造,帮助学生实现"小发明、大创造"。

2010 年,学校首届"基础学科拔尖人才实验班"开班,数学拔尖人才实验班、物理拔尖人才实验班正式开课。

在国内,西安交大是目前仅有的两所开办"少年班"教育的高校之一,学校以其独特的教育理念,严谨的学习氛围,超强的师资配置,优良的教学效果吸引了全国最优秀的初中毕业生前来应考和学习。

截至 2015 年 7 月,学校已经取得国家级教学成果奖 60 项,建成国家精品课程 34 门,拥有 8 个国家级教学基地,9 个国家级教学团队,《中国哲学经典著作导读》等 3 门 MOOC 课程在美国 Coursera 网上线。获"全国百篇优秀博士论文奖"26 篇,获提名奖论文多达 40 篇。

其二,学校精心营造了"思想活跃、学习活跃、生活活跃"的大学文化氛围。

目前,拥有一个国家级大学生文化素质教育基地,拥有 203 个文化社团,科技、文艺、体育等活动丰富多彩。"九州名家""纵论四海""思源大讲堂""学而论坛"已经成为学生开拓视野的经典品牌。近年来,交大学子在国际大专辩论赛、国际辩论邀请赛、国际英语演讲大赛、亚太机器人大赛、ACM 国际大学生程序设计大赛亚洲区选拔赛、国际数学建模大赛、世界大学生建筑设计竞赛、"挑战杯"课外科技大赛、"挑战杯"创业计划大赛、全国航空航天模型(科研类)锦标赛、智能车竞赛全国总决赛、"爱迪生杯"技术创新竞赛,以及中国励志计划大学生创业计划大赛中不断摘取桂冠、取得一系列辉煌成绩。

四、忠恕任事,艰苦创业,报效祖国

忠恕一词,源自论语。孔子说,"吾道一以贯之",其学生曾子解释说,

"夫子之道，忠恕而已矣。"这里的忠恕，指的不是对君主的愚忠，不是无原则的对任何人的软弱，而恰恰体现的是中国古代知识分子固有的"经世致用"的思想，体现的是对人民的仁爱之心，体现的是对民族和国家的回报之心，正如曾子所言，"可以托六尺之孤，可以寄百里之命，临大节而不可夺也"，这才是对忠恕一词的最佳阐释。

艰苦创业，指的是艰难困苦的创办事业，其弘扬的是一种中国传统的艰苦奋斗、自强不息的向上精神，其反对的恰恰是那种好逸恶劳、骄奢淫逸的思想。如果说忠恕任事体现的是对人民、对祖国的报效之心的话，那么艰苦创业则更多体现的是积极进取、实业报国的创业精神。

在交大培养出来的英才名单上，从蔡锷、黄炎培、邵力子、李叔同、凌鸿勋、邹韬奋、陆定一、侯绍裘、钱学森、王安、田炳耕、江泽民等这些历史巨人，到茅以升、吴有训、朱物华、张光斗、张维、吴文俊等200余位两院院士，无不体现出交大人忠恕任事的实干精神和艰苦创业的创业精神，无不体现出交大人对人民的仁爱之心，对祖国的报效之心。

（一）迁校初期艰苦创业

交大西迁初期，虽然当时的工作条件还非常艰苦，但是同志们克服困难，高度重视教学质量，老交大的传统丝毫没有削弱，教学工作和在上海时相比没有打任何折扣。在各部门不断努力工作下，办学基本条件逐步完善，教学和科研工作日渐正常，教学秩序也慢慢恢复到交通大学在上海时的水平。最让交大师生难忘的是，西迁之后，学生日渐增多，教职员工不断迁来，学校要想开全校师生职工大会，却没有合适的地方，没有建造起合适的大礼堂。为了解决这个困难，学校专门从南方请来了能工巧匠，就在现1400大教室（德育教室）的位置，巧妙地用竹子盖起了一座临时大礼堂。这个大礼堂，虽然是竹子做的，但跨度非常大，能同时容纳5000多人开会。虽然其冬冷夏热，地上是砖、泥、沙混合地面，没有椅子，只有一条条很长很长的长板凳，一条可以坐七八个人，但确实解决了开大会的问题。在很长一段时间里，交大师生员工大会、文艺演出、放电影、举行音乐会等，都是在这里进行的。这个竹子大礼堂，见证了交大发展的风雨历程，也见证了交大人艰苦创业的拼搏精神。

（二）新的时期继往开来

在新的历史时期，西安交通大学科技工作坚持"面向国家重大需求、瞄准国际前沿、突出自主创新、加速成果转化"的发展战略，继续艰苦创业，立足西部、服务国家，不断增强科技创新能力，提升科技竞争力。2000年以来，本校教授以首席科学家身份主持的"973计划"项目达到21项，获批的国家自然科学基金项目总数达到3438项，获批的基础研究项目数和经费在全国高校位居前列。2000年以来，以我校为第一完成单位获国家科学技术奖达到了45项。近年来，学校坚持依托学科与人才培养优势，创新产学研合作模式，与政府、大中型企业建立研发中心，解决了大量行业关键性技术问题，充分发挥了科技对区域经济和社会发展的支撑作用，发挥了服务西北、服务国家的重要作用。

在新的历史时期，西安交通大学进一步建立了广泛的国际交往，自2000年以来，总共邀请了14位诺贝尔奖获得者、1位菲尔兹奖获得者以及2000余位国外教授来校访学、讲学，与我校进行合作研究、学术交流的世界各国学者、企业高层、政府要员更是累计达17000余人；学校先后派出赴国外访问、进修、研究及攻读学位的教师和学生有8000余人次，参加国际会议的有2000余人。已经与美、日、英、法、德、意、新、韩等42个国家和地区的145所高等学校和研究机构，建立了广泛而深入的校际合作关系。目前，有来自86个国家的1098名外国留学生就读于西安交大。西安交通大学，不只是西部一流的大学，更是全国一流的大学；不只是国内具有重要影响力的大学，更是在国际上具有重要影响力的大学。

　　"校旗飘扬，与日俱长，为世界之光，为世界之光"，正如交大校歌所描写的那样，西安交通大学的师生，没有因为地处西部而畏缩，而是胸怀大局、艰苦创业、扶摇直上，胸怀凌云之志，为世界之光而不断前行；"校训教育并熏陶了一代代交大人，他们中涌现出许多杰出人物；校训也激励着新一代交大人锐意创新，用艰苦奋斗续写辉煌"，正如交大党委书记张迈曾所言，交大人并没有因为成绩卓著而骄傲自大，而是在社会主义核心价值观的旗帜下，在校训的指引下，正在为中华民族之腾飞而继续努力拼搏！

也应青史有诗篇

——从交大西迁看中国大学精神的培育

韩鹏杰[*]

精神是大象无形的，如春风，看不见形状却无处不在，着春风处即可化雨，随风潜入夜，润物细无声！

"大学者，非大楼之谓也，大师之谓也。"这句流传很广的话其实只说对了一半。完整的说法应是：大学者非大楼仪器课题之谓也，精神之谓也！而凝结为一个大学、一个国家大学精神的，更重要的是特殊的历史。换句话说，特殊的历史和凝成的文化，比大师更大师。

中国大学，无论怎样强调兼收并蓄，都应该有中国大学独特的精神。我认为，这种精神，在两所大学身上体现得最集中、最明确，这就是西迁的西南联大、西安交大，因为这两所大学，最深刻地诠释了"艰难困苦、玉汝于成"的民族气质，这种在特殊的历史背景下凝结的大学文化，最深刻地体现了我们这个民族的信念、自强、担当、超越的伟大精神。

这精神如水，承中华文明之源，饮其流者怀其源，从繁华的大上海来到大西北，来到中华文明的发源地，来到延安所在省，是一种历练也是一种熏

* 韩鹏杰（1962— ），男，西安交通大学人文学院哲学教授，北京大学、中国人民大学MBA 特聘教授。

陶，是一种文明血脉的直系传承。只有在中华文明发源地和大摇篮中培育过的学校，才会有最深厚的民族精神，不是吗?!

这精神如歌，"风云双甲子，弦歌三世纪！"这样的大学，我坚信，在这个伟大的国度中，将会弦歌不辍；也将一直为世界之光，直到永远。

对西南联大，王力先生说："熊熊火炬穷阴夜，耿耿星河欲曙天。此是光辉史一页，应教青史有专篇。"越是在艰苦的环境，越是激发出伟大的精神和创造力。西南联大，成为中国教育史的奇迹，真正的世界一流大学，真乃艰难困苦、玉汝于成！可惜，西南联大回迁了，虽说一花开三度，清华、北大、南开，也皆是中国好大学，但皆各自强调自己的文化传统，西迁时凝结的那种精神和教学体系反而被弱化了。可惜！

对西安交大，我则坚定认为，也"应教青史有专篇"。不是为了西安交大，更为了中国的大学，为了中国的未来。

西迁，在中国历史上就曾创造出辉煌灿烂的文化和惊天动地的伟业。

历史上的秦文化并非单纯的游牧文化，秦人是从海边迁到中国的西部，与戎狄为伍争锋，开放的海洋精神和在西部边陲长年征战中磨炼出来的顽强不屈、艰苦奋斗的精神意志，才有了秦人统一天下的伟业。

红军的长征也是西迁——两万五千里的铁流，从江西到陕北，长征是宣言书，长征是宣传队，长征是播种机……

这话没错！但试想，倘若没有陕北根据地，没有陕北文化的交融，能熔铸成一种伟大的精神、创造一个新中国吗？延安精神，成为我们这个民族又一笔宝贵的财富。所以，提到西迁，不仅要看到西迁者的贡献，更要看到文化的交融熔铸成的新的文化、新的灵魂。

这也就是我想表达的：提到西安交大的精神，不仅要提西迁，更要浓笔重墨地说"扎根"——扎根大西北六十年，海洋文化和西北华夏文明的交融，历练出一座国际性大学，熔铸出了一种开放、自强、超越的大学精神，这才是这所大学的真正价值。

六十年前，那么多交大的师生员工，放弃上海的优越条件，登上西去的列车，在西安东郊的一片麦田上，用青春和汗水建设了一所闻名的高等学府——今天的西安交通大学。

西迁是宣言书，是宣传队，是播种机。无论从哪个角度，交大西迁都堪称中国教育史上的长征。她带来了海洋的气息，先进的文化，堪称是在黄沙弥漫的中国西部的一片绿洲。

然而，问题的关键是，西迁是一个过程，有可能像长征一样是战略转移，伟大的西南联大也是如此。战争结束了，西南联大也回迁了、分支了，是西南联大那些优秀的毕业生，让西南联大精神长在！

长征的红军扎根延安，和延安文化一起孕育出延安精神，延安成了中国革命的圣地。

交大，六十年前西迁陕西，扎根西安，六十年了啊！一代代交大人筚路蓝缕、弦歌不辍，长成了一棵参天大树。以其奋斗的历史和贡献，也应该是中国教育史上的丰碑，也应青史有诗篇！

想想都为交大骄傲，为自己是交大人骄傲。她在中国，是太有独特气质的一所大学，太有独特价值的一所大学，能代表中国大学精神和气质的一所大学。爱这所大学，就是爱中国的教育事业；爱护这所大学，就是爱护中国的大学精神！

西迁精神与交大愿景

李永胜[*]

一、西迁精神的内涵、特征与历史作用

（一）交大西迁的历史背景

西迁精神孕育于具有悠久历史传统的交通大学，诞生于 20 世纪 50 年代的社会主义建设时期。1955 年，党中央、国务院根据国家工业和高等学校合理布局的需要，以及当时的国际紧张形势，决定交通大学由上海内迁西安。根据教育部刘皑风副部长在 1957 年讨论迁校问题时的讲话，1955 年交通大学内迁主要有两个原因：一是合理布局；二是形势紧张。只是形势紧张使迁校提前了，但就是形势不紧张，迁校也有其有利的一方面，因为合理布局是社会主义经济文化发展的重要原则，是长期的方针。

首先，交大西迁是国家合理布局国民经济文化建设的需要。《关于发展国民经济的第一个五年计划的报告》指出："为了适应在全国范围内经济建设的需要，高等学校尤其是高等工业学校过分集中在沿海城市的状况，在今

---

* 李永胜（1963— ），男，西安交通大学马克思主义学院马克思主义原理研究所所长、教授、博士生导师，西安交通大学自然与社会辩证法研究中心主任。

后的发展中，应该逐步地加以改变。在沿海城市中，今后一般地不应该再新建和大规模地扩建高等学校。"当时，全国共有高等学校 188 所，沿海城市占 51%，特别是高等工业学校有 62% 在沿海。尤其集中在北京和上海两地，这与我们的经济发展和工业布局是不适应的。因此，高等工业院校应该按照国民经济特别是工业布局和发展速度，进行新的部署和调整。沿海地区的个别高等学校，有计划有步骤地内迁，是实现新的部署的措施之一。

其次，交大西迁也是自身发展的实际需要。当时，经过院系调整，交通大学已成为一所完整的机电类工业大学，实力雄厚。有正副教授 83 人，设有 5 个系，21 个专业，就机电类配套和完整性来说，已属国内领先。国家考虑到交通大学力量强，条件好，可以发挥更大的作用，要办成全国重点高校，1956 年，面向全国招生，发展规模定为 12000 人，还要创办很多新专业，包括原子能、计算机等国防尖端专业和一些理科专业。但交通大学自身在上海原址继续发展受到很大限制。早在 1952 年，当时华东军政委员会教育部曾考虑把交通大学扩展到 10000 名学生的规模，成为华东地区的重点工业大学，并设想过两个方案：一是到郊区建校，曾察看过漕河泾和虹东乡两个地方。由于当时市政建设配合不上，水、电、排水、交通都成问题，投资很大，华东文化教育委员会与高等教育部几经研究，难以实现。二是在就地扩建。交通大学地处华山、淮海、番禺、虹桥四条马路中间，该处面积约 47 公顷，交大约占 34 公顷，但实际使用面积仅 21 公顷，其余为棚户、工厂、商店所占。1952 年至 1954 年，花了大量资金，征收土地，搬迁和安置居民，共扩建了 10.8 公顷，总共达到 44.8 公顷，已是山穷水尽，无法再进一步扩充。按此校舍，只能容纳学生 6000 人。对于交通大学的发展来说，还远远不敷需要。当时上海土地的征收费用（包括各种损失赔偿）是西安的 10 倍。不论原址扩建，还是郊区建校困难都比较大。①

---

① 参见凌安谷等编著：《交通大学内迁西安史实》，西安交通大学出版社 1995 年版；《西迁故事——交通大学为什么要西迁？》，见交大新闻网，2015 年 8 月 1 日访问。

最后，也是当时适应形势紧张的战略需要。当时我国东南沿海局势十分紧张，迫使重要工厂、学校内迁。当时美国发动侵朝战争虽然已被迫停止，但帝国主义庇护和指使国民党集团对我东南沿海和岛屿不断进行骚扰和破坏，并派遣特务到大陆地区进行暗害活动。美国第七舰队继续盘踞台湾海峡，美国"军事援助顾问团"对国民党军队进行训练，叫嚷准备进攻大陆。这些情况都使东南沿海的局势较为紧张，需要我们保持高度警惕，以应对随时可能发生的突然事变。

（二）西迁精神的思想内涵

从上述交通大学西迁的历史背景、世界形势与客观情势来看，交大西迁过程首先体现出交大人的"胸怀大局"精神。20世纪50年代，根据社会主义建设方针，当时我国的工业及高等学校分布不合理，大部分集中于沿海大城市，广大西北、西南地区高校很少，工业也是这样。而我们要建设社会主义，必须改变这种状况。交通大学这个实力强、基础力量雄厚的高等教育大树的西迁，可以使高等教育不合理状况得到改变，满足西部人民对科学文化知识极其渴望的现实需要，并使西北、西南地区获得发展。所以，交通大学西迁，从党和国家决策层面上看，它体现的是从战略高度、审时度势地对我国高等教育发展统揽全局作出的战略谋划，体现的是战略思维、顶层设计。而从交大人的层面上看，它体现的是自觉维护国家全局利益的大局意识、顾全大局的观念。当时，交通大学地处沿海发达城市——上海，物质、精神、文化生活条件相对要好一些，而西安则身处西北内陆的黄土高原，各方面条件相对较差。然而，交大人心系国家发展与社会主义建设需要，顾全大局，毫无怨言，坚决拥护和大力支持中央关于交通大学西迁的决定，胸怀全局，舍小家为大家，舍个人为国家，愉快地服从国家关于交通大学西迁的决定，并很快就顺利完成了西迁并扎根西部的任务，创造了中国高等教育史上前所未有的西迁伟业。交大西迁过程深刻地体现了交大人始终自觉地把学校的工作放在党和国家发展的大局中思考、谋划，从全局看问题，以国家大局来定位学校的作为与发展态势，以中央、全体、集中统一作为学校工作主导的胸怀全局、顾全大局的意识与宽广胸怀。正如习近平总书记 2012 年 11 月 8 日在参加党的十八大上海代表团时讲话所说的那样，要把工作放到大局中去思考、定位、摆布，做到正确认识大局、自觉服从大局、坚决维护大局。

其次，交大西迁过程体现的是无私奉献精神。回想 60 年前，现在风景秀丽的交大校园曾经是一片滚滚麦田，要想在这 1000 多亩麦田上建成一座水平高、实力强、后劲足、具有示范引领作用的社会主义一流大学，几乎是白手起家，一切都要从头开始，可谓困难重重，百般艰难，万般辛苦。然而，当年交大西迁的师生员工们却不畏难、不怕苦，明知山有虎，偏向虎山行，凭着一腔奉献报国的热血，以为国为民、无私奉献、为国家勇挑重担的坚定信念与责任担当精神，苦干、实干加巧干，咬紧牙关，迎难而上，勇往直前，以执着的奋斗为交大西迁大业的奠基无怨无悔地添砖加瓦，顽强拼搏。正是靠着交大人的这种无私奉献精神，才成就了交大的辉煌历史、现实成就，并开辟了交大的美好未来。

再次，交大西迁过程体现的是弘扬传统的精神。历史、现实与未来是相互贯通的。人类是从历史中走来的。正视历史，总结历史经验，以史为鉴，弘扬优秀的历史传统，立足现实，才能开辟美好的未来。回首 60 年前的交大西迁过程，也是如此。作为百年老校的交通大学，在长期历史实践中形成了许多优秀的传统，例如"兴学强国精神""抗战迁陕精神"等，这些精神传统积淀着中华民族自强不息、救国救民、不畏强敌、拼搏进取、不屈不挠、奉献报国的优秀文化基因，构成交大文化的优秀资源与丰厚养料。西迁精神正是在这些优秀文化传统的长期滋润与哺育下创立的，是交大优秀文化传统的一种凝结与提升，是交大优秀文化传统与西迁实践创造性结合的产物。西迁精神既是对百年交大优秀文化传统精神的弘扬光大，又是对交大传统精神在社会主义建设条件下的创造性转换与创新性发展，它使交大的优秀传统文化升华到一个崭新的高度，达到一个全新的境界，具有了时代价值与现实意义。

最后，交大西迁过程生动地体现了艰苦创业的精神。为了积极响应党中央关于交大西迁的号召与决定，从根本上解决我国高等教育布局适应社会主义建设这一重大现实问题，在大西北建成水平高、实力强、后劲足、具有示范引领作用的社会主义一流大学，交大人想国家之所想，急国家之所急，毅然放弃相对舒适的大都市生活，从东南沿海繁华的大都市上海来到西部内陆欠发达地区的西安进行二次创业。当年的迁校师生抱着到祖国最需要的地方艰苦奋斗，建功立业，用青春与热血铸就交大新辉煌的理想主义、乐观主义信念，为国家民族而勇于担当和不懈奋斗的崇高理想和爱国情怀，舍身忘我地很快投入到了迁校新事业的拓荒与跋涉之中：艰苦创业，只争朝夕，以高昂的工作热情与冲天干劲开辟新校园、新办新专业、探索新路径、发展新事业、开创新模式、构建新形态、开拓新领域，使西迁事业不断迈上新台阶，为交大在西北黄土地上生根、发芽、开花、结果并长成参天大树培植了深厚的沃土。

综上所述，"胸怀大局，无私奉献，弘扬传统，艰苦创业"构成西迁精神的丰富内涵，它成为交大文化的宝贵精神财富与优秀基因。

（三）西迁精神的本质特征

西迁精神的本质特征是："顶天立地"的人文胸怀与实事求是的责任担当精神。西迁精神中的"胸怀大局"精神体现的是承接上气的顶天意识——站在时代前沿，从国家发展大局的战略高度观察和思考问题，超越小我和交大小团体的狭隘视野，把交大发展放在国家发展和人民高等教育事业发展的大局中统筹谋划的全局意识与战略思维；"无私奉献，弘扬传统，艰苦创业"则体现的是下接地气的立地意识——实事求是，一切从实际出发，脚踏实地的责任担当意识与勤劳实干精神。遥想当年西迁历史，交大人要想在相对贫瘠与艰苦的西北黄土地上建成中国特色一流大学，归根到底要靠交大人自身的智慧与力量，要靠无私奉献、艰苦创业的辛勤劳动与创造性劳动实践。正如习近平总书记所说："真抓才能攻坚克难，实干才能梦想成真"，"劳动是推动人类社会进步的根本力量。幸福不会从天而降，梦想不会自动成真。""劳动是财富的源泉，也是幸福的源泉。人世间的美好梦想，只有通过诚实劳动才能实现；发展中的各种难题，只有通过诚实劳动才能破解"，①"空谈误国，实干兴邦"②。交大西迁伟业的完成，除了脚踏实地、一步一个脚印的苦干、实干加巧干，还需要在弘扬传统基础上尊重科学、开拓创新。正如习近平总书记所说："不忘本来才能开辟未来，善于继承才能更好创新。"③ 可见，"无私奉献，弘扬传统，艰苦创业"深刻地体现了勇于担当的责任意识与实事求是的实践态度。所以说，西迁精神的本质就是一种"顶天立地"的人文胸怀与崇尚科学、苦干实干的责任担当及实事求是的身体力行，它是爱国主义、集体主义、英雄主义、乐观主义精神与尊重科学、实事求是、真抓实干、讲求实效精神辩证结合的产物。西迁精神涵盖着浓郁的人本理念，体现着交大人对中国特色社会主义办学理念的深刻领悟，折射出交大人的独特价值取向。

（四）西迁精神的历史作用

西迁精神在交大发展史上曾经发挥了重要的历史作用。

伟大的实践孕育伟大的精神，伟大的精神支撑伟大的实践。交大西迁，促进我国高等教育合理布局的伟大实践，孕育了伟大的西迁精神，西迁精神又支撑并推动着大树西迁伟业的顺利完成。正是在西迁精神的强有力支撑和鼓舞下，60 年来交大人始终以艰苦奋斗、拼搏进取的执着追求和饱满热情细心呵护、用爱心浇灌和精心培育交通大学这棵充满希望的西迁大树，创造

---

① 习近平：《在同全国劳动模范代表座谈时的讲话》，《人民日报》2013 年 4 月 29 日。
② 习近平：《在同各界优秀青年代表座谈时的讲话》，《人民日报》2013 年 5 月 4 日。
③ 《习近平谈治国理政》，外文出版社 2014 年版，第 164 页。

了中国高等教育史上前所未有的西迁伟业，使交通大学这棵承载着党和国家发展希望和交大人奉献报国坚定意志的大树深深地植入了西北的黄土地上，逐渐成长为一棵果实累累的参天大树，并自觉地担当起西部大开发的先行者、科技创新的探险者、高等教育的排头兵等多重角色，为中华民族的伟大复兴发挥了不可替代的历史作用。

西迁精神传承和弘扬了交通大学长期办学的优良传统，承载着交大人的价值旨趣与高尚品质，成为写在交大旗帜上的永不褪色的永恒光荣。西迁精神同"兴学强国精神""抗战迁陕精神"等一道伴随着交大成长进步并发展壮大的历史进程融入交大人的心灵深处，共同构成交大人在前进道路上战胜各种艰难困苦，不断夺取新胜利并持续创造新辉煌的强大精神力量和宝贵思想文化资源，极大地丰富了交大文化的思想宝库，形成交大文化建设的精神基石，构成交大生存与发展的强大精神支撑。

西迁精神构成交大人百折不挠、活力迸发、披荆斩棘、艰苦探索、顽强拼搏的强大动力与引擎。迁校 60 年来，尽管我们遭遇了各种各样的困难与挑战，但伟大的西迁精神始终是激励我们开拓奋进的强大动力，它不断地激发出交大人创新创业、拼搏进取、兢兢业业、励精图治、攻坚克难、勇攀高峰、昂扬向上的顽强斗志与冲天干劲，使交大人以坚定的社会主义理想信念和报效国家、永不言败、锲而不舍、精益求精的爱国情怀始终与国家发展、民族振兴、人民幸福的时代潮流同向同行，创造了世人瞩目的光辉业绩。学校从 1984 年实施的"七五""八五"重点建设，1996 年起进行的"211 工程"重点建设，1999 年起推进的"985 工程"重点建设，2000 年的三校合并，以及近年来围绕改革发展所开展的各项工作，形成了西安交通大学发展的新格局，深刻地改变了学校的面貌，使学校整体实力不断提升，为学校创建中国特色的社会主义一流大学奠定了重要基础。60 年来，在西迁精神的激励与鼓舞下，西安交大从国际国内大局出发，时刻铭记自己肩负的历史使命与重大责任，紧紧围绕人才培养这一中心工作，坚持育人为本，勇于改革创新，坚持科学发展、内涵发展，全面提高办学质量、水平、实力和核心竞争力，致力于培养具有科学素养、人文情怀、全球视野、社会责任感的拔尖人才，为国家培养了大批栋梁之才，并以服务经济社会发展、推动社会进步为己任，不断深化服务社会的体制机制改革与创新工作，拓展政产学研合作空间，全面提高服务经济社会发展的贡献度，从而使西安交通大学在深度参与国家创新驱动战略、不断提升科技竞争力、不断深化与世界一流大学和研究机构的战略合作、大力提升国际竞争力、积极发挥为国家和地方政府建言献策的"智库"作用等方面的影响力不断提高。

二、交大办学定位与发展愿景

（一）交大办学定位

孙中山说："世界潮流，浩浩荡荡，顺之则昌，逆之则亡"（孙中山·观钱塘潮题词）。在当代中国，要办好一所大学，就必须自觉顺应高等教育发展的趋势与潮流。习近平总书记说，"办好中国的世界一流大学，必须有中国特色"。[1] 他还说，高等教育要扎根中国大地，办好中国特色社会主义大学，科技创新要"面向世界科技前沿，面向国家重大需求，面向国民经济主战场"。[2] 这就是说，大学必须扎根于现实，接生活地气，善于从它赖以生长的环境中汲取营养和智慧力量，科技创新要面向世界前沿、面向国家重大需求、面向国民经济主战场，在探索、回应重大前沿问题、解决国家重大需求、服务于国民经济发展的过程中才能不断汲取营养、实现突破与进步发展。正是基于对习近平总书记上述关于高等教育和科技创新战略思想的深

---

① 参见张迈曾：《凝心聚气　全力创新　在实现中国梦征程中加快建设世界一流大学》，《西安交大报》2015 年 7 月 21 日。
② 参见张迈曾：《凝心聚气　全力创新　在实现中国梦征程中加快建设世界一流大学》，《西安交大报》2015 年 7 月 21 日。

刻理解与把握，学校第十二次党代会报告站在新的历史起点上，明确指出了学校的办学定位——扎根西部，服务国家，世界一流。① 这一办学定位既遵循了中国特色社会主义大学的办学方向，铭记了自己肩负的历史使命和重大责任，顺应了世界科技创新的时代潮流，又符合西安交大身处西部内陆欠发达地区的客观实际，务实而精准，充满理想而又不乏现实可操作性。

"扎根西部"是交大西迁历史和现实的真实写照，构成西安交大顽强拼搏、不断创新和实现跨越发展的强大精神支撑。20 世纪 50 年代，交大人响应党的号召从上海迁到西北黄土高原，想国家之所想，急国家之所急，以一腔热血在黄土地上艰苦奋斗，建功立业，为国家民族而勇于担当和不懈奋斗，铸造了"胸怀全局，无私奉献，弘扬传统，艰苦创业"的伟大西迁精神，浇筑起交大人精神的坐标，树立了交大旗帜上的一座精神丰碑。从此，西迁精神植入了交大人的筋骨血脉之中，成为激励、支撑和鼓舞交大人攻坚克难、团结奋进的强大精神支柱。靠着这种西迁精神，60 多年来，交大人取得了持续发展的骄人成绩，成为镶嵌在西北黄土高原上的一颗璀璨的明珠。今天，交大的发展面临新的严峻挑战和考验，要回应挑战，战胜前进道路上的各种困难，就必须弘扬西迁精神，扎根西部，瞄准发展目标，高扬爱国主义、集体主义、英雄主义和乐观主义旗帜，把教学、科研、社会服务之根深深地植入西部的黄土地中，生根发芽，不断汇聚崇德向善、团结奋斗的正能量，激发创新创业、开拓奋进的千钧力，托起交大发展的巨轮。

"服务国家"体现了中国特色社会主义大学的办学理念和价值旨趣，也顺应了高等教育发展的潮流和科技创新的趋势，构成交大人矢志不渝的坚定信念与执着追求。中国特色社会主义大学的崇高责任与庄严使命就是服务国家、服务人民、服务社会，满足人民群众不断增长的精神文化需要和国家经济社会发展的重大需求，为中国特色社会主义经济、政治、社会、科技、文

---

① 参见张迈曾：《凝心聚气　全力创新　在实现中国梦征程中加快建设世界一流大学》，《西安交大报》2015 年 7 月 21 日。

化、生态发展提供重要支撑和智慧保障，引领和助推中国梦的实现。在当前经济发展新常态下，经济发展动力正在由要素驱动、投资驱动向创新驱动转变，高等教育也面临着提质转型、由外延扩张向内涵增长的发展模式转变，科技创新必须面向世界科技前沿，面向国家重大需求，面向国民经济主战场，为国家的全面发展和人民的幸福安康提供强大的物质手段与动力支撑。作为国家科技创新的摇篮和高质量人才的培养基地，大学理应把服务国家作为一切工作的核心，通过高素质人才的培养、高科技成果的创新、提供具有战略远见的智库成果等服务国家、报效人民。追溯历史，在党的领导下，交大人始终把服务国家作为理想信念，胸怀全局，奉献祖国，始终与国家发展、民族振兴、人民幸福同心同向，创造了世人瞩目的光辉业绩，培养了大批国家栋梁之才。展望未来，西安交大要在实现中国梦的征程中更好地发挥自身在西部大开发和高等教育中的排头兵作用，就必须弘扬和光大具有时代特征和交大特色的奉献报国的使命文化，通过全面深化综合改革、深度参与国家创新驱动和"一带一路"倡议，全面提升办学水平和核心竞争力，为民族复兴作出新的更大的贡献。

"世界一流"顺应了高等教育发展的潮流和科技创新的趋势，构成了交大人创业创新的重要坐标。"世界一流"体现了战略思维、时代高度、全球视野、世界眼光和创新境界，是富有交大特色的严谨精致的卓越文化、开拓进取的创新文化、团队互助的团队文化的生动反映和现实要求。建设"世界一流"就要主动把握时代潮流和发展规律，必须立足于全球竞争和科技创新的大格局，以战略思维、时代高度和全新的创新境界来规划和设计发展愿景与战略目标，不断抢占人才和科技创新的制高点。建设"世界一流"，就要鼓起自我革新的决心和勇气，善于洞悉和把握世界一流大学的发展大势，从深化综合改革入手，主动找差距、克难关、抓关键、解矛盾，统筹兼顾、重点突破，全面协调推进各方面改革，在解决矛盾和破解难题中不断提高教学质量与水平，强化办学特色。建设"世界一流"还要大力彰显交大严谨精致的卓越文化、开拓进取的创新文化、团结互助的团队文化，以先进文化为引领，不断强化办学特色。

"扎根西部，服务国家，世界一流"的办学定位体现了党和人民的坚定意志，凝聚了交大人的思想共识，承载着交大人的美好理想与追求，指明了我们未来的奋斗目标与方向，激发了交大人的爱国情怀与报国之志，有助于我们凝心聚气，拼搏创新，以苦干实干、爬坡过坎、积极作为的冲天热情和披荆斩棘、筚路蓝缕、攻坚克难、壮士断腕的魄力和勇气勇往直前，实现跨越式发展，奔向成功的彼岸。

（二）交大发展愿景

2015 年 7 月，在学校开展的第十二次党代会上首次描绘了交大发展的美好愿景：到本世纪中叶，建校 150 周年时，我们要实现"大师名流荟萃，莘莘学子向往，栋梁之材辈出，国际影响显著"的发展愿景。① 这也是百年交大几代人的美好梦想，交大梦意味着交大师生员工的价值体认与价值追求，意味着交大人团结奋斗的最大公约数，体现着百年交大为奉献国家和推动社会发展作出更大贡献的真诚意愿。

交大发展愿景契合了时代发展的潮流，体现了交大人对高等教育发展大势的准确把握。习近平总书记指出："当今世界，科技进步日新月异，国际竞争日趋激烈。特别是经历了历史上罕见的国际金融危机，各国纷纷调整发展战略，更加注重科技进步和创新驱动。当今世界的综合国力竞争，说到底是人才竞争，人才越来越成为推动经济社会发展的战略性资源，教育的基础性、先导性、全局性地位和作用更加突显。'两个一百年'奋斗目标的实现、中华民族伟大复兴中国梦的实现，归根到底靠人才、靠教育。"② 清华

---

① 参见张迈曾：《凝心聚气　全力创新　在实现中国梦征程中加快建设世界一流大学》，《西安交大报》2015 年 7 月 21 日。

② 参见张迈曾：《凝心聚气　全力创新　在实现中国梦征程中加快建设世界一流大学》，《西安交大报》2015 年 7 月 21 日。

大学校长梅贻琦曾说，大学之大，不在于大楼，而在于大师。在今天这个科技竞争、人才竞争空前激烈的时代，完全可以说，大学不在大，而在学（一流学者、大师），学科不在全，而在精、优、特，办大学主要是办特色、创优势、求卓越（出栋梁之才、尖端创新与高端思想）、出精品。所以，"大师名流荟萃，莘莘学子向往，栋梁之材辈出，国际影响显著"的交大发展愿景顺应了这一时代潮流，体现了追求卓越、勇攀高峰的精神品质，是交大办学理念的集中表达，指引着交大未来的发展方向。

交大发展愿景是交大办学定位的凝结与体现。西安交大的办学定位是"扎根西部，服务国家，世界一流"，即植根于美丽富饶的黄土地上，在服务西部、奉献报国中创办具有中国特色的世界一流大学。纵观全球，21世纪一流大学最重要的标志是大师云集、创新不断、栋梁之才辈出。可见，交大愿景是交大办学定位的思想凝结与现实体现。在长期的办学实践中，交大形成了"起点高、基础厚、要求严、重实践"的办学特色，并始终坚定不移地沿着钱学森走过的"热爱祖国，崇尚科学，追求真理，报效人民"的道路前进，形成了独具特色的办学理念。而这种"起点高、基础厚、要求严、重实践"的办学理念，以及注重"热爱祖国，崇尚科学，追求真理，报效人民"的强烈责任使命感与高尚道德的培育，就是要在科技经济一体化的大科学时代，通过精心培植适宜一流大师自然生长的深厚土壤，造就更多的具备宽广世界视野、具有胸怀国家和人民的大情怀、大智慧、大境界，拥有基础雄厚、头顶苍天、脚踏大地的博大心灵和创造性解决问题的综合性能力，具有跨学科交叉融合能力与素质的国家栋梁之材，以便在世界高等教育舞台上抢占智力高地，并拥有更多的话语权和影响力。可见，交大发展愿景就是交大办学定位的思想凝结与现实体现，它指明了交大未来的奋斗目标与方向，对交大的发展与进步起着价值导航的引领作用。

交大发展愿景是交大优良传统的传承与弘扬光大。交通大学有着一百多年生生不息、薪火相传的悠久历史，有着深厚的文化积淀与思想底蕴。伴随着中国近代的社会现代化进程在中国革命与社会主义建设时期，形成了

"兴学强国精神""西迁精神""抗战迁陕精神"等优良传统，形成了具有时代特征和交大特色的奉献报国的使命文化、严谨精致的卓越文化、开拓进取的创新文化、团结互助的团队文化等。文化建设是联结历史、现实和未来的桥梁，是大学建设和发展的重要精神命脉与思想支撑。优秀传统文化是大学文化传承与发展弥足珍贵的思想资源，是大学创新发展与追求卓越必不可少的精神保障。交大发展愿景，立足于现实，面向未来，秉承着几代交大人所创造的优良思想传统，在优秀的文化传统中汲取精神养料与思想智慧，在传承历史、展望未来中开拓创新，勇挑重担，承担使命，以充满温馨与憧憬的"大师名流荟萃，莘莘学子向往，栋梁之材辈出，国际影响显著"的交大梦打通了历史、现实与未来，使传统与创新、理想与现实、历史与未来彼此贯通、融为一体，为交大人在新时代的团结奋进、再创辉煌提供了强大的动力，吹响了交大人瞄准新目标、创造新业绩、开拓高等教育新境界的时代号角。

人的思想有多远，就能走多远。思想是行动的指南，观念是实践的向导。西安交大第十二次党代会描绘的把西安交大建成"大师名流荟萃，莘莘学子向往，栋梁之材辈出，国际影响显著"的具有中国特色的世界一流大学发展愿景，凝聚了几代交大人的夙愿，体现了党和国家的坚定意志，承载着百年交大的美好梦想与希望，令人振奋而又任重道远。

三、西迁精神是实现交大愿景的精神法宝

回顾历史，展望未来，要把交大发展愿景变成现实，使梦想成真，还有很长的路要走，需要我们坚定信念，凝心聚力，持之以恒地付出长期艰苦的努力。西迁精神凝结着交大的优秀思想传统，承载着几代交大人的精神追求与理想信念，构成交大人精神深处最持久、最深层、最顽强的力量，它不仅为交大的未来发展提供精神力量和信念支撑，而且为人们理想信念境界和整

体素质的提升提供丰厚的精神养料，它是实现交大发展愿景的精神法宝。

（一）弘扬西迁精神，凝聚交大力量，是实现交大愿景的重要思想保障。文化具有传承性，传统文化既是历史的存在，存留在我们的历史记忆中，又以各种形式保留并存活于我们今天的现实生活中，潜移默化地发挥着影响作用。实现交大愿景必须紧紧依靠广大师生员工推动学校改革发展和各项工作，必须凝聚交大力量，充分发动群众，充分调动广大师生员工的积极性、主动性和创造性，最大限度地团结一切可以团结的力量。西迁精神植根于具有深厚历史文化底蕴的百年老校交通大学，生长于粗犷、豪放、淳朴、自然的西北黄土高原，诞生于社会主义建设时期，它曾经是交大人团结奋进的光辉旗帜和凝心聚力的黏合剂以及不懈奋斗的驱动力。西迁精神具有海派文化包容开放、海纳百川的胸怀与大气，又吸纳了西部文化艰苦奋斗、勤劳朴素、淳朴善良、尊重传统之忠厚、朴实、接地气的风格。它是海派文化与西部文化交流碰撞、交融整合、交相辉映的结果，是不同地域文化交流互鉴的重要思想成果。今天，尽管西迁已经成为过往的历史，但西迁精神作为一种优秀的文化传统已经深深地融入千千万万交大人的筋骨血脉之中，成为我们的思维方式、行为方式与生活方式，具有强大的生命力、吸引力、感召力和凝聚力。在创建 21 世纪的世界一流大学、实现交大愿景的新征程中，以西迁精神为旗帜我们就能够凝聚起胸怀大局、只争朝夕、创建世界一流大学的思想共识，把全体交大员工的智慧和力量凝聚在一起，心往一块想，劲往一块使，激发出干事创业、爬坡过坎、攻坚克难、一往无前、积极向上的持久动力，齐心协力，敢啃硬骨头，敢于涉险滩，不断突破制约改革发展的各项瓶颈，形成推进全面综合改革的强大合力，共克难关，共渡激流，在突出重点、破解难题、化解矛盾、统筹兼顾及协同创新中整体推进学校各项工作，向着世界一流大学的目标不断迈进。

（二）西迁精神是激励和鼓舞我们坚定社会主义理想信念，办好中国特色社会主义一流大学，不畏艰险，艰苦奋斗，勇攀高峰，实现交大愿景的强大精神支柱。习近平总书记指出："理想指引人生方向，信念决定事业成败。没有理想信念，就会导致精神上'缺钙'。"① 人是一种精神性动物与社会性（文化性）存在，理想信念对于人的活动具有举足轻重的重要作用与持久影响，它构成人们行为做事的精神支柱。正确而远大的理想有助于人的积极发展，反之，低级而庸俗的理想则对人的发展具有消极阻碍作用。不仅个人如此，一个团体、一个社会组织也是如此。胸怀全局、以国家大局为重、无私奉献的西迁精神激励和鼓舞着交大人在 60 年的风雨兼程中克服了无数的困难，取得了辉煌的业绩与成就。正是靠着这种扎根西部、办好中国特色社会主义一流大学、报效国家的坚定理想信念，交大人始终保持着不畏艰险、艰苦奋斗、苦干实干、披荆斩棘、顽强拼搏、攻坚克难、筚路蓝缕、矢志不渝的精神状态和"任尔东西南北风""咬定青山不放松"的执着追求，坚定不移地始终沿着钱学森走过的"热爱祖国，崇尚科学，追求真理，报效人民"的道路前进，不断进步与发展，为党和人民培养出了大批社会主义的建设者和接班人。展望未来，到 21 世纪中叶，建成世界一流大学，实现交大发展愿景是一项充满挑战的创造性事业，前进的道路上布满了荆棘与障碍，充满着困难与风险挑战，我们面临着前所未有的考验，这就注定了在实现梦想的历程中要经历许多磨难、挫折、困境甚至陷阱，需要付出艰苦的努力与艰辛的跋涉，战胜这些困难，跨越前行中的种种障碍，仍然需要"胸怀全局，无私奉献，弘扬传统，艰苦创业"的伟大西迁精神，它可以有力地激发出我们创新创业、开拓奋进、勇攀高峰的无穷智慧、胆量与力量。

（三）西迁精神是鞭策我们求真务实、艰苦奋斗、兢兢业业、开拓奋进、改革创新、实现交大愿景的强大精神力量。当前西安交大正处于创建世界一流大学的爬坡攻坚阶段，处于实现跨越式发展的历史关键时期。新一轮科技革命与产业变革，以及"一带一路"倡议，对西安交大的加快发展提供了千载难逢的历史发展机遇。机不可失，时不再来，必须抓住机遇。同时，实现"两个一百年"的奋斗目标、实现中华民族伟大复兴的中国梦，对高等教育在

---

① 习近平：《在同各界优秀青年代表座谈时的讲话》，《人民日报》2013 年 5 月 5 日。

人才培养、科技创新、社会服务等方面提出了明确的任务要求，给一流大学建设提出了新的时代课题与挑战。洞察世界大势，正确把握历史机遇，迎接时代挑战，完成历史使命，攻克时代课题，需要新的艰苦探索和全力拼搏。为此，必须大力弘扬西迁精神，以"顶天立地"的人文情怀和求真务实、真抓实干、艰苦奋斗、改革创新的实践精神面向困难与挑战，敢试、敢闯、敢拼搏、敢为人先，不断深化体制机制改革，激发创新活力、培植发展动力、释放创造能量，提升科技创新能力，围绕杰出人才的培养工作，着力培育并构建自由而富饶的人才成长土壤与人文生态环境，激发创意灵感、创新思想与创造火花不断迸发，使创造性人才脱颖而出，不断趋近美好的发展愿景，用我们锲而不舍、顽强拼搏的进取精神实现学校发展的新跨越。

（四）西迁精神是我们克服困难，战胜一切艰难险阻，克敌制胜，通向建设世界一流大学胜利彼岸的智慧宝藏。西迁精神蕴含着交大人的价值自觉——胸怀大局，服务国家，服务社会，推动社会进步，同时，它也蕴含并彰显着交大人的文化自信——弘扬优秀传统，靠独立自主、自力更生的奋斗精神和无私奉献的精神，靠劳动、创新、创业的实践创造就一定能够实现自己的美好目标，从而创造出任何人间奇迹。这种头顶苍天、脚踏大地的博大心灵，体现了源远流长的中华优秀文化传统的思想精华，其中蕴藏着中华儿女实践创造与创新创业中所积淀的大情怀、大智慧、大境界，它构成交大成长进步与发展的丰富智慧宝藏，值得深入发掘与光大。今天，在我们建设世界一流大学的道路上，我们所遇到的困难要比历史上任何时候都要多，矛盾比任何时候都要更加复杂而尖锐，风险也要比任何时候都要大。但是，这些都难不倒我们，只要我们善于发掘西迁精神的智慧宝藏，从中获取思想智慧与力量，自觉地把它融入我们的血液中，化进我们的头脑和心胸里，化为从国家和世界大局思考和谋划问题的大视野、大境界、大智慧，化为靠我们自己的创造、创新、创业实践来解难题、谋发展的主体自信，就一定能够获得无穷的智慧与力量，激励和支撑我们充分发掘自身的创造潜能，形成战无不胜的无穷创造力，战胜各种艰难险阻，不断夺取新胜利，实现美好的愿景。

融通与对话：延安精神与西迁精神的内在逻辑统一性

李　重[*]

在谋求民族独立、实现民族复兴的伟大革命建设实践中，中国共产党带领团结广大中国人民培育出了极其丰厚多元、鼓舞人心的革命精神和革命传统。革命战争年代所形成的延安精神与和平建设时期所形成的西迁精神共同构成了中国共产党精神谱系上波澜壮阔、交相辉映的重要内容。延安精神是中国共产党在延安时期继续开展革命斗争的过程中形成的思想成果，包括"坚定正确的政治方向，解放思想、实事求是的思想路线，全心全意为人民服务的根本宗旨，自力更生、艰苦奋斗的创业精神"等重要方面。西迁精神是中国共产党带领广大知识分子将爱国奉献精神投入并践行于社会主义伟大建设过程中的典型代表和体现，包括"胸怀大局、无私奉献、弘扬传统、艰苦创业"等内容，是延安精神的继承和发展。进一步厘清延安精神与西迁精神的内在逻辑关联，深刻揭明中国共产党革命精神创造、继承、发展的动力学机制，将有助于我们更好地继承和弘扬这些伟大精神，这也是推进新时代党的建设、实现中华民族伟大复兴的中国梦的必然要求。

---

　　* 李重（1980—　），男，西安交通大学党委宣传部副部长，哲学博士，西安交通大学人文学院副教授。

一、延安精神与西迁精神内在契合的价值旨趣

中国共产党在发展壮大的每一个历史时期都创造出影响深远的精神力量，成为共产党人和先进分子的精神支柱，成为中华民族最可宝贵的精神财富。其中，延安精神和西迁精神都是中国共产党精神财富中的重要组成部分，是璀璨的精神瑰宝。虽然，延安精神和西迁精神分别形成于不同的社会历史阶段，也有着不同的科学内涵，但是两者之间蕴含和彰显的理想信念、精神风貌、人生态度和价值旨趣等具有内在契合性和高度统一性，是一以贯之的。

（一）以伟大的爱国主义精神作为信念维度

若论中华民族根植最深、影响最久的精神品质，必定是爱国主义，它是中华民族精神的核心，是深植于每个炎黄子孙血脉中的民族魂。在爱我中华的情感中，固然蕴含着亲情、乡情、国家情。自近代开始，这种爱国情怀就已经不仅是那种"就是祖国的炊烟也都感到亲切和香甜"的自发的原始的民族感情，而深刻转化为中华民族救亡图存、抵御外辱的崇高力量和精神支柱。在实现中华民族伟大复兴的过程中，中国共产党始终是爱国主义精神最坚定的弘扬者和实践者。中国共产党团结带领全国各族人民进行的革命、建设、改革实践，是爱国主义的伟大实践，写下了中华民族爱国主义精神的辉煌篇章。从延安精神"坚定正确的政治方向"到西迁精神"胸怀大局，无私奉献"都是爱国主义精神在中国革命和建设不同时期的凸显和结晶。

延安时期，是中华民族面临亡国灭种的危险时期，是中国各族人民长时期地处于水深火热之中的艰难困苦时期，同时也是党领导中国革命事业从低潮走向高潮、实现伟大历史性转折的重要时期。在全国抗日救亡的新形势

下，中国共产党高举爱国主义大旗，自觉肩负起了抗击日本帝国主义的领导重任。毛泽东同志指出："我们是国际主义者，我们又是爱国主义者，我们的口号是为保卫祖国反对侵略者而战。"在爱国主义感召下，延安成为广大爱国志士向往的地方，形成了铜墙铁壁般的抗日爱国统一战线。大批爱国志士从海内外各地来到八路军西安办事处，又从西安八办出发去了延安，汇集在中国共产党的周围，投入火热的革命熔炉，在马克思主义革命理论的熏陶和教育下，成长为自觉的革命战士，为抗战胜利和中国革命的最终胜利作出了突出贡献。理想、信念的力量，爱国主义的真挚情感，正确的人生追求，吸引着爱国志士，从西安到延安蜿蜒起伏的 700 多里山路，就是一条追求者们用鲜血铺成的信仰之路、理想之路。

中国知识分子历来就有"为天地立心、为生民立命、为往圣继绝学、为万世开太平"的社会理想与家国情怀。从南洋公学时期的"兴学强国"再到交通大学时期的"民主堡垒"，交大师生血脉中始终流淌着爱国强国的历史责任感和使命感，爱国主义精神铸成了交大人思想行动的精神支柱。交通大学西迁，是交通大学在创建 60 年之后，面向共和国未来的一次伟大长征。正是爱国主义精神的支撑，使交大师生建立起了克服迁校过程中种种困难的坚定信心和决心，保证了迁校工作的顺利完成。从繁华的大上海到古城西安，披荆斩棘、辛勤跋涉、励精图治、勇攀高峰，用生命和汗水在一片麦田上建起一所著名大学，绘制出邦国荣华，书写了东方奇迹，并向世人昭示：一所大学所肩负的使命，与国家民族的命运血脉相连。西迁精神洋溢着广大知识分子浓厚的家国情怀和殷殷的报国精神。

（二）以彻底的唯物主义精神作为理性维度

马克思主义的辩证唯物主义和历史唯物主义，是人类哲学思想和科学知识发展的结晶，是科学的世界观。建立在这一世界观基础上的马克思主义的全部科学理论，是肩负推翻一切剥削制度、建设社会主义、实现共产主义伟大使命的无产阶级及其政党认识世界和改造世界的强大思想武器，是中国共产党人推进建设有中国特色社会主义伟大事业的根本指针，是我们的精神支柱和立党立国的根本，是中国共产党人的世界观和方法论。延安精神再到西迁精神都是彻底的唯物主义科学态度和精神在不同时期的集中体现。中国共产党伟大精神，是党领导人民群众在坚持科学理性的基础上，不断探索客观世界、认识客观世界和改造客观世界的过程中逐渐形成和丰富的。

毛泽东思想是马克思主义中国化的成果，是关于中国革命的理论和具体实践相统一的思想结晶。作为毛泽东哲学思想基础的《实践论》是马克思主义唯物辩证法的杰作，是对马克思主义科学实践观的继承和发展，它的发表标志着毛泽东实践观的初步形成。延安精神是在毛泽东实践观的指导下，中国共产党带领广大军民在延安时期进行艰苦卓绝的斗争中形成的伟大精神。因此，毛泽东的实践观使得延安精神具有了马克思主义的实践理性，并从世界观和方法论的高度成为延安精神重要的理论基础和根据。在延安时期，以毛泽东为主要代表的中国共产党人立足于中国革命的具体实际，为了克服党内的思想问题，为了解决边区的经济困难，开展了整风运动和大生产运动。这两大实践不仅推动了革命斗争的开展，而且为延安精神的形成起到了至关重要的作用。延安时期的革命运动是贯彻毛泽东实践观的重要形式，延安精神是以毛泽东实践观为重要理论基础而形成的伟大革命精神。

西迁精神形成于 20 世纪五六十年代波澜壮阔的社会主义"一五"建设时期，并且伴随着西安交通大学建设发展而不断丰富发展，集中体现了新中国知识分子的优良精神风貌和崇高品质。它是交大人坚持辩证唯物主义和历史唯物主义观点和方法，在解决西部高等教育发展、建设一系列问题中形成的伟大精神。这一精神在交大西迁主导者，著名马克思主义哲学家彭康校长身上得到了淋漓尽致的展现。他将辩证唯物主义、历史唯物主义，融汇在他的一言一行中，坚持真理，实事求是，铸成了他鲜明的品格，也铸成了交大人的品格。交通大学西迁，彭康坚决拥护党中央的决定，自觉从社会历史发展大局出发，提出要从有利于社会主义建设，更好地动员力量为社会主义服务来看待交大的西迁，支援西北的方针不能变。他动员党组织和老教授，在师生中作了大量艰苦细致的工作，统一了全校的思想，带领交通大学克服重重困难，顺利实现了西迁壮举。扎根西安后，为充分发挥西安交大在国家和西部建设中的作用，响应国家"向科学进军"的号召，彭康抓住当时国家科学技术发展所面临的主要问题和主要困难，主持兴办了数理力学系、无线电系、工程物理系，在尖端领域建立了 7 个新专业，连同迁来西安的电机、动力、机械各系，形成了真正意义上的多科性工业大学学科格局，在很大程度上扭转了 20 世纪 50 年代初全国范围内院系调整大伤交大元气的被动局面，尤其是理工分家的弊端，为学校的大发展奠定了坚实根基。

（三）以"人民为中心"理念作为价值维度

把"以人民为中心"作为党的建设根本价值取向，这是由我们党的性质和根本宗旨所决定的。中国共产党是中国工人阶级先锋队，同时是中国人民和中华民族的先锋队，坚持人民利益高于一切，坚持全心全意为人民服务的根本宗旨，是我们党的立党之本、力量之源，是党的事业成功的根本保证。在中国革命和建设的特殊时期形成的延安精神和西迁精神都深刻体现着人民群众利益至上的价值观。

延安时期是我党在中国局部地区建立人民政权并不断扩大执政区域的重要时期。在延安整风运动中，共产党首次提出了"为人民服务"的政治准则并在全党认真实践。毛泽东指出："我们的责任，是向人民负责。每句话，每个行动，每项政策，都要适合人民的利益，如果有了错误，定要改正，这就叫向人民负责。"在执政中对这一理念的坚守使得共产党的形象日趋高大，使得人民坚定了跟共产党走的信念，愿意为党付出一切。党和群众血肉相连、水乳交融的关系焕发出了巨大的生命力，使我党度过了极端困难的时期并获得新生。可以说，始终把群众利益放在首位是延安精神的核心，是坚定正确政治方向的前提，也是我们一切工作的出发点和落脚点。

在新中国社会主义建设时期，我们党带领全国人民自力更生、艰苦奋斗，改变了国家一穷二白的落后面貌，打牢了社会主义建设和发展的坚实基础，实现了广大人民群众谋求生活改善这一最直接最根本的利益。出于社会主义建设和国防建设的需要，同时为了改变当时中国高等教育布局不合理的现状，支持西部社会经济发展，国务院作出了交通大学内迁西安的决定。"党让我们去哪里，我们背上行囊就去哪里。"一呼而百者应。1956 年起，交通大学师生员工与家属响应党和国家号召，打包好行李，手持印有"向科学进军、建设大西北"字样的粉色车证，乘坐专列一路向西，从繁华的上海奔赴西安。当时 1400 多名教工，特别是一大批德高望重的老教授率先垂范，近 3000 名学生热血沸腾，义无反顾地登上西行列车。学校领导、学术带头人身先士卒，17 位党委委员中有 16 人迁到西安。西迁的教授、副教授、讲师和助教等占教师总数的 70% 以上。

无论革命战争年代还是和平时期，人民始终是我们党的力量之源和胜利之本。在交大西迁过程中，上海和西安两地的人民给予了极大的支持和帮助。上海先后调动了大量车皮，安排一趟趟专列运送西迁师生和物资。还动员服务业职工随校西迁，从点滴入手，解决师生员工生活上的难题。在西安，征地、规划、施工、安置一路绿灯，市里所有的大米、水产品首先供应给交大师生。因此，可以说，没有广大人民群众的真心拥护和大力支持，交大西迁就不可能成功，西安交通大学就不可能从小到大，由弱变强，也就不可能在国家建设发展，特别是西部建设发展的伟大征程中发挥不可替代的重要作用。

（四）以革命的英雄主义精神作为人格维度

人格维度的契合性，主要体现在革命的英雄主义精神方面。从延安精神"自力更生、艰苦奋斗"再到西迁精神的"艰苦创业"都充分蕴含了中国共产党带领人民群众自信、自立、自强的革命英雄主义精神。

艰苦奋斗是党的优良传统和光荣作风。中国革命从一开始就是在极度困难的条件下开展起来的。延安时期，我党处在国民党反动派和日本帝国主义的封锁包围之中，加上陕甘边区大都为贫瘠多山之域，物产不富，外来人员增加，从而使边区政府和人民在物质上、经济上完全陷于孤立。尤其是1941年至1942年，由于日、伪的夹攻，加上自然灾害的侵袭，解放区生产遭到很大破坏，财政经济和军民生活发生了极大的困难，几乎到了没有油盐、没有纸张、没有衣被的穷困境地。面对这样的困难局面，党中央发出了"自己动手，丰衣足食"的号召，带领部队、机关、学校工作人员，开展轰轰烈烈的大生产运动。从上到下，所有干部都投身于火热的农垦与副业生产中，三五九旅部队到南泥湾屯田，广大干部拿起锄头上山岗，披星戴月地垦荒。面对如此艰苦的生活环境，大家不但毫无怨言，而且表现出高度的阶级觉悟和非凡的斗争精神。也正是有了这种觉悟和精神，终于使陕甘宁边区人民和干部战胜了困难，独立自主地摆脱了困境，为中国革命的胜利奠定了坚实的物质基础。中国共产党在革命年代形成的光荣传统和优良作风在社会主义建设的伟大实践中不断传承。

习近平总书记在2018年新年贺词中指出："幸福都是奋斗出来的。"交通大学西迁以及迁校之后扎根西部办学六十余载的峥嵘岁月，演绎了一部永远听党话、坚定跟党走、筚路蓝缕、艰苦创业的奋斗史诗。交通大学西迁壮举形成了艰苦创业的西迁精神。交通大学在迁校之初，教学设施、实验设备、工作条件、生活条件极为困难；面对种种困难和挑战，西迁"拓荒者"们以"有条件要上、没条件创造条件也要上"的豪情壮志和英雄气概拉开了"创业"的序幕。没有因为迁校而迟一天开学，没有因为迁校而开不出一门课程，没有因为迁校而耽误原定的教学实验，没有因为迁校而影响人才培养质量。而后，通过迅速恢复理科建制、扩大招生规模、开办新兴专业、扩充实验室建设，快速提升人才培养、科学研究和社会服务能力，在"211工程""985工程""双一流"建设等中国高等教育发展的重要历史阶段上始终处于第一方阵。从黄浦江畔到西北黄土地、从昔日麦田到今朝知名学府，西安交大走过了一条极不平凡的创业之路，谱写了一曲感天动地的英雄者之歌，积淀、形成了艰苦创业的西迁精神。

二、弘扬延安精神与西迁精神共有的时代价值

延安精神和西迁精神在理论前提和思想内涵上体现的缘起、演进和传承的契合性，在一定程度上也促使其在价值层面具有这种特质。它们在价值维度的契合性，使其凝聚为一种巨大的精神力量，从而在当今中国社会发展的新时期发挥着重要的作用。

（一）为实现中华民族伟大复兴的中国梦提供精神动力

中国梦是以习近平同志为核心的党中央提出的一个崭新的执政理念，是其带领全国各族人民不断奋斗的共同目标，它的实现需要深层次的文化资源和精神力量的支撑。习近平指出："实现中国梦必须弘扬中国精神。"延安精神和西迁精神尽管形成于中国革命和建设发展的不同时期，但是它们之间延续与传承的丰富精神内涵，不仅有助于提高国家的文化软实力，而且能够使中华民族始终保持一种昂扬向上、奋发进取的精神状态，增强战胜各种困难的信心和决心。

延安精神和西迁精神作为中国共产党伟大精神，是社会主义文化的重要组成部分。党的十八大报告强调："文化是民族的血脉，是人民的精神家园。全面建成小康社会，实现中华民族的伟大复兴，必须推动社会主义文化大发展大繁荣。"因此，在实现中华民族伟大复兴的过程中，就要继承和弘扬中国共产党的伟大精神，为中国梦的实现提供文化基础和精神力量。延安精神与西迁精神当中蕴含的坚定的信仰、崇高的品质、优良的作风、奉献的精神、为民的理念是实现国家富强、人民幸福中国梦的强大精神支柱和不竭

精神动力。延安精神与西迁精神中所蕴含的信念价值，坚定了实现中国梦的信心。中国共产党带领广大人民群众进行革命、建设和改革的精神支柱，就是一种信念的力量。在这种信念的支撑下，中国共产党逐渐探索出了中国特色社会主义道路，创造出了中国特色社会主义制度，这就为中国梦的实现提供了现实的路径和坚实的制度保障。延安精神与西迁精神中所蕴含的人本价值，凝聚了实现中国梦的力量。习近平指出："实现中国梦必须凝聚中国力量。"这就要求我们弘扬这些精神中所体现的依靠群众、服务群众、奉献群众的理念，以团结全国各族人民，万众一心，为实现中华民族伟大复兴的中国梦而不断奋斗。

（二）为培育和践行社会主义核心价值观提供载体

社会主义核心价值观是党在夺取中国特色社会主义新胜利的历史阶段提出的一种契合时代脉搏的价值导向。它是凝聚全国各族人民团结和谐的精神纽带，是一种奋发向上的精神力量，是体现中国精神的价值坐标。2014 年 5 月 4 日习近平在北京大学师生座谈会上的讲话中强调："人类社会发展的历史表明，对一个民族、一个国家来说，最持久、最深层的力量是全社会共同认可的核心价值观。"在中国这样一个大国，"确立反映全国各族人民共同认同的价值观'最大公约数'，使全体人民同心同德、团结奋进，关乎国家前途命运，关乎人民幸福安康。"因此，培育和践行被社会广泛认可的社会主义核心价值观势在必行。

培育和践行社会主义核心价值观要与继承和弘扬中国共产党的伟大精神相结合。延安精神和西迁精神是中国革命和建设时期形成的精神成果，是党和国家宝贵的精神财富，体现了社会主义核心价值体系的本质要求。这些精神中蕴含着马克思主义信仰、爱国主义和集体主义的信念，实事求是、勇于创新的价值取向，勇于奉献的崇高品质。它们与社会主义核心价值观在国家层面、社会层面和个人层面的要求有着相契合的部分，在某种程度上可以说，它们是其内涵的重要来源之一。延安精神和西迁精神，见证了中国革命和建设的光荣奋斗历史，具有丰富的内容、较强的感染力和说教力，是培育和践行社会主义核心价值观的生动载体。弘扬延安精神和西迁精神，更易使人民在心灵上产生共鸣，使社会在思想上形成共识，使整个国家在行动上步调一致，从而推动社会进步和民族繁荣。

（三）为化解人们现实的价值困境提供新思考

市场社会的生成和发展，使得金钱逻辑成为生活本身的逻辑，物欲主义以一种压倒式的价值观，占据了人们日常生活的主流地位。物欲主义的出现和盛行，使得传统社会的价值理性逐渐转向现代社会的工具理性，人们对于生活重心的考量不再是终极性的价值，而是关注达到特定世俗目的手段的有效性。这种物欲主义的世界观和价值观推动了现实社会的世俗化，人们的终极关怀、价值源头、生活的意义随之也开始走向世俗化。精神生活的世俗化导致了价值虚无主义、价值危机的产生，现实的人不同程度地出现了"信仰的失落""意义的毁灭"等价值困境，并且这种处境在当前社会日益成为一种常态。面对现实中普遍存在的这些问题，作为一个现实的人，应该具有责任伦理的价值立场，敢于直面惨淡的人生，为自己的生活赋予意义，为自己确立追求和信仰，并按照这种追求和信仰去开展实践。

回顾和反思近代以来中国人的精神生活和价值追求，可以发现，在中国革命和建设年代孕育而成的延安精神、西迁精神等同质性的精神产物，都深刻地影响了人们的内心世界，国家与个人的界限被打破，广大人民为了民族的独立、国家解放、集体利益，把自己整个的价值追求、内心信仰、个体生命的意义全部附属于民族的伟大事业、国家的进步发展，这种内在的精神力量支撑了中国革命和建设事业的进行和开展。文化精神本身具有的传承性为我们解决当前社会现实人存在的价值困境提供了思考。尽管历史和当前社会环境等外部条件发生了巨大的变化，但是这些精神具有的内在价值和力量可以跨越历史的长河，在当代找到其传承的范式，为消解现实中出现的价值危机、信仰失落、意义毁灭提供重要的借鉴。

（四）为全面推进党的建设新的伟大工程提供新思路

中国共产党是中国特色社会主义事业的领导核心。历史和实践证明，不断加强和改进党的建设是中国特色社会主义事业能够取得胜利的重要法宝。当前，世界正处于大发展大变革大调整的时期，世界多极化、经济全球化深入发展，各国之间的竞争日趋激烈。在这样一个复杂多变的时代背景下，中国共产党必须不动摇、不松懈地加强和改进党的建设，全面推进党的建设新的伟大工程，为全面建成小康社会、加快推进社会主义现代化建设的步伐提供坚强的领导力量。

加强和改进党的建设，保持党的先进性，必须弘扬党的优良作风和光荣传统。延安精神和西迁精神作为党带领人民在艰苦的年代、艰苦的条件下形成的伟大精神，浓缩着党的优良革命传统。其所包含的坚定理想信念、爱国主义、实事求是、密切联系群众、艰苦奋斗的精神都是党的优良作风和光荣传统的体现。挖掘这些精神当中的优良作风和传统来推进党的建设，本身就是一种新思路、新视野。在新的历史时期，中国共产党加强和改进自身建设要与弘扬延安精神和西迁精神结合起来，使其焕发新的生机和活力。要继续坚定理想信念和爱国主义，传承革命和建设年代共产党人的信念力量，使党在政治上保持先进性；坚持解放思想、实事求是，与时俱进，继承着重从思想上建党的经验和做法，使党在思想上保持先进性；发扬艰苦奋斗，依靠群众、服务群众、奉献群众的优良作风，以整风的精神推进党的作风建设，扎实地开展群众路线教育实践活动，使党在作风上保持先进性。用这种伟大精神武装起来的中国共产党，必将带领全国各族人民在中国特色社会主义事业上扬帆远航。

总之，延安精神和西迁精神是中华民族共同的精神财富。在历史上，它们鼓舞着、推动着中国共产党带领广大人民为了民族的独立、人民的解放、国家的富强而不断奋斗、勇于奉献。在新时期，我们必须继承和发扬党的这些伟大精神和光荣传统，立足新的时代特色，赋予新的时代内涵，使其为中华民族新的历史使命和奋斗目标提供源源不竭的精神动力。

（原载于《西京论坛》2018 年第 6 期）

胸怀理想，为世界之光

——记西安交通大学 120 周年办学史

许佳辉　陈　晨[*]

巍巍秦岭，悠悠渭水。4月，位于古都西安东南一隅的西安交通大学，老树新枝，弦歌不辍，在这个春天，即将开启第三个甲子的豪迈征程。

以文为脉，精神作魂。从南洋公学到交通大学，从上海黄浦江畔到古都西安，从盛宣怀到唐文治、叶恭绰，从蔡元培到彭康，历代交大人与国家和民族共命运，胸怀"为世界之光"的理想，书写了一幅壮阔的历史画卷。

兴学强国　真理之光

西安交通大学的前身是晚清洋务运动代表人物盛宣怀创办的南洋公学。学校创建之际，正是民族危难之时。"自强首在储才，储才必先兴学"，盛宣怀奏请清廷办理南洋公学的这句话，表达的是时代呼声。

1907 年国学大师唐文治辞去朝廷要职，执掌南洋公学，把"求一等学

* 许佳辉（1979—　），男，西安交通大学人力资源部副部长；陈晨（1985—　），男，西安交通大学党委宣传部理论教育主管兼办公室主任。

问、成一等事业、育一等人才、塑一等品格"作为办学方针。当时，学校只有五六百人的规模，却已经鲜明地提出"造就领袖人才，分播吾国，作为模范""造就中国之奇才异能，冀与欧美各国颉颃争胜"等口号。

此后，学校在国内率先开办铁路土木科、电机科、航海科、交通管理科，并开展编译出版事业，大规模引进西方文化典籍。1926 年，学校建成了我国第一个工业研究所。

在西安交大的梧桐东道旁，一面巨大的墙壁上镌刻着"爱国爱校、追求真理、勤奋踏实、艰苦朴素"几个大字——这是西安交大的校风墙。题写校风的是交通大学早期党组织的重要成员，新中国成立后曾担任国务院副总理、中宣部部长的陆定一。他毕业于 20 世纪 20 年代电机科，彼时交通大学校园内，集中了一大批渴望光明的年轻人，高咏着"醒狮起，博大地"的《警醒歌》，呼唤师生为国担当。

正是由于这样的文化滋养，在剧烈的社会变迁中西安交大不仅成为中国最优秀的工业大学，培养出钱学森、张光斗、杨嘉墀、吴文俊等为代表的科学大师、数以万计的高级工程技术人员，而且还成为旧中国著名的"民主堡垒"，革命家、思想家、马克思主义者的摇篮。

在真理之光的照耀下，交通大学成为熊熊燃烧的火把，百炼成钢的熔炉，培养出国家的柱石，烛照社会发展的方向。

大树西迁　开拓之光

60 多年前，新中国成立后第一个五年计划如火如荼，开发和建设大西北成为国家的战略之需。一份由当时高等教育部提交的关于调整国家高等教育布局的报告呈送到毛泽东主席等中央领导的案头。党中央经过慎重研究，作出了交通大学由上海迁至西安的重大决定。消息传来，可谓一石激起千层浪。

"向科学进军，支援大西北！"交大人用行动给出了坚定的答案。

以彭康为首的交大党组织和全校师生员工，把国家民族的要求与学校命运、个人发展紧紧地结合在一起，坚决执行关于交通大学迁往西安的决定。一年后，在沉睡千年的唐代皇家园林的旧址上，一个现代化校园拔地而起。

比起建新校，迁校更是一个千头万绪的系统工程。一重重困难，磨砺交大人的意志和信念；一个个问题，考验着交大人的吃苦和担当。当时交大17位党委委员中有16人迁到西安，70%以上的教师舍弃了上海优越的生活条件，义无反顾来到西安。

"中国电机之父"钟兆琳，花甲之年毅然西迁，他谢绝了"留在上海照顾家庭"的关照，只身踏上了西迁的专列。西迁后他时刻谆谆教导学生和青年教师确立献身于开发大西北的理想。直到80岁高龄，他还不辞辛苦前往新疆和甘肃等地考察，还想着学习维吾尔语，为新疆人民服务。

沪上名医沈云扉，以66岁高龄来到西安新校的小诊所里为师生服务了8年。交大不少师生至今还记得沈医生于1957年写下的那一首词《忆江南》：长安好/建设待支援/十万健儿湖海气/吴侬软语满街喧/何必忆江南。

交大人在承担极其繁重的迁校任务的同时，没有放松对学生的培养，没有放松对青年教师的提高，更没有放松对科学技术的研究。彭康是交通大学西迁、迁校后学校建设的卓越领导者，是西安交大师生极为尊敬的一任校长，也是一位具有丰富革命实践经验的教育家。20世纪60年代，学校和国家都进入困难时期，但他想得最多的仍然是如何按既定目标办出代表国家最高水平的西安交大。

在他的带领下，老领导们身体力行、言传身教，张鸿副校长亲自主讲"高等数学"，指导青年教师。彭康校长、苏庄副校长经常到教室检查听课，教师、实验人员本着严谨治学的态度和奋发进取的精神，在当时的条件下，千方百计进一步加强校内外实习实验基地的开拓和支援地方工农业。

迁校以来西安交大累计培养了23万多名大学毕业生，广泛分布在各个领域。特别是西迁以来培养了29位院士，有近一半在西部工作，奠定了西部工业发展必需的高等教育基础，打造了中国西部首屈一指的科教高地。

薪火永续 卓越之光

不少交大人都对这样的校史如数家珍：1904 年，老交大就开始安排学生赴校外实习；1907 年，实验和实习被列为正式课程；1909 年，设立毕业实习和毕业设计。

直到今天，西安交大的"重实践"在全国高校中仍独树一帜：1982 年，率先实行"社会实践"，后由共青团中央推广至全国；1995 年，首倡教学实验中心，改传统的"以课程、专业设置实验室"为搭建"基于学科群组及跨学科组建的专业基础实验大平台"；2001 年，首提"课外 8 学分"；2007 年，在全国建成第一个"工程坊"，为学生搭建实现"小创造、大发明"的"梦工厂"。

"在交大人看来，'重实践'既要有扎实基础，又要有解决问题的能力，更要有创新思维，勇于探索。"西安交大副校长郑庆华解释说，在西安交大，机械、电气等拥有百年历史的学科，其本质就是要解决国民经济发展中的重大难题。

多年来，西安交大在规模、资源拥有量均不占优势的情况下，获国家科学技术奖数量持续稳居全国高校前列。在西部能取得这样的成绩，交大很多老师都认为这和学校一贯重实践、重传承、敢创新的文化传承息息相关。

正是在这样的文化传承下，1959 年，西安交大迁校不久就参与中国第一台大型通用计算机的全部设计和制造工作，1965 年周惠久院士创立的"多次冲击抗力理论"被誉为中国高校科研成果的"五朵金花"之一，20 世纪 70 年代研制出我国第一台光笔图形显示器。

中国管理工程创始人汪应洛，一生致力于系统工程的研究与高层次管理人才的培养；机器质量控制与监控诊断专家屈梁生，首创全息谱技术，使我国在转子动平衡技术领域达到国际领先；俞茂宏潜心研究五十载，创立双剪统一强度理论，成为首个写入基础力学教科书的"中国创造"。2015年，他获得何梁何利奖后，将奖金全部捐出用于力学专业研究生的培养。2016年年初，西安交大卢秉恒、蒋庄德、徐宗本三位院士领衔成立中国高校智能制造创新网络，以汇聚高校最优质资源的平台，为国家产业转型升级提供科技创新的"源头供给"。

风云两甲子，弦歌三世纪。如今，西安交大这棵大树在西北这块充满深厚历史文化底蕴的土地上，愈发繁茂。

厚植基础，严谨治学，传南洋薪火，为追寻真理矢志创新；艰苦朴素，崇德尚实，谱创业鸿篇，为民族复兴担当奉献。怀揣中国梦的西安交大人，将在新的征程上踏出更加动人的足音。

（原载于《光明日报》2016年4月7日）

百年中国历史变迁下的
交通大学西迁精神解读

——论交大胸怀天下的大局意识

宋希斌[*]

交通大学肇基于沪上，1956 年主体内迁西安，为大西北创办了一所规模宏大、设备齐全、质量一流的重点大学，实为中国高教史上浓墨重彩的一笔。交通大学主体内迁，塑造了交大"爱国爱校，顾全大局，乐于牺牲，无私奉献，尽职敬业，艰苦奋斗"的西迁精神。[①] 将西迁精神置于交大发展与近代中国历史演进中考察，可知其内核就是交大人胸怀天下、顾全大局的气魄。这种大局意识肇始于民族危亡之际，成长于国家动荡之中，彰显于交大主体内迁之时。这种顾全大局、胸怀天下的气质已内化为交大的精神内核，沉淀为交大的文化基因。值此交大建校 120 年、内迁西安 60 年之际，实有必要在宏大的历史背景下考察西迁精神，发掘与解读其中所蕴含的大局意识，以慰前贤而励后人。

交通大学之前身乃盛宣怀创设于 1896 年的南洋公学。其办学目的是为弥补"京师同文馆"人才培养仅重"语言文字"，而与"中外政法之故未通

---

* 宋希斌（1979— ），男，西安交通大学马克思主义学院副教授。

① 霍有光、顾利民编著：《南洋公学——交通大学年谱》，陕西人民出版社 2002 年版，第 8 页。

其大"之弊,以解中外交流"乏才"之虞。① 所以,盛宣怀在学科设置上主张学校应"教以天算、舆地、格致、制造汽机、矿冶诸学,而以法律政治商税为要"。② 形成中西兼容的格局,即"以通达中国经史大义厚植根柢为基础,以西国政治家日本法部文为指归,略仿法国国政学堂之意"。③ 此办学救国、中西兼用、文理交融的理念,超越了旧式科举制下"读书只为稻粱谋"的境界,可见交大立校之初眼界之宽、格局之大。

胸怀天下的大局意识体现在交大人才培养模式上讲求中西文化的交融互补。1898 年制定的《南洋公学高等小学章程》的课程设置是:

第一年:诗经(孝经),修身,国文,笔算,珠算,历史,地理,理科(自然现象),习字(大楷),图画(毛笔画),体操(柔软体操),乐歌。计每星期三十六点钟(每日体操一点钟在外)。

第二年:读经(四书),修身,国文,笔算,珠算,历史,地理,理科(生理),习字(大楷、小楷),图画(毛笔画、铅笔画),体操(柔软体操),乐歌,手工。计每星期三十六点钟(每日体操一点钟在外)。

第三年:读经(四书、左传),修身,国文,算术,商业簿记,历史,地理,理科(简易理化),习字(大楷、小楷、行书),图画(毛笔画、铅笔画、粉笔画、几何、设色),体操(兵式体操),乐歌,英文,手工。计每星期三十六点钟(每日体操一点钟在外)。

这些课程设置体现了文、理、体并重的特点。在福开森《南洋公学早期历史》一文中回忆说:"在汉语教学中,我们废弃了八股文,而要求学生每周写作文。我们为师范生开设了历史、诗歌和作文等专门课程,就我所知,这个学院是开创本国语言和文字的现代教学体系的第一所院校。""本

---

① 霍有光、顾利民编著:《南洋公学——交通大学年谱》,陕西人民出版社 2002 年版,第 8 页。

② 霍有光、顾利民编著:《南洋公学——交通大学年谱》,陕西人民出版社 2002 年版,第 8 页。

③ 霍有光、顾利民编著:《南洋公学——交通大学年谱》,陕西人民出版社 2002 年版,第 8 页。

院对全体学生教授英语"，"教学中次要的课程是历史和经济学"，此外还开设有自然科学和数学，"为了提供体育锻炼，我安排每周有二三次的军事体操课。引进了足球、棒球和网球等项运动……"。① 此后，交大一直倡导讲求实业与保存国粹并重。1911 年 1 月，《邮传部高等事业学堂章程》中阐释了本校办学章程为"造就专门人才，尤以学成致用、振兴中国实业为宗旨，并极意注重中文以保国粹"②。

辛亥革命之后，交大依然重视中华传统文化的传承。1913 年 11 月，唐文治校长在致函交通部"论国文之重要"，认为学校应加强国文教育，提出如果"以为从事科学，我国文字即可置无足轻重之数"，那么"我国固有之国粹行将荡焉无存"，"科学之进步尚不可知，而先淘汰本国文化深可痛也！"③ 在知识体系上交大人才培育并不囿于纯粹的理工技艺，而是力图实现传统国粹、近代科技与讲求体育三者共融。1913 年，《南洋》创刊号发表陈容《南洋公学之精神》一文将本校校风总结为三条，即："注重体育以矫文弱之弊"，"注重国学国文以保存国粹"，"注重科学工艺以增进民智"。

在知识技能培育之外，学校还特别强调道德的养成。早在 1913 年 3 月，唐文治校长在《致交通部公函商讨教育宗旨》中就提出，本校"首以重道德"，以"蔚成高尚人格为宗旨"，"无论风气若何，决不变更迁就"。④ 由上可见，交大人才培育着眼于德才兼备、中西兼通的复合型人才的养成，极富胸怀天下之气魄。

胸怀天下的大局意识还表现在交大师生以天下兴亡为己任，勇于担当的使命感。校史之中，关于交大学生为灾民募捐之事比比皆是。现试举几例

---

① 霍有光、顾利民编著：《南洋公学——交通大学年谱》，陕西人民出版社 2002 年版，第 8 页。

② 霍有光、顾利民编著：《南洋公学——交通大学年谱》，陕西人民出版社 2002 年版，第 37 页。

③ 霍有光、顾利民编著：《南洋公学——交通大学年谱》，陕西人民出版社 2002 年版，第 49 页。

④ 霍有光、顾利民编著：《南洋公学——交通大学年谱》，陕西人民出版社 2002 年版，第 47 页。

如下：

1910 年，"全校减膳，助安徽赈捐"；1911 年，"江淮水灾，全校减膳助赈"；1923 年，"八省发生旱灾，全校踊跃捐款，计洋 2300 余元"；1929 年，"九月二十八日，陕甘绥一带连年饥馑，对三地同学免收学费"。① 1931 年 9 月 26 日，《交大三日刊》（第 144 期）载：本校"同学捐赈水灾每人至少一元"②。10 月 26 日，"本校学生自治会，组织学生为水灾捐献衣被近 200 件"③。

在历史的关键点，交大师生多以国事为重，勇于担当，引领时代潮流。辛亥革命期间，"本校学生组织义勇军"积极响应；10 月底，"（校长）唐文治带头剪辫发，并劝学生一律剪辫。"④ 1919 年 5 月 9 日，袁世凯政府接受日本提出的"二十一条"条款，举国哗然。本校学生会将此日定为"国耻纪念日，停课一天"，"下半旗致哀"。1923 年，为赎回日本侵夺的胶济铁路，本校"全校学生素食一日，节约经费作为赎路储金"⑤。1925 年 5 月 16 日，"因五月十五日上海日本纱厂发生资本家枪杀工人顾正红惨案"，南洋大学学生会发表第一次宣言，号召同胞"奋袂而起，同仇敌忾，共与搏战"。5 月 29 日，"上海总工会副主席刘华莅校，为本校学生报告顾正红惨案经过。本校学生会为日人惨杀华工发表第二次宣言。"5 月 30 日，"五卅运动"爆发，本校附属中学学生陈虞钦、吴恒慈在事件中遇难。事后，学校在图书馆后面的小山之下，为二烈士树立纪念碑。6 月 1 日，凌鸿勋校长就"五卅惨案"致电交通总、次长，"请向领袖公使严重交涉，以平众怒"。6 月 17 日，凌鸿勋

① 霍有光、顾利民编著：《南洋公学——交通大学年谱》，陕西人民出版社 2002 年版，第 31、52、104、210 页。

② 霍有光、顾利民编著：《南洋公学——交通大学年谱》，陕西人民出版社 2002 年版，第 270 页。

③ 霍有光、顾利民编著：《南洋公学——交通大学年谱》，陕西人民出版社 2002 年版，第 273 页。

④ 霍有光、顾利民编著：《南洋公学——交通大学年谱》，陕西人民出版社 2002 年版，第 43 页。

⑤ 霍有光、顾利民编著：《南洋公学——交通大学年谱》，陕西人民出版社 2002 年版，第 130 页。

校长就陈虞钦被枪杀事，致函外交部特派江苏交涉员，要求"查核汇案，提出交涉，厚加抚恤，严惩凶手，以重人情，而慰群情"。①

1931年"九一八事变"爆发后，交大师生胸怀天下的大局意识更多地体现为爱国情怀。9月20日，本校"学生自治会召开紧急会议，通过重要决议12项，其中包括：通电全国主张对日宣战，呼吁'全国和平，一致对外'等"②。9月22日，本校为宣传抗日决定停课，"组织同学700余人，分为70余支小分队，分赴徐家汇、龙华及南市等处演讲，散发传单及通电，鼓动民众一致抗日"③。10月23日，黎照寰校长召开全体教职员大会，"决议组织上海市教育界救国联合会交大分会，推定各院部科所系军事训练及校长室主要负责人为代表"④。10月26日，"救国联合会第一次执行委员会全体通过：（1）遵照军事教育方案规定，各班每天下午增加军训一小时，以便加紧训练案；（2）将军事训练，改名学生救国军，以表扬民气案；（3）教职员同受军事训练案；（4）请学校当局转令学生会于一星期内赶制军事服装，以昭整齐而便训练案；（5）利用本校无线电台作国际宣传案；（6）添设兵工学系，请王、李两院长拟具课程及预算计划书呈送校长交校务会议讨论案；（7）本校以各种文字加紧宣传日本暴行案。"所通过的各项决议案，均与抗日救国有关，彰显了交大身居沪上胸怀天下的爱国情怀。10月26日，本校决定"将每课授课时间缩短十分钟，以每日下午三时至五时进行军训。校长召集全体教职员落实如何补救同学在抗日活动中所荒废的学业问题"⑤。为唤起民众，本

---

① 霍有光、顾利民编著：《南洋公学——交通大学年谱》，陕西人民出版社2002年版，第155页。

② 霍有光、顾利民编著：《南洋公学——交通大学年谱》，陕西人民出版社2002年版，第269页。

③ 霍有光、顾利民编著：《南洋公学——交通大学年谱》，陕西人民出版社2002年版，第269页。

④ 霍有光、顾利民编著：《南洋公学——交通大学年谱》，陕西人民出版社2002年版，第272页。

⑤ 霍有光、顾利民编著：《南洋公学——交通大学年谱》，陕西人民出版社2002年版，第273页。

校学生从 11 月 18 日起，"每天出发数百人，散发宣传品，携带地图，在沪上各地演讲"①。抗日不忘学业，校长曾"召集全体教职员落实如何补救同学在抗日活动中所荒废的学业问题"②。

"江桥抗战"爆发后，11 月 17 日晚，本校召开学生全体大会，到会者500 余人，讨论时局方针，决定 18 日起停课三天，"全校同学总动员出外宣传及募捐援助马占山"；"决定同学每人至少捐款一元"；提交学联定期召集上海学生总示威游行。当晚还选举出由 27 人组成的"临时特种抗日委员会"。③ 11 月 18 日起至 20 日，本校为全体同学分为 80 余队，前往租界或各商店为声援黑龙江省抗日军队马占山部募捐，共募捐 8000 余元，"开上海各大学募捐成绩之新纪录"。④ 捐款汇至黑龙江，马占山将军复电致谢。

1932 年 1 月 28 日夜，日军从上海日本租界向闸北、江湾、吴淞等区域发起进攻，驻守上海的国民党 19 路军奋起抵抗，史称"一·二八事变"。在 19 路军抗战期间，"本校张家瑞、徐威、陆家琛、庄德祖同学，投效 19 陆军 78 师，参加抗日工作，奋勇杀敌，78 师师长特赠四人纪念章各一枚。"⑤

1937 年"七七事变"后，日本发动全面侵华战争。8 月 13 日，日军进攻上海，使交通大学面临着生死存亡。学校一再向政府提出要求内迁，然因种种原因没有如愿，师生被迫迁移到法租界内的震旦大学、中华学艺社等处租房上课。为应对时局、保全校产、继续办学，1941 年 9 月学校对外改称

① 霍有光、顾利民编著：《南洋公学——交通大学年谱》，陕西人民出版社 2002 年版，第 279 页。

② 霍有光、顾利民编著：《南洋公学——交通大学年谱》，陕西人民出版社 2002 年版，第 273 页。

③ 霍有光、顾利民编著：《南洋公学——交通大学年谱》，陕西人民出版社 2002 年版，第 277 页。

④ 霍有光、顾利民编著：《南洋公学——交通大学年谱》，陕西人民出版社 2002 年版，第 275 页。

⑤ 霍有光、顾利民编著：《南洋公学——交通大学年谱》，陕西人民出版社 2002 年版，第 291 页。

"私立南洋大学"。1942 年夏，日军进入法租界，学校被迫由汪伪政府管辖。沪校师生不甘在日伪强暴下受辱，纷纷内归国立交通大学本部（渝校）。① 校长黎照寰愤愧辞职，钟伟成、沈奏廷、谭炳勋、李谦若、胡端行、陈石英、吴清友、钟兆琳、王蘧常等 40 余名教职员先后离校。有的后来辗转到重庆九龙坡交大本部（渝校），有的转到上海其他私立大学或工厂企业，还有的干脆待业在家，拒绝与汪伪合作。

在抗战期间，交大师生表现出强烈的爱国心，奔赴内地、参加国家建设，成为在上海租界学习的交大毕业生的首选去向。1938 年毕业生绝大多数分配至内地后方工作。1938 年电机系毕业生周建南、孙俊人、徐昌裕等 3 人，化装越过日军封锁线，通过汉口八路军办事处介绍奔赴延安。② 1939 年度，本校共有 126 人毕业，其中 112 人分配到内地后方工作。③

1943 年年初，重庆政府军事委员会颁发《专科以上学校学生充任译员办法》，征调学生从军担任军中翻译，交通大学（渝校）分得名额 50 个。截至 1943 年 10 月底，四年级学生全部应征，总计 71 人。交通大学还成立从军征兵委员会，开展从军动员。至 1945 年 2 月，交大学生参加青年志愿军 45 人，政工人员 5 人，女政工人员 1 人，海军 81 人，空军高级机械班 17 人，空军飞行及领航 12 人，译员 16 人，总数达 177 人，占 1944 年度在校生的 13.21%。校史载，1940 年秋考入交大沪校机械系的学生杨大雄，1942 年春转赴交大渝校就读。1943 年 11 月就响应国民政府号召应征战时译员，在国民党第 79 军担任美军翻译官，多次参加抗击日本侵略军的战斗。1945 年 6 月，他在柳州前线与日军遭遇，奋勇杀敌，壮烈牺牲，年仅 25 岁。1997 年 1 月，被上海市人民政府追认为革命烈士。

---

① 霍有光、顾利民编著：《南洋公学——交通大学年谱》，陕西人民出版社 2002 年版，第 480 页。

② 霍有光、顾利民编著：《南洋公学——交通大学年谱》，陕西人民出版社 2002 年版，第 466 页。

③ 霍有光、顾利民编著：《南洋公学——交通大学年谱》，陕西人民出版社 2002 年版，第 470 页。

顺应历史潮流而生的交大，在近代百年历史变迁之中，处处彰显着本校胸怀天下的大局意识。这种胸怀天下的办学格局，孕育出交大人淡泊私利的精神气质，不计私利的奉献精神与交大发展始终相伴。

举例而言，辛亥革命爆发后，上海各高校因经费缺乏相继停课，惟"本校不辍业"，究其原因在于校长唐文治"带头减薪 50%，全校教职工年薪按 10 月计算，殚诚维持"①。1913 年，因办学经费困难，唐文治校长要求交通部给他续减半薪。"自宣统三年十月起，唐文治一直领取半薪。请求用节余之款，以'弥补预算溢出之款。'"② 不计较个人得失，以学业回馈社会，故有 1919 年 7 月兴办义务学校，"免费教育学校周围的贫苦子弟"。③

抗战初期，上海各校西迁，"惟本校奉命留沪收容失学学生，迁入法国租界继续上课。"④ 1937 年下半年至 1938 年上半年，交大土木工程系"各教授、副教授均留沪照常上课"⑤。在上海沦陷的几年间，交通大学（沪校）暂居法租界上课，"维持残局"，"备受日伪凌夷，形势恶劣，几至朝不保夕。"⑥ 尽管办学处境艰难，但为维持学生学业，照顾战时学生困难，交通大学（沪校）依然"设置全校学生数 10% 以上的免费学额和全校学生数 4% 以上的公费学额"⑦。针对家乡沦陷生活无着落的同学，学校设立"暑假留校战区贷金"，"既安排以劳动，又安排以补课。每日上午补课 2 小时；

---

① 霍有光、顾利民编著：《南洋公学——交通大学年谱》，陕西人民出版社 2002 年版，第 44 页。

② 霍有光、顾利民编著：《南洋公学——交通大学年谱》，陕西人民出版社 2002 年版，第 46 页。

③ 霍有光、顾利民编著：《南洋公学——交通大学年谱》，陕西人民出版社 2002 年版，第 92 页。

④ 霍有光、顾利民编著：《南洋公学——交通大学年谱》，陕西人民出版社 2002 年版，第 462 页。

⑤ 霍有光、顾利民编著：《南洋公学——交通大学年谱》，陕西人民出版社 2002 年版，第 463 页。

⑥ 霍有光、顾利民编著：《南洋公学——交通大学年谱》，陕西人民出版社 2002 年版，第 474 页。

⑦ 霍有光、顾利民编著：《南洋公学——交通大学年谱》，陕西人民出版社 2002 年版，第 475 页。

参加工厂生产、抄写讲义、修筑校舍等劳动1.5小时，用勤工俭学办法，使战区经济困难的学生度过暑假。"① 1945年8月，日本宣布投降。沪校理学院院长裴维裕教授不计个人得失，挺身而出，"第一个赶回徐家汇交大校舍，保护及协助接收残存的仪器设备，使之不再遭受损失。在裴维裕教授带动下，沪校广大师生纷纷回校，投入清理、搬运、装配等恢复工作。"②

1950年，为减轻人民政府的负担，交通大学部分学生均自动放弃减免费的申请，"部分符合减免费条件的学生也宁愿向亲友借钱来缴费。""交通大学化工系二年级学生实行大互助，全班放弃申请减免费。"③ 1950年12月11日，《人民日报》刊文报道："交通大学142位教授联名发表告同学书，鼓励他们积极参加军事学校，做一个国防建设上的优秀干部……交通大学物理系教授赵富鑫在解放前曾掩护他儿子的革命活动，上海解放后，他曾要求他的儿子继续升学，希望培养他成为一个化学工程师。现在，他要求自己的儿子投考军事学校。交通大学土木系留美教授潘承梁谆谆嘱咐他的儿子潘君瑞参加军事学校。他说：如果过去交大的学生在交通建设上有所贡献的话，我希望以后交大的学生能同样在国防建设事业上有贡献。"④

以上所举仅为交大120年发展史中的几个片段，从中可体会到在交大办校治学的传统中胸怀天下的气度和无私奉献的精神。正因有了这种海纳百川的胸襟，交大在漫长的办学路上才能成长为开拓新式教育的先锋，培育科技人才与政治经济文化人才的摇篮。正因这种胸怀天下的气魄，交大师生不计

---

① 霍有光、顾利民编著：《南洋公学——交通大学年谱》，陕西人民出版社2002年版，第476页。

② 霍有光、顾利民编著：《南洋公学——交通大学年谱》，陕西人民出版社2002年版，第495页。

③ 霍有光编著：《交通大学（西安）年谱：1950—1978》，中国青年出版社2013年版，第6页。

④ 霍有光编著：《交通大学（西安）年谱：1950—1978》，中国青年出版社2013年版，第27页。

私利、无私奉献，不仅致力学问，更关心国事，"光辉吾国徽，便是光辉吾校旗"[1]，将爱国爱校融为一体。正因有这样的文化传承与历史积淀，才有1956年交大主体内迁之壮举，才有西迁精神之伟大。

---

① 霍有光、顾利民编著：《南洋公学——交通大学年谱》，陕西人民出版社2002年版，第52页。

西迁精神与大学文化精神

黎 荔[*]

1956 年西安交通大学从上海迁来西安时，校址所在四望皆为广阔的农田，沙坡村位于一片平坦的田野上，沙坡村西有一高坡地带，在这一坡地北沿有一条大沟，自南沙坡村口斜向西北方的乐居场村，即基本从东南门沙坡村到西 2 楼机械学院位置。沙坡人称这条沟为"西畔沟"，沟岸陡峭，岸宽40—80 米，沟深 5—10 米，沟底有行车小道，是村民去省城的一条捷径。今天，交大钱学森图书馆主楼便坐落在这一沟中，其当年地势风貌还依稀可辨。当时，在极有魄力的彭康校长的坚持下，否定了在校内大沟上建桥的方案，硬是用推土机把沟壑填平，请上海园林设计院作绿化设计，加上园林队的辛勤工作，才有了今天独具特色的梧桐大道，樱花小径，高大的雪松和绚丽的牡丹园。就连一村二村的家属院里，也栽种了常绿冬青松柏，春天的芍药，夏日的丁香，十月的金桂，这是一幅在当年西北黄土高原上罕见的美丽图画。一个个离开黄浦江畔的家庭，从此终生扎根在西安兴庆宫旁。

60 年弹指一挥间，当年西迁教师中年龄最小的，如今至少也已有八九十岁，许多当年的老教授都已长眠于这片黄土地。然而，交大人扎根黄土高原形成的"西迁精神"却历久弥新，成为西安交大最珍视的光荣传统，年

* 黎荔（1975— ），女，西安交通大学人文学院高培中心主任，教授，硕士生导师。

复一年地熏陶和塑造着年轻学子报效祖国的灵魂。2003 年，我从北京大学初来西安交大任教，就很好奇交大周边从老客站的上海菜到忆江南的杭帮菜，形成一种有别于西北的海派生态和氛围。这是怎样一种海洋的蓝色血脉，在半个多世纪中汩汩不息地汇入了黄土内陆？

前几年，我有幸走访了一批耄耋之年的老交大人，他们都是风烛残年的古稀老人，子女往往在美国欧洲澳洲工作生活，有大好条件让他们可以海外安享晚年，但他们往往选择空巢留守在这片相伴半生的校园。他们为我这个晚辈一点一滴描绘当年：兴庆公园与交大校园一墙之隔，一潭湖水被绿柳环抱，无论是湖上泛舟，还是岸边小憩，极为惬意，这个兴庆湖当年可是交大师生一锹锹挖出来的，那时游人不多，交大人几乎是公园的常客。当年西迁几乎是整体搬迁的，所有的生活设施，包括食堂、卫生所、豆腐坊、酱菜厂、理发店一起从上海搬来西安，使得西安交大的居民在欠发达的西北，还能延续上海的生活习惯，成为西安的一个上海村，交大就像一个小社会五脏俱全。造于 1951 年的交通大学的毛体校牌，也于 1956 年随交大主体西迁，来到了西安。校牌经历年代久远，且经历了十年"文革"的磨难，曾被卡车来回碾压，终被有心人藏匿躲过一劫，今天，是西迁馆的镇馆之宝。

这些西迁的交大老人，用布满老人斑的手，抖抖索索地为我展示他们当年上课用的讲义教案，用蝇头小楷密密麻麻抄写的知识卡片，装满一个又一个抽屉。这些可敬可亲的交大前辈，不太讲述自己的待遇得失，能够让他们在漫长的回忆中瞬间眼神闪亮的，往往都是当年简陋的实验室中做出的一项科技发明，引起国际同行好评的一篇论文的发表，或者是指导学生的一次重要竞赛获奖。他们的一生是怀着理想信念，执着奋斗的一生，他们的人生，是中国老一辈知识分子的典型写照。翻开厚重的历史卷章，开启尘封多年的往事，凝望泛黄斑驳的老照片，让我看到，岁月流转留下的是交大西迁孜孜不倦的奋进足迹，传承的是一代报效祖国的教育工作者永不磨灭的精神。站在历史的天空下，那些历史中鲜活的人和事，点点滴滴，铸就了交大特有的大学文化精神，向每一位后人述说着岁月的沧桑和历史的荣光，使一代代交大人永远铭记住自身的责任和历史的重托。

曾经触摸过历史的人，从此不可能再单纯，云山苍苍，江水泱泱，前辈之风，山高水长。每一个人就是一个世界，他们的经历、遭遇、思想变化，与大历史、大时代息息相关。在前辈们平实而动人的讲述中，我可以体会到老一辈交大人在物资匮乏的年代、环境简陋的条件下，为了祖国和人民的需要，如何以毅力、坚持和忠贞支撑着自己的教育梦想，用拼命硬干的精神，为西安交通大学今天的发展奠定了坚实而又厚重的基础，为全国的高等教育事业、西部的社会进步和经济发展所发挥的重要作用。

大历史是由无数鲜活的个人小历史组成的，在传承交大历史精神上，我比许多交大年轻教师都要幸运，因为我曾经如此接近地亲聆过老一辈交大人的个人口述史，他们中的一批人已经在近年驾鹤西去。几代人薪火相传、不懈追求的奋斗史，留下了深厚的文化沉淀，教诲着我将自我的价值实现与交大的整体提升战略统一在一起，为之奉献青春热血而无怨无悔。

西安交大的一点一滴，从此处处牵动我的神经，记不起从什么时候开始，我愿意为交大的汉墓星图、胭脂坡、白居易东亭写下一篇又一篇校址文化千年考的文章，渴望时常去见见那些西迁后六十年仍操着家乡话满口南音的白发苍苍的老教授。他们筚路蓝缕，以启山林，饱经风霜多担当，深耕长安志交通。交大西迁的精神，是独一无二的，饱经历炼，慷慨奉献，光华生于质朴。

从徐汇华山到长安华山翻越一山又一山，从黄浦江畔到黄河之滨跨过一江又一江，哪里有爱，哪里有事业，哪里就是家！大树西迁，精神永存！

发扬西迁精神，以科技创新港
引领西部大发展

王小红[*]

"西部不发达，中国不能称为发达！"这句话凝聚着钟兆琳等老一辈西迁交大人心中那份无比厚重的历史责任感。走过双甲子历程的交大，如今又面临着二次创业这一前所未有的新机遇和新挑战。"中国西部科技创新港"项目是西安交通大学和陕西省落实中央创新驱动发展战略的重要举措，为了实现"三个陕西"和"创新型省份"的建设目标，当代交大人需要传承和发扬老一辈交大人的历史责任感和无私奉献、艰苦创业精神，通过西部科技创新港建设使西交大深度融入中国的西部大开发和丝绸之路经济带的建设之中。

一、胸怀国家之大局，全力投入
西部科技创新港建设

习近平总书记关于创新驱动的论述对未来中国发展有极为重要的指导意

* 王小红（1968—　），女，西安交通大学人文社会科学学院哲学系副教授。

义，西安交大领会并率先践行这一使命与任务，陕西省委省政府大力支持交大发展，找准与地方经济社会发展的对接点，作出了符合陕西省情的重大决策。

（一）科技创新战略之国家大局

如果说创新是民族进步的动力，那么科技发展就是这动力的源泉与根基。科学技术水平是一个国家的核心竞争力之一，科学技术发展决定了经济基础，进而决定了其他上层建筑。习近平总书记出席中国科学院第十七次院士大会时，在谈及近代中国落后的原因时援引学界的研究指出，"明代以后，由于封建统治者闭关锁国、夜郎自大，中国同世界科技发展潮流渐行渐远，屡次错失富民强国的历史机遇。""近代史上，我国落后挨打的根子之一就是科技落后。"新中国的重要使命之一，就是通过提高科学技术水平、促进经济发展、改善人民物质生活条件、增强国力。

党的十八大明确提出："科技创新是提高社会生产力和综合国力的战略支撑，必须摆在国家发展全局的核心位置。"强调要坚持走中国特色自主创新道路、实施创新驱动发展战略。李克强总理在《政府工作报告》中强调，保持经济中高速增长，关键要靠创新驱动，合理确定科技创新战略布局，瞄准国际技术前沿，在基础研究和应用研究领域两头发力，大力促进科技成果转化为现实生产力。继续加大财政支持力度，要把股权激励、科技成果处置权受益权改革等鼓励创新的政策和机制推广到更大范围，通过开放合作汇集更多创新资源、凝聚更多创造力量。

改革开放 30 多年，中华民族迈上了历史的新台阶。科技水平突飞猛进，国民经济发展速度之快创造了新的世界奇迹。近年来，在美国重返亚太、战略东移，东亚局势不明朗的背景下，我国提出"一带一路"倡议，依靠中国与欧亚非有关国家既有的双多边机制，借助既有的、行之有效的区域合作平台，旨在借用古代"丝绸之路"的历史符号，高举和平发展的旗帜，主动地发展与沿线国家的经济合作伙伴关系，共同打造政治互信、经济融合、文化包容的利益共同体、命运共同体和责任共同体。"一带一路"倡议之重要性与开创性不仅在于创造了经济利益，更重要的是它能够给世界带来一股新的潮流，让平等合作、文化交流、经济繁荣，而非军事霸权，成为未来世界秩序的另一条主轴。在新的历史趋势下，中国应抓住机遇，为构造世界和平新秩序作出大国应有的贡献。

（二）科技创新港是西部大发展的新起点

我国幅员辽阔，领土面积广大，地区经济发展不平衡的状况一直在不同程度上存在。从新中国成立以来，中国西部地区一直是党和国家领导人制定经济政策时所考虑的重点。中国现代化的困难之点不在东部，而在西部；中国现代化的落脚点最终可能也是在西部地区。因此，开发西部是必须长期坚持的发展战略和战略任务。在新时期新的起点之上，在"一路一带"倡议的背景下，西部大开发有了更为丰富和深远的含义。

科技创新港的内涵，是与西咸新区携手共建科技创新平台，聚集一流拔尖人才，让原始创新的成果源源不断流向社会主战场，探索建立21世纪大学的新模式。以这种开放的形式，把大学真正办成社会的重要组成部分，成为社会发展的引擎。通过创新体制机制，将科技创新港打造成为陕西乃至全国的人才集聚高地、成果研发高地、产业发展的技术引擎、经济社会发展的科技创新示范，成为面向社会开放的自主创新成果的源头供给。

科技创新港是集国家科研、高新技术成果转化、高端人才培养、高新企业孵化、核心技术攻关等平台为一体的理念超前、模式创新的开放式学镇。该项目围绕9大创新工程平台的设立，建设科研板块、教育板块、转孵化板块、综合服务板块四大板块。项目总建设面积4000余亩。在创新港概念规划设计方面，以实现"校区、园区、社区"三位一体的创新体、学校与小镇的结合体、科技与产业的融合体，力求为集聚在此的海内外人才打造具有世界先进水平的，集教育、科研、创业、生活为一体的国际化平台，成为新城镇典范。通过创建西部创新港，交大力争将科技创新能力、人才培养能力与科研成果转化能力提高一个新台阶。

二、弘扬交大西迁精神，以西部科技港建设实现二次创业

深化西部大开发，带动丝绸之路经济带的发展，是历史递交给交大的重任。遥想当年，20 世纪 50 年代中期交通大学西迁，交大师生响应国家的号召，为了人民的需要，在国务院的领导下毅然从条件相对优渥的上海将学校迁到古都西安。当时国家正在推进全面的工业化建设，而西北地区是国家开发发展的重点区域。为了改变当时西部地区没有高等多科性工业学校、人才培养不足、科研发展落后、工业基础差的状况，国家从大局考虑，也是为了交大自身的发展，决定将交通大学从国防前线的沿海地区迁到西北重镇西安。用当时高教部部长杨秀峰的话讲，迁到西安去就是要担负起在上海所不能担负的任务。低价处理掉在上海的房产、带头西迁的钟兆琳教授讲得很朴素："如果从交大本身讲，或许留在上海有某种好处，但从国家考虑，应该迁到西安。"

（一）回溯西迁壮举，激发创业激情

支援西北的建设是历史交付给交大的责任。交大的师生们奋勇争先，无悔地将自己的青春与盛年奉献给了人民，奉献给了国家。西迁交大自强不息的精神，首先表现在艰难困苦的条件下坚持教学和科研。初创时期的西安交大环境恶劣，条件艰苦，校园里到处尘土泥泞，冬夜不时还有野狼出没。当时为了解决开大会的困难，学校请来能工巧匠用竹子盖起了一座能容纳

5000 多人的临时大礼堂。这个大礼堂可以遮风挡雨，但是冬冷夏热；砖、泥、沙混合地面上摆放的不是椅子，而是一条条长凳。困难接踵而至，但交大人仍以艰苦创业的精神将其一一化解。三年自然灾害之时学校自办农场、腐竹厂、酱菜园，养猪和鸡，尽一切努力为师生员工解决生活问题。交大师生们还经受住了各种考验和干扰。尽管有种种的困难与险阻，交大人并没有停止前进的脚步。人才培养与科研发展都取得了新的进步，交大的黄金时代再次来临。

然而地缘因素不可忽视。身处西北内陆的地理环境给交大提供了前所未有的机遇，也带来了更多的挑战。交通相对不便、与东部地区相比经济发展水平较低，带来的是社会经济资源的缺乏与流通速度的缓慢。但这绝不是交大放缓前进脚步的理由。当年西迁的交大人，肩负着无比光荣的使命，脚下的路却极为艰辛。多少扎根在西安的师生呕心沥血，付出了在上海所不能想象的艰苦劳动，作出了巨大的牺牲。创办工程力学的朱城先生带头迁校，将一切精力都用在新专业的兴办和发展上，平时家里也支着黑板；授课之余抓紧每一分钟编写急需的讲义教材，著成堪与国际大师铁木辛柯的成果相媲美的中国版《材料力学》。他攻克堡垒和兴办新专业出了名，北大等校竞相请他讲课。艰苦环境下长期超负荷工作，先生累倒在岗位上，1959 年因急症去世，年仅 39 岁，成为迁校后身殉事业的第一人，师生至今仍殊感痛惜。这样的事迹在当年的西安交大校园中绝不是个例。无数人前赴后继、披星戴月，为教学与科研不惜牺牲自己的一切。如今交大建设西部创新港，需要的正是这样的无私奉献、艰苦创业的精神。站在历史的新起点上，肩负振兴西部、为祖国的发展作出贡献的重任，我们所面临的困难都不应是退却的理由。把握历史的潮流，抓住新的机会，重任再一次落到了我们的肩上。

（二）正视现状承担重任，继往开来二次创业

在西部科技创新港建设中，我们需要正视所面临的问题与挑战。虽然交

大作出了举世瞩目的贡献，但由于地理因素等客观条件的限制，也由于自身发展的不足和重视程度的欠缺，西安交通大学在引进人才、国际交流、学科建设、承担重大项目等方面既取得了一定成就，也有相当的不足，与其他同类高等院校仍有一定差距。

在引进人才方面，我校累计入选"长江学者"特聘教授29人，近两年新增3人。相比较，清华大学累计153人，近两年新增14人；上海交大累计87人，近两年新增8人；哈工大累计43人，近两年新增7人。我校累计入选"杰青"人数35人，2014年新增1人。相比之下，浙江大学累计97人，2014年新增4人；中科大累计入选87人，2014年新增5人。对外交流方面，2012年国家建设高水平大学公派研究生（第一批）我校入选人数为73人。相比较，清华大学为213人，北京航空航天大学为82人。2013年留学生人数，我校总数为1192人。相比较，北京大学为3449人，哈尔滨工业大学为1192人。但是值得引起注意的是，我校留学生中研究生数量偏少，本科生以医学为主。学科排名方面，西安交大拥有国内排名前十学科数11个，国内高校排名为26名。西交大前1%学科数为8个，相比较清华大学有14个，上海交通大学有16个。C9高校ESI高影响论文数，西交大拥有162篇，而清华大学有720篇，上海交通大学有461篇，中科大有463篇。承担国家项目方面，2014年西安交大973项目数为3项，批准经费4553万元。相比较清华大学973项目数9项（含3项青年项目），批准经费7664万元。上海交通大学973项目数5项（含2项青年项目），获批经费3865万元。由此可见，西安交大在引进人才、国际交流、学科建设、承担重大项目等方面亟待加强。

在过去的近十年中，西安交大在科研成果的产业转化方面做的也有所欠缺。以驻深圳虚拟大学园的高等院校累计孵化企业数为例，清华大学累计孵化企业数348个，哈尔滨工业大学累计孵化企业数34个，华中科技大学累计孵化企业数12个，而西安交大在深圳虚拟大学园累计孵化企业数只有1个。大学的技术转移及科技成果商品化具有重要的作用，以成果转化为主要功能的大学科技园区是推动区域经济发展的重要力量和区域创新系统的组成部分。在我国，研发科技成果、促进经济发展是高等院校在教书育人、传播知识之外的另一重要社会功能。大学科技园区将大学的综合智力资源优势与其他社会优势资源相结合，为高等学校科技成果转化、高新技术企业孵化、创新创业人才培养、产学研结合提供支撑。中国西部科技创新港的高新技术成果转化、高新企业孵化功能对学校与社会都有着重大意义，西交大可以借鉴同样处于西部的美国斯坦福大学的发展历史。

三、秉承为我所用之宗旨，借鉴美国西部斯坦福大学的成功经验

斯坦福大学始建于 1885 年，位于美国加利福尼亚州。当时的校区在美国人眼中还是荒凉闭塞的边远西部，名不见经传的斯坦福大学被称为"农场大学"。在 1951 年，斯坦福大学特尔曼教授创建了世界上第一个科技园——斯坦福研究园。随着美国西海岸"高科技带"的兴起，斯坦福大学依托学校的教学和科研力量，将研发重点放在半导体这一新兴技术上，促使整个产业生态系统的发展与崛起。产业发展反哺斯坦福大学在信息技术领域的研究，产学研的良性循环促成这一区域最终形成科技尖端、精英云集的"硅谷"。

（一）经验之一：突破地域局限、形成自我良性循环优势

从地域上看，因为远离美国的政治中心，斯坦福从政府获得的研究经费远远落后于美国东部的著名院校。例如其工学院和麻省理工学院规模相当，但是前者从政府获得的经费只有后者的一半左右。从总体上说，随着与华盛顿特区的距离增加，大学从联邦政府所获得的经费支持大致呈下降态势。除

了从州政府获得更多的经费以外，斯坦福大学与企业之间的紧密联系也为其提供了大量资金。它通过多种形式加强与企业的联系，技术转移的速度十分惊人。为了增加教师与工业界进行联系的兴趣，斯坦福大学制定了一整套刺激这种积极性的报酬制度，鼓励教师在完成教学科研任务的情况下到企业兼职。斯坦福研究园吸引高技术人才和高技术企业集聚的机制，催生了有利于新企业萌生的经济环境。高科技的新生产业具有高利润、高回报，促使投资不断向这一区域聚集，而良性循环最终促成了整个硅谷高技术产业集群的形成。斯坦福大学的崛起和研究园区的发展有力推动了硅谷的跨越式进步。2008 年硅谷人均 GDP 达到 83000 美元，居全美第一。硅谷的 GDP 占美国总GDP 的 5%，而人口不到全国的 1%。斯坦福大学带动了地区经济发展，另一方面它又是硅谷崛起最大的受益者之一，硅谷的公司为斯坦福提供了巨额的研究经费和捐赠。在历史上，惠普公司、思科公司、太阳公司和 Google公司都是斯坦福的赞助者。仅惠普的创始人休伊特 2001 年就向斯坦福捐赠了四亿美元的巨资，这是世界上迄今为止给予教育机构最大的一笔捐赠。

（二）经验之二：培育工科校园强烈的创业氛围

斯坦福大学作为世界顶尖学府之一，以创新精神而著称，培育了不少顶尖级的科学家、企业家和学术界名人，在学术和商业领域双双取得骄人的成绩。教授中有不少诺贝尔奖得主，所造就的学生中更是不乏政商名流，如美国总统胡佛、能源部部长朱棣文、Google 创办人谢尔盖·布林和拉里·佩奇、Nike 创始人菲尔奈特等。斯坦福大学没有一家校办企业，但斯坦福大学师生创办的企业的产值却占到硅谷总产值的一半以上。学校一直保持着鼓励创业的传统，校园内弥漫着强烈的创业氛围。学生除了获得在斯坦福打下扎实的工科基础以外，在硅谷创造的创业奇迹是他们最好的课程。

斯坦福大学通过创新人才培育、科技成果转化、科技企业孵化形成集教育、科研、产业于一体的产业化发展思路值得借鉴。科研成果和专利技术转化的短周期使得其产业具有巨大竞争力和高利润回报率，而创新的体制、创新的文化与创新的精神就是这高效率转化的保证。

为了抓住历史机遇，中国西部科技创新港的定位之一就是建设西部区域创新平台。创新港通过整合全球资源，重点围绕电力电子、高端装备制造、能源与动力、新材料等9大创新工程平台（中心）建设，深度开展国际化合作，集聚高端人才，建设以高校为知识创新主体、以企业为技术创新主体、以创新港为技术扩散转移主体的创新产业生态链，形成多学科融合、多团队协同、多技术集成、产学研用长效合作的技术研发与应用大平台、大工程，共同推进科研成果的产业化、工程化，实现创新资源的协同效应和科研开发的规模效应；同时，充分发挥创新港的"吞吐"能力，通过实施"吞吐并行，创新升华，循环流转"的发展路径，使创新港成为西部区域创新平台。可以说，西安交通大学与当年的斯坦福大学面临着同样的机遇。丝绸之路经济带有着巨大的潜力，带动中国广大西部地区的发展。作为西部区域创新平台的科技创新港理应成为中国西部乃至整个丝绸之路经济带的排头兵，通过强大的科研能力与成果转化能力带动整个地区的跨越发展。

（三）经验之三：建立从教学到科研都融入当地社区的开放校园

斯坦福大学成功的众多原因中重要的一点还有它的开放性。这里的开放性不是指校门二十四小时打开任人进出，这个要求远远不够。这里的开放性是指一个大学从教学、科研到生活都融入当地的社区。反观美国其他高校，不论是生活在田园般的普林斯顿和康奈尔，还是大都市里的哥伦比亚和哈佛，都能明显感觉置身于象牙塔中。美国大学的学生大部分时间和中国大学围墙里的学生一样，过着三点一线的生活，而教授则是忙着教学工作和自己的研究。但是，在斯坦福，从教授到学生都很难有置身于象牙塔的感觉。开放校园的真正含义在于像斯坦福那样，让大学融入社会。

在开放性这一点上，西安交大科技创新港的树立、国际一流智慧学镇的定位也十分明确。将现代田园城市理念与"学镇"校园规划理念相结合，实现"校区、园区、社区"三位一体的创新体、学校与小镇的结合体、科研与生活的融合体；凸显校园特色、文化特色、地域特色；建设以学校科教功能为主导，以现代田园城市为特点，以完善的城市配套为基础，"生态良好、环境宜居、开放包容、青春激扬"的优美小镇，成为国际一流的、世界领先的，集教育、科研、创业、生活为一体的学镇典范。

四、结　语

在国家创新驱动的战略大局下，在"一带一路"倡议的宏大背景中，西部科技创新港有能力引领交大深化开发西部，促进整个丝绸之路经济带的发展。交大人要进一步发挥胸怀大局、无私奉献、弘扬传统、艰苦创业的西迁精神，敞开开放的胸怀，着眼国家重大需求，紧扣西部经济社会发展，全力推进二次创业。历史的新契机呈现在面前，唯有主动把握，才能赢得先机、取得胜利！

强化基础研究，聚焦国家需求，为民族复兴贡献大学力量

李守华*

20世纪50年代，党中央作出了交通大学迁往西安的决定。从1959年起，以南洋公学之名创建于1896年的上海，有"东方麻省理工"之称的交通大学同根同源的西安交大在渭水之滨开始独立办学。西安交大师生把自己的理想、前途和国家的命运紧密相连，用"胸怀大局、无私奉献、弘扬传统、艰苦创业"的"西迁精神"，数十年如一日艰苦奋斗，在祖国西部边陲建成一所一流大学。2017年12月，习近平总书记对西安交通大学史维祥等15位老教授的来信作出重要指示，希望西安交通大学师生传承好"西迁精神"，为西部发展、国家建设奉献智慧和力量。在2018年新年贺词中，习近平总书记再次为西安交大西迁的老教授点赞。

---

* 李守华（1966— ），男，浙江中共磐安县委党校副校长。

一、交大西迁是新中国大学听党召唤，
为国分忧的崇高使命使然

（一）交大西迁铸就"西迁精神"

新中国成立之初，百废待兴，面对困难重重的内外部形势，一大批知识分子投身时代洪流，到祖国最需要的地方去，书写筚路蓝缕、艰苦卓绝的开创史和奋斗史。1956 年交大在册的 737 名教师中，迁到西安的有 537 人，占教师总数的 70% 多，其中包括教授 25 人、副教授 23 人、讲师 141 人。至 1956 年 9 月，包括 815 名教职工、3900 余名学生在内的 6000 多名交大人汇聚三秦大地。当时多数师生是南方人，对西安干燥的气候、北方的饮食等很不适应，但交大人没有退缩。电制 56 班全体同学说："我们已经做好充分的思想准备，迎接困难，和困难做斗争。祖国的需要就是我们的志愿，祖国每一块土地都是我们安家的地方。"赵富鑫教授迁校时已到知天命的年纪，被问到为什么也要举家西迁时，他豪迈地说："五十多岁我还算年轻，到西北有好多事可以做啊！"当时最年轻的教授，能源动力科学家陈学俊将上海的房产交公，举家西迁，因为"既然去西安扎根，就不要再为房子而有所牵挂，钱是身外之物，不值得去计较"。"中国电机之父"钟兆琳先生经常对学生们说，不把西北建设起来，中国就没有真正的繁荣昌盛。已是耄耋之年的钟兆琳先生依然不辞辛苦前往新疆和甘肃等地考察，一心想着学习维吾尔语，好为新疆人民服务。

从繁华的黄浦江畔"迁徙"到千里之外渭水之滨的黄土地上，一代代交大热血青年扎根祖国边陲，自觉肩负起建设大西北的使命。在规模、资源拥有量并不占优的情况下，西安交大获国家科学技术奖数量多年来稳居全国高校前列。1959 年，西安交大迁校不久就参与中国第一台大型通用计算机的全部设计和制造工作；1965 年周惠久院士创立的"多次冲击抗力理论"被誉为中国高校科研成果的"五朵金花"之一；20 世纪 70 年代研制出我国第一台光笔图形显示器。交大人坚持自主创新，瞄准国际学术前沿、面向国家重大需求和国民经济主战场，创造了 29000 余项科研成果，其中 233 项获国家"三大奖"，累计为国家培育人才 25 万多，培养院士 33 名，为推动相关领域的科学技术发展，促进国民经济建设发挥了重要作用。2017 年 9 月，西安交大入选国家一流大学 A 类建设名单，8 个学科入选一流学科建设名单。①

党的十八大以来，交大人发起成立"丝绸之路大学联盟"，吸引来自 36 个国家和地区的 140 多所高校参与，共同推动"丝绸之路经济带"高校和学术机构间在教育、科技、人文领域的交流与合作，服务"丝绸之路经济带"沿线及欧亚地区的社会发展与经济建设。②

（二）"西迁精神"是新中国大学书写的灿烂华章

"西迁精神"集中体现了新中国成立之初大学知识分子群体的爱党爱国的情怀和担当。家国情怀之于中国知识分子而言，既是一种责任担当，也是一种人生使命，更是一种精神支柱。无论境遇如何、命运怎样，中国古代知识分子大都将人生价值和生命意义深深植根于家国天下之中，在内忧外患中代代相传，历久弥新。从春秋孔子"士不可以不弘毅，任重而道远"，到战国屈原"路漫漫其修远兮，吾将上下而求索"；从唐代戴叔伦"愿得此身长报国，何须生入玉门关"，到北宋范仲淹"先天下之忧而忧，后天下之乐而乐"，张载"为天地立心，为生民立命，为往圣继绝学，为万世开太平"；

---

① 许祖华、陈晨、胡浩、姚友明：《到祖国最需要的地方建功立业——西安交通大学传承与发展西迁精神综述》，新华社 2018 年 1 月 8 日。
② 张迈曾：《从"红船精神"到"西迁精神"：伟大精神凝聚磅礴力量》，《光明日报》2018 年 8 月 8 日。

从南宋陆游"位卑未敢忘忧国，事定犹须待阖棺"，到文天祥"人生自古谁无死，留取丹心照汗青"；从明代东林书院"风声雨声读书声，声声入耳；家事国事天下事，事事关心"，到明清之际顾炎武"天下兴亡，匹夫有责"；从林则徐"苟利国家生死以，岂因祸福避趋之"，再到新中国知识分子"到农村去，到边疆去，到祖国最需要的地方去"……无数优秀中华儿女为国家和民族奉献、担当，虽九死而不悔，创造了中华民族绵延五千年的奇迹和辉煌。

我以我血荐轩辕，关键时刻勇担当。"党让我们去哪里，我们就背上行囊去哪里！""到祖国最需要的地方去"，这不仅仅是新中国大学一代知识分子群体爱党爱国的集体表达，更是一种坚定果敢的个人自主选择。西迁群体的价值追求，生动诠释了什么叫党的利益高于一切，党的召唤就是我们的使命。"西迁精神"是西安交大师生在社会主义新中国绽放出的灿烂华章。

二、如何更好地报效国家与服务社会是新时代中国大学面临的紧迫课题

（一）大学当以报效国家与服务社会为己任

大学的贡献，不仅体现在国家经济社会发展、人类文明和民族进步的过程中，更体现在以一种纯粹的、坚韧不拔的精神践行理想。"大学"一词来自拉丁语 universitas，其原始含义是师生共同体，指师生一起探索真理、传播知识的学术机构。创立于 1088 年的世界现存最古老的大学意大利博洛尼亚大学以及德国洪堡大学、美国威斯康星大学，他们阐发、践行的思想深刻而广泛地影响着现代大学公认的三个功能：培养人才、科学研究、服务社会。

荷兰特文特大学 20 世纪 60 年代才成立，地处偏僻的乡村，经费缺乏，

规模小，到现在学生也不过 1 万人。或许正是恶劣的环境赋予了她变革的意识，她用创新的理念运行大学，成了欧洲创业型大学的典范。近代西方大学，如斯坦福大学建立的"硅谷中心"以及"硅谷文化"，成为现代科技创新文化的发源地和标志物。①

中国近代大学从诞生之日起，就一直以报效国家与服务社会为己任。马寅初提出北大之精神即"牺牲主义也"。"欲使人民养成国家观念，牺牲个人而尽力于公，此北大之使命，并即吾人之使命也"。浙江大学老校长竺可桢认为大学主要是培养"公忠坚毅，能担当大任，主持风气，转移国运的领导人才"。西北联大主动服务于国家将西北建设成为建国根据地的战略需要，形成了开发西北、奠定民族复兴基础的高度使命自觉，"远瞩高瞻战后之复兴与建设"，负起"抗战期间及抗战后复兴建设"的重大使命。西北联大对西北地区的自然地理、物产资源、历史文化、社会经济、公共事业等展开了富有成效的研究，对西北社会经济和文化教育的开发建设作了大量工作。② 研究现代中国大学史的陈平原认为，中国大学的内迁，把新的思想观念和生活方式，带到原先比较落后的西南西北。对中华民族的可持续发展，具有十分深远的战略意义。③

（二）当前国内大学办学存在着三个不相匹配

1. 与我国经济发展的规模、要求不匹配

改革开放以来，我国在经济、社会、文化、生态、国际影响力等各方面都取得了举世瞩目的历史性成就，显著提高了综合国力和国际影响力。我国

---

① 陆建非：《大学，有精神乃显气象》，《文汇报》2014 年 9 月 26 日。
② 方光华：《西北联大与大学精神》，《光明日报》2013 年 8 月 28 日。
③ 任沁沁、白旭、吴凯翔：《弦歌不辍 精神不死——陈平原谈抗战烽火里的中国大学》，《新华每日电讯》2015 年 7 月 17 日。

的经济总量 2010 年超过日本，成为世界第二大经济体。2017 年，我国国内生产总值折合 12.3 万亿美元，占世界经济总量的 15% 左右。近年来，我国对世界经济增长的贡献率超过 30%，日益成为世界经济增长的强大稳定器。虽然我们的大学也取得了历史性的成就，但排名在世界百名以内的寥寥无几，在国际学术大师和有重要国际影响的学术成果等方面还有不小差距。就技术革新和基础研究的创新能力而言，还排在 20 名开外。我们的大学还存在重理轻文、唯论文、唯西方等不良倾向，普遍存在着急功近利和追求实用之风，最根本、最重要的基础学科、基本理论的建设和学术研究备受冲击和冷落。目前我国的基础研究方面薄弱，主要表现在：一是原始创新能力不强，具有国际影响力的重大原创成果较少。二是学科发展不均衡，部分学科同国际差距较大，开创新的研究方向的能力不足。三是引领当代科学潮流的世界顶级科学家不多，卓越学术团队和青年拔尖人才相对较少，在学术研究、理论思维方面潜伏着进一步衰退的危机。有教育专家指出，国内高等教育体系的不足——从过度行政化到低质量的教学，从腐败到缺乏学术自由——是造成这种现象的主要原因。真正的大学，在追求学术卓越的同时，有着严肃的社会责任感和纯粹的学术抱负；她们不仅是经济社会发展的引擎，更是社会文化的引领者和人类良知的捍卫者。①

2. 与国人对大学的期盼不匹配

香港《南华早报》网站曾经发表一篇文章，讨论为什么中国大学没有培养出更多世界一流的学者和革新家？作者以在中国的第一手经验指向三个不利因素：过时的教学方法、专制的学术管理和行政"官僚主义"，认为这些因素是阻挠中国大学跻身世界一流的绊脚石。官僚主义消耗学者做研究需要的宝贵时间，从而浪费了取得学术成绩的潜力。②

---

① 胡娟：《什么是"伟大"的大学》，《光明日报》2016 年 9 月 20 日。
② 何友晖：《中国大学必须觉悟并现代化，否则将落得更远》，香港《南华早报》网站，2014 年 10 月 27 日。

曾有一份数据统计了 1978 年以来出的 3300 名高考状元，但没有一位后来成为行业领袖，大多数都是默默无闻。大肆扩招之后，中国的大学生如流水线上的产品一般源源不断地涌入社会，引发了"毕业即失业"现象，就业难问题成为社会的沉重负担。2005 年 7 月 29 日，温家宝总理探望住在解放军总医院康复楼病房中的钱学森老先生，谈了未来 15 年科技工作指导方针（自主创新，重点跨越，支撑发展，引领未来）后，钱老接着说："我要补充一个教育问题，培养具有创新能力的人才问题。""现在中国没有完全发展起来，一个重要原因是没有一所大学能够按照培养科学技术发明创造人才的模式去办学，没有自己独特的创新的东西，老是'冒'不出杰出人才。这是很大的问题。"① 朱清时也曾说："近 30 年来，中国的大学没有培养出优秀人才来。"② 另外，我们按传统认为的那些高材生都去哪里了呢，北大清华 70% 至 80% 的高考状元去了经济管理学院。当这个国家所有的精英都想往金融上转的时候，我认为这个国家出了大问题。这确是一个令人尴尬和汗颜的问题。

3. 与中国悠久璀璨的科技创新史不匹配

回溯历史，中国的科学技术在十六七世纪以前的漫长岁月中，一直处于世界领先的地位。英国科学家李约瑟曾经指出：人类历史上的一些很基本的技术都是在中国生长起来的，中国在科学技术史上曾经起过从来没有被认识到的巨大作用。但就是这样一个具有创新传统的伟大国度，明清以降，基本上没有诞生科学史上具有里程碑式的重大原创性成果。有学者认为："中国学者面临的思想生产条件应该是晚清以来最好的，但是人的心态的浮躁程度好像是晚清以来最差的。精神状态和物质满足好像成为一种矛盾。"

习近平曾指出："科技是国家强盛之基，创新是民族进步之魂。自古以

---

① 张瑜：《正确解读"钱学森之问"》，《红旗文稿》2013 年第 4 期。
② 翁晓波：《朱清时：近 30 年中国大学没有培养出优秀人才》，《武汉晚报》2012 年 6 月 6 日。

来，科学技术就以一种不可逆转、不可抗拒的力量推动着人类社会向前发展。16世纪以来，世界发生了多次科技革命，每一次都深刻影响了世界力量格局。从某种意义上说，科技实力决定着世界政治经济力量对比的变化，也决定着各国各民族的前途命运。"①一流大学并不只是科学、技术和教育的摇篮，而且是现代人类文化、思想最主要的源泉。一流大学产生的文化和科技创新思想，影响人类思想和引领社会变迁。综观近代世界历史，没有任何一个大国，可以在高等教育落后的情况下能真正成为全面领先的世界强国。

三、勇攀科教事业高峰，为民族复兴贡献伟力

（一）始终坚持把国家需要放在第一位

2018年4月16日，因为面临美国制裁，中兴——一个在国人心目中通讯行业的高科技"标杆企业"即将"轰然倒塌"，挑动了国人的神经。这让普通中国人都深刻意识到，核心技术必须掌握在自己手中，否则不仅受制于人，甚至会关系到生死存亡。4月19日，《科技日报》第一版头条强势推出新专栏"亟待攻克的核心技术"，开篇以"是什么卡了我们的脖子"为引题，报道了中国在高端芯片制造所需要的顶级光刻机方面的落后状况。《科技日报》总编表示栏目要长期办下去，因为有太多的卡脖子技术让我们在发展的道路上不能扬眉吐气。②

芯片禁运事件仅是冰山一角。根据有关统计，一些行业的对外技术依存度超过50%。核心技术依存度较高，产业发展需要的高端设备、关键零部件

---

① 习近平：《在中国科学院第十七次院士大会、中国工程院第十二次院士大会上的讲话》，人民出版社2014年版，第3页。

② 刘亚东：《核心技术 是什么卡了我们的脖子》，中国科技网，2018年6月23日。

和元器件、关键材料大多依赖进口。近年以来，美国以 301 调查为名，对自中国进口的商品加征关税，肆意挑起中美经贸摩擦，并罔顾事实，编造中国"强制技术转让"理由，一方面对中国实施技术封锁，一方面限制中国高技术产品对美出口，以图遏制中国高端产业发展和创新的脚步。11 月 19 日，美国商务部工业安全署（BIS）出台了一份被称为"可能是历来最严格"的新兴技术出口管制先期通知，并就这一管制方案向公众征询意见，该方案将在包括 AI 技术（神经网络与深度学习技术、进化和遗传计算技术、强化学习技术、计算机感知技术、专家系统技术、语音语义处理系统技术、自然语言处理技术、计划技术、音频视频操控技术、人工智能云技术、人工智能芯片技术等 11 个项目）、微处理器、量子计算、生物识别、机器人、3D 打印和声纹技术等 14 类新技术领域实施技术出口管制。"美国之音"称这一措施将使中国面临更严密的技术封锁，一些中国公司"可能遭灭顶之灾"。虽最终结果尚未明确，但美国采取更严格的技术出口限制已成定局。①

国务院副总理孙春兰在会见"西迁人"先进事迹报告团时强调指出，教育战线要认真学习"西迁人"先进事迹，弘扬胸怀大局、心有大我的爱国精神，艰苦创业、玉汝于成的奋斗精神，扎根实际、勇攀高峰的创新精神，公而忘私、埋头深耕的奉献精神，加快"双一流"建设，培养更多适应经济高质量发展的优秀人才，创造更多支撑国家创新发展的科研成果，切实提升教育服务党和国家事业发展的成效。② 西湖大学校长施一公认为，大学是探索人类知识前沿，引领整个世界的发展。大学的规模不是问题，关键在于大学对人类有多大贡献。他强调，"一个国家、一个民族往前走多远，是大学担当的责任。"③

---

① 萧达、青木、陶短房：《美"更严技术封锁"针对中国？》，《环球时报》2018 年 11 月 21 日。

② 《孙春兰会见"西迁人"先进事迹报告团时强调：大力弘扬爱国奋斗精神　推动教育建功新时代》，《人民日报》2018 年 11 月 7 日。

③ 《西湖大学校长施一公连发四问：大学的目的是什么？》，"搜狐智库"，http：// www.sohu.com/a/253207257_ 100160903，2018 年 9 月 11 日。

（二）始终坚持把人才培养和基础研究放在大学的核心位置

古人说："大学之道，在明明德，在亲民，在止于至善。"拥有一批世界一流大学，能够不断培养大量一流人才，能够持续涌现一批重大原创性科技成果，才能为全面建设社会主义现代化强国提供坚强支撑。坚持把教育事业放在优先位置，这是深入把握当今世界综合国力竞争的本质得出的必然结论。美国在短短几十年内就从一个刚刚独立的偏安一隅的农业国家发展为一个工业化强国，继而成为最先进入信息时代的创新型国家，其中，最重要的一个因素是通过科技创新来增强综合国力。第二次世界大战战败的日本和战乱的韩国都在不到 30 年的时间里实现了经济腾飞和跨越式发展，双双进入世界创新型国家的行列。

科技发展历史表明，以基础研究为重点的知识创新是一个国家创新体系的重要组成部分。没有知识创新的突破，技术创新就不可能持续发展。没有知识发现，技术发明就无从谈起。中国科学院院长白春礼认为："当前，我国科技创新能力与建设现代化强国的要求还不相适应，科技创新水平与建设世界科技强国的目标还不相适应，科技成果的质量和效益与国家和人民的期待还不相适应，科技队伍的水平和结构与科技创新发展的要求还不相适应，体制机制和文化与新时代科技创新的要求还不相适应。"[1] 习近平总书记深刻指出："实践反复告诉我们，关键核心技术是要不来、买不来、讨不来的。"[2]

一个国家要在世界舞台上全面崛起，关键是能否拥有世界一流大学。2014 年 5 月 4 日，习近平总书记在考察北京大学时强调："办好中国的世界一流大学，必须有中国特色。"[3] 2014 年 8 月 18 日，习近平总书记在中央财

---

① 沈慧：《科技领域卡脖子问题亟待解决　核心技术：要跟踪更要原创》，《经济日报》2018 年 6 月 12 日。

② 习近平：《在中国科学院第十九次院士大会、中国工程院第十四次院士大会上的讲话》，人民出版社 2018 年版，第 11 页。

③ 习近平：《青年要自觉践行社会主义核心价值观——在北京大学师生座谈会上的讲话》（2014 年 5 月 4 日），人民出版社 2014 年版，第 12 页。

经领导小组第七次会议上指出："我们必须认识到，从发展上看，主导国家命运的决定性因素是社会生产力发展和劳动生产率提高，只有不断推进科技创新，不断解放和发展社会生产力，不断提高劳动生产率，才能实现经济社会持续健康发展，避免陷入'中等收入陷阱'。罗马帝国、波斯帝国、阿拉伯帝国、奥斯曼帝国等古代大帝国最终走向衰败和解体，除了政治、军事、地缘上的原因外，创新不足和技术停滞也是重要原因。鸦片战争我们被动挨打，也是这个原因。对历史规律，我们要认真研究和镜鉴。从某种意义上来说，我们能不能实现'两个一百年'奋斗目标、能不能实现中华民族伟大复兴的中国梦，要看我们能不能有效实施创新驱动发展战略。到本世纪中叶建成社会主义现代化国家，科技强国是应有之义，但科技强国不是一句口号，得有内容，得有标志性技术。"[1]

要加快建立现代大学教育制度，把培养创新人才、提高人才培养质量作为大学的重要任务。落实教学中心地位，确立学术至上的观念与制度，健全学术治理体系和组织架构。倡导"师生治学"，完善"加强基础、尊重选择"的多样化人才培养，构建激发学生潜能和创造力的大学教育体系。要花大力气克服急功近利的短视行为，着眼基础，着眼长远，着眼未来考虑我们的学科研究。10月20日，施一公校长在新型研究型大学——西湖大学成立大会上表示，西湖大学将进行人才培养模式、科技评价标准和现代大学管理机制的探索，建设鼓励创新的学术评价体系。西湖大学将以学术研究是否处于国际前沿，是否已经有实质性进展突破，是否在影响全世界、全人类的重大发现中有所贡献来衡量。"哪怕要用5年、10年时间，才会有所成果，我们也会支持。"[2] 施一公说。顶尖人才一定会在创新文化环境内产生，同时进一步催生创新文化。在施一公看来，尖端科学技术是经济发展的源动

① 中共中央文献研究室编：《习近平关于科技创新论述摘编》，中央文献出版社2016年版，第30页。
② 俞菀：《这所不希望"大"的大学，为梦想而生》，《新华每日电讯》2018年10月22日。

力，没有重大核心技术的创新，不可能有持续的创新经济发展。

（三）始终坚持对科学和未知世界的探索

大学是科技第一生产力和人才第一资源的重要结合点，承担着实施创新驱动发展战略和人才强国战略艰巨的使命。占世界人口千分之二的犹太人拿下 24%的诺贝尔奖，以色列教育部部长夏依·皮隆认为"教育秘籍"是犹太人喜欢对话和争辩，讨厌没有思考的一团和气。在以色列，每天不提出新问题的人是没有资格睡觉的。我们的教育体系始终坚守 3 个"秘籍"：第一，鼓励学生踊跃提问。第二，培养学生的社会责任感。第三，反复强调我们的使命是改变世界，让学生站在更大、更高的角度看待教育。让他们知道接受教育不仅是为了自己，更是为了推动整个世界不断向前。①

梅贻琦先生说："所谓大学者，非谓有大楼之谓也，有大师之谓也。"2018 年 11 月 18 日晚上，2018 年未来科学大奖颁奖典礼在北京举行。自称是"农民朋友"的生命科学大奖获得者华中农业大学张启发说："我们从零开始，做到世界前沿。现在水稻生命科学的研究突飞猛进，大量的基因都被揭示出来，这些主要是中国科学家的贡献。"他分享成功的"独家秘籍"是，中国水稻界的有影响成果都是从中国水稻田里长出来的。"不要去跟风，不要去管权威，只要你立足于你的水稻田，就能获得顶天的成果。"

"如果这个世界没有科学家会是什么样子？"面对未来论坛理事会轮值主席陈恂代表大家发出的提问，独享那年"数学与计算机科学奖"的台湾清华大学、台湾交通大学、台湾大学特聘讲座教授，清大—台积电联合研发中心主任林本坚的答案是：黑暗，无知，蛮荒，贫穷，病痛，战争。在他看来，回顾科学的历史，当时人们最笃信的真理、最尖端的科学都会被后来的

---

① 邢晓婧：《专访以色列教育部长：以色列的专长是出口天才》，《环球时报》2014 年 11 月 28 日。

科学家推翻。以此类推，那年最尖端的科学也会被未来科学家推翻。"这是科学极致的乐观所在，自我怀疑的科学永不止步。"①

长安自古帝王都，作为中华文明和中华民族重要发祥地和"世界历史名城"，中国历史上有多少慷慨激昂的故事发生在这里，又有多少荡气回肠的传奇书写在这片土地上。汉唐王朝作为中国历史上最为辉煌、最为恢弘灿烂的时代，气象万千、万邦来仪的盛世至今仍让国人引以为豪。西安交大坐拥这块神奇又瑰丽的三秦宝地，恰逢丝路征程再出发，又兼具"西迁精神"的浸润，真可谓是天时地利人和皆备。自可兼收并蓄、融会贯通。期许西安交大为科技进步、社会发展和人类文明贡献力量，以"扎根西部，服务国家，世界一流"的准确定位，不断推进改革开放，早日破除体制机制障碍，让广大师生心无旁骛，不为五斗米折腰，不为俗事烦劳，打通"任督二脉"，爆发洪荒之力，大展抱负宏图，早日建成大师名流荟萃、莘莘学子神往、栋梁之材辈出、国际影响显著的世界一流研究型大学。

---

① 原春琳：《2018 年未来科学大奖颁奖典礼举行"我们从零开始，做到世界前沿"》，《中国青年报》2018 年 11 月 20 日。

新时代大学生内化与传承
"西迁精神"的机制研究

——以态度改变三阶段理论为视角

童　梅*

20世纪50年代，为了适应当时国际形势及国家经济发展战略的需要，改变我国高等教育布局不平衡的状况，素有"东方麻省理工"之称的交通大学主体从上海内迁西安。6000多名胸怀爱国之志的交大优秀儿女积极响应党和政府建设大西北的号召，从黄浦江畔的十里洋场奔赴渭水之滨的千年古城，他们扎根黄土地，励精图治，开启了一个建设西部的风云甲子，并铸造出了以"胸怀大局，无私奉献，弘扬传统，艰苦创业"为主要内容的"西迁精神"。2017年12月16日，习近平总书记对西安交通大学15位老教授来信作出重要指示，"希望西安交大师生传承好西迁精神，为西部发展、国家建设奉献智慧和力量"。

西迁精神是在新中国成立初期艰苦环境下形成的，经过岁月的洗礼，不仅没有褪色，反而历久弥新，在新时代焕发出新的生命力，凸显出新的价值，大学生是国家发展的生力军和民族的未来，那么，新时代大学生内化和传承西迁精神的意义及其机制是什么？本文将对上述问题做探讨。

---

* 童梅（1975—　），女，西安交通大学人文学院社会学系副教授。

一、新时代西迁精神凸显的新价值

（一）西迁精神所蕴含的胸怀大局的担当精神和无私奉献的报国精神是破解新时代社会矛盾的有力武器

党的十八大以来，我国发展站到了新的历史起点上，中华民族伟大复兴开启了新征程。党的十九大报告指出，中国特色社会主义进入新时代，我国社会主要矛盾已经转化为人民日益增长的美好生活需要和不平衡不充分的发展之间的矛盾。发展不平衡表现在很多方面，而城乡区域发展不平衡是我国当前社会面临的主要矛盾。区域发展不平衡一方面会造成区域间经济、贸易的摩擦，导致利益冲突增加，影响市场经济的正常运行，进而降低国民经济发展的整体效率；另一方面，区域发展的不平衡还会降低不发达地区社会成员的获得感，引发社会成员间敌对情绪的滋长，加剧社会矛盾的激化，诱发民族问题、宗教问题，甚至引发整个社会的动荡和国家的分裂。因此，没有西部的繁荣，中部的崛起，乡村的振兴和落后地区的脱贫，就没有小康社会的全面建成，中华民族伟大复兴的中国梦更无从谈起。促进城乡区域发展平衡，人才合理布局是关键，尤其是城乡和东中西发展不平衡。人才短缺是当前制约中西部地区和农村发展的瓶颈，因此，引导人才向艰苦地区和基层一线流动，促进区域人才协调发展是破解区域发展不平衡的一把钥匙。近些年，国家相继提出了"京津冀一体化协同发展战略"、"长江经济带战略"、"一带一路"倡议、"西部开发计划"、"乡村振兴战略"和"东北老工业基地振兴战略"等号召，出台了一系列人才激励计划和服务保障措施，旨在营造有利于人才向基层、向中西部地区流动的良好社会环境，促进区域人才合理布局。

促进人才向西部流动，向基层流动，除了制度保障、平台搭建和待遇吸引之外，更需要崇高精神的引领。正所谓"人无精神则不立，国无精神则不强"，崇高的精神是一个民族发展中更基本、更深沉、更持久的力量。"亦余心之所善兮，虽九死其犹未悔"，精神有了归属，生命就有意义。交大西迁是党中央调整新中国工业建设布局、高等教育布局的战略决策。20世纪50年代，中国工业约有70%在沿海，只有30%在内地。这种历史上形成的不合理的状况，造成沿海地区和内陆地区经济发展的不平衡，地区之间的贫富差别过大，不利于对全国资源的全面开发和有效利用，不利于人民生活的普遍改善和实现共同富裕，更不利于国防战备。为了逐步改变这种状况，国家的第一个五年计划确定把工业布局的重点放在内地，重要工矿企业内迁。同时根据全国工业的布局和国防建设的需要，对高等学校的布局进行调整，沿海地区的个别高等学校也要内迁。1955年4月初，高教部部务会议文件《1955年到1957年高等学校院系调整及新建学校计划（草案）》明确提出："将交通大学内迁西安，于1955年在西安开始基本建设，自1956年起分批内迁，最大发展规模为12000人。"7月21日，高教部正式发文通知交通大学："经我部研究并经国务院批准，决定你校自1956年开始内迁西安，并提前于1955年开始进行基本建设工作。"

交大师生在"听党的话跟党走，党让去哪里，背起行囊就去哪里"的理想信念的感召和引领下，唱响"我是革命一块砖，哪里需要哪里搬，我是祖国螺丝钉，哪里需要哪里拧"的口号，秉承"哪里有事业，哪里有爱，哪里就有家"的觉悟和情怀，几代人筚路蓝缕艰苦奋斗，六十载风雨兼程春华秋实，为我国社会主义建设事业贡献智慧和力量，留下了可歌可泣的事迹。迁校62年来，西安交大创造了29000余项科研成果，其中226项获国家"三大奖"；培养超过25万名毕业生，其中40%留在西部地区工作，培养出的34位两院院士中，有近一半留在西部，这些人才成为推动地方经济社会发展的重要力量。交大西迁师生改变了中国西部没有规模宏大的多科性工业大学的面貌，为西部发展提供了重要的人才保障和科技支持，实现了党和人民寄予交大"支援西北建设"和"服务社会主义建设"的殷切希望，创造了中国高等教育史上的奇迹。西迁精神是知识分子群体在社会主义建设时期展现出来的以民族复兴、国家富强和人民幸福为己任的家国情怀和使命担当。西迁精神所展现的家国情怀和使命担当是一股永不衰竭的精神涌流，有了它的引领，知识分子才能描绘出大写的人生、成就不凡的意义，新时代发展不平衡的社会矛盾才能得以破解，中华民族伟大复兴的中国梦的实现必将指日可待。

（二）西迁精神所蕴含的艰苦创业的奋斗精神是实现新时代人民对美好生活向往的强大动力

习近平总书记指出，幸福不会从天而降，梦想不会自动成真。幸福都是奋斗出来的。我们的国家，我们的民族，从积贫积弱一步一步走到今天的发展繁荣，靠的就是一代又一代人的顽强拼搏，靠的就是中华民族自强不息的奋斗精神。中华民族伟大复兴，绝不是轻轻松松、敲锣打鼓就能实现的，我们必须准备付出更为艰巨、更为艰苦的努力。"要幸福就要奋斗"，奋斗不是空洞的口号，西迁精神所蕴含的艰苦创业的奋斗精神是实实在在的行动，是实现新时代人民对美好生活向往的重要推动力量。1956 年，一批朝气蓬勃的交大人响应党的号召，义无反顾地奔向大西北，成为黄土地的拓荒人，西部大开发的先行者。20 世纪 50 年代的西安，发展水平与繁华的上海判若云泥。"学校处在田野之中，马路不平、电灯不明，晴天扬灰路，雨天水和泥，夏无大树遮阳，冬无暖气御寒。学习环境很艰苦，冬天零下十几摄氏度没有暖气，很多南方同学也不习惯北方饮食。"84 岁的交大西迁老教授李怀祖回忆，"西安气候干燥，刚来时我鼻子出血半年多，吃馒头就像吃药一样不习惯。"1957 年从浙江绍兴考入西安交大的陶文铨院士说，由于当时多数师生是南方人，对北方的饮食、气候等很不适应。随校西迁的化学教师庞瑶华回忆，起初实验室里什么都没有，连试管这种最基本的器材都买不到，只能靠自己动手制作。曾任西安交大党委书记，西迁时年仅 22 岁的潘季教授说："轴承研究所创建实验室，要加工一些零部件。我们的教授就推着架子车，把要加工的工件拉到几十里外，加工好了再拉回来，这样的条件下大家都有一种奋斗的精神。"1992 年就已退休的陈瀚，2011 年 81 岁高龄时仍坚守讲台。他说，自己最自豪的是教过的学生超过了"孔夫子的弟子三千"。筚路蓝缕，砥砺前行，西安交大人就是在极为艰苦的条件下开启了学校第二个甲子的征程，交大教师围绕国家需求攻坚克难，开拓了计算机、原子能、工程力学、应用数学等尖端的新专业，科研方面异军突起。2017 年，15 位交大西迁老同志给习近平总书记写信，希望继续弘扬"西迁精神"，习近平总书记不仅回信作出重要指示，还在 2018 年新年贺词中再次提到西迁老教授的来信："他们的故事让我深受感动。广大人民群众坚持爱国奉献，无怨无悔，让我感到千千万万普通人最伟大，同时让我感到幸福都是奋斗出来的。"实现新时代人民对美好生活的向往绝不是轻轻松松就能完成的，在这个过程中需要应对各种挑战，克服多重困难，需要我们始终发扬西迁精神所蕴含的艰苦奋斗的实干精神。

（三）西迁精神所蕴含的弘扬传统的创新精神是实现新时代强国梦的重要支点

中共十八届五中全会明确了"创新、协调、绿色、开放、共享"五大发展理念。创新是五大发展理念之首，是党和国家谋篇布局经济社会发展的重大战略抉择。习近平总书记在十九大报告中号召全党，加快建设创新型国家。依靠创新推动新旧动能转换和结构优化升级。创新是一个民族进步的灵魂，创新是国家兴旺发达的不竭动力。纵观 15 世纪以来世界主要国家，在其兴盛时期都是重视创新而不是墨守成规、因循守旧的。一个没有创新能力的民族，是难以屹立于世界先进民族之林的。改革开放后的中国之所以强，实质在于"新"，新观念、新体制、新技术、新方法、新产品、新市场……要保持中国优势，根本则在于创新。从这个意义上说，"中国梦"就是创新梦。1956 年，在西安交大西迁师生员工的车票上，有一行字格外引人注目："向科学进军，建设大西北！"60 多年来，西安交大师生一直履行着这朴实而真挚的承诺。大学既要"顶天"——攀登世界科学高峰；亦要"立地"——注重解决行业关键性技术问题，为经济和社会发展作出贡献。西安交大扎根西部 60 多年来，不断强化创新成果与产业对接，推动重大科学创新、关键技术突破转变为先进生产力，增强学校创新资源对经济社会发展的驱动力，为地方经济社会的发展注入源源不断的科技活力。西迁精神所蕴含的创新精神是实现新时代强国梦的重要支点。西迁教授俞茂宏，甘坐冷板凳 50 年，提出了双剪统一强度理论，破解了基础力学理论领域的世界性难题，使中国人创立的理论第一次写入了材料力学和工程力学教科书。在 1965 年举办的全国高教部直属高校科研成果展览会上，西安交大周惠久院士创立的"多次冲击抗力理论"被列为五项重大科研成果之一。如今的西安交大，不仅是重要的人才库、智力库，更是西部地区位居前列的科教高地。这一切，都离不开那一场浩浩荡荡的西迁，更离不开西安交大人对"西迁精神"的传承与弘扬。在 2017 年度国家科学技术奖励大会上，西安交通大学主持的 7 个项目获得国家科学技术奖。国家自然科学奖、国家技术发明奖、国家科学技术进步奖获奖数量，西安交大位居全国高校第二。继分子生物学和遗传学、经济学与商学首次进入 ESI 世界排名前 1%，学校进入 ESI 全球排名前 1%学科增至 14 个之后，材料科学也在近期进入世界前 1‰，学校进入前 1‰的学科数增至两个（工程学和材料科学）。在上海软科发布的"中国最好学科排名"中，西安交大电气工程、动力工程及工程热物理和力学三个学科排名全国第一且进入前 1%，进入学科数位列全国第五。大力传承和弘扬"西迁精神"，让"西迁精神"永放光芒，已经内化成为西安交大建设世界一流大学的精神力量和动力源泉。

二、新时代大学生内化和传承西迁精神的意义

当代大学生作为国家发展的生力军，他们的道德素养和价值取向将决定未来整个民族的前途，而大学阶段又正处于价值观形成和确立的关键时期。西迁精神既是中国共产党精神谱系的重要组成部分，又是中华民族精神的灿烂瑰宝。新时代，使大学生内化与传承西迁精神，培养西迁新传人具有重要的现实意义。

（一）新时代内化与传承西迁精神有利于厚植大学生家国情怀，激发大学生树立到祖国最需要的地方建功立业的崇高理想

《孟子》言："天下之本在国，国之本在家，家之本在身。"家是国的基础，国是家的延伸，在中国人的精神谱系里，国家与家庭、社会与个人，是密不可分的整体。社会学大师费孝通在《乡土中国》中对中国人延续千年的家国情怀找到了一种解释，他指出："中国传统结构中的差序格局具有这种伸缩能力"，就像孔子所说的"推己及人"，在差序格局的传统中国社会中，公和私是相对而言的，家和国也同样常常联系在一起，形成了所谓的家国情怀。"国家好，民族好，大家才会好"，"小家"同"大国"同声相应、同气相求、同命相依。中国历朝历代都涌现出了与国家民族休戚与共，以天下为己任的士人，他们在注重完善自我的同时，深明大义，追求学有所用、精忠报国、奉献民族。从古代司马迁"常思奋不顾身，而殉国家之急"，诸葛亮"鞠躬尽瘁，死而后已"，张载"为天地立心，为生民立命，为往圣继绝学，为万世开太平"，到近代林则徐"苟利国家生死以，岂因祸福避趋之"，徐锡麟"只解沙场为国死，何须马革裹尸还"，再到当代鲁迅"我以我血荐轩辕"，毛泽东"埋骨何须桑梓地，人生无处不青山"，周恩来"为

中华之崛起而读书",无不是知识分子家国情怀和使命担当的生动写照。正因为感念个人前途与国家命运的同频共振,交大西迁师生为我国社会主义建设事业贡献智慧和力量,留下了可歌可泣的事迹。当年风华正茂的少年,今天已年近耄耋,忆起那段激情燃烧的岁月,交大西迁人仍旧"无悔青春""弦歌不辍"。西迁人的人生选择,显然不是一笔用物质公式可以算清的账。

今天,中国特色社会主义进入新时代,全面建成小康社会的任务迫在眉睫,而区域发展不平衡是我国当前社会面临的主要矛盾。促进区域发展平衡,人才合理布局是关键,而引导人才向艰苦地区和基层一线流动,促进区域人才协调发展是破解区域发展不平衡的一把钥匙。大学生群体是新时代国家发展的生力军和民族兴旺的依托力量,大学生群体有理想、有本领、有担当,国家就有前途,民族就有希望。因此,内化与传承西迁精神所蕴含的胸怀大局的担当精神和无私奉献的报国精神对于厚植大学生的家国情怀和使命担当,培养大学生将个人的理想和前途与国家民族的命运和未来紧密地联系在一起,激发大学生到祖国最需要的地方去建功立业具有重要的实践价值。

(二)新时代内化与传承西迁精神有利于培养大学生高尚的道德情操及艰苦奋斗精神

党的十九大报告指出:"我国社会主要矛盾已经转化为人民日益增长的美好生活需要和不平衡不充分的发展之间的矛盾。"新时代我们告别了短缺经济,而且人工智能等科学技术的发展也在很大程度上降低和减少了劳动的辛苦,但高尚的道德情操不能忘,艰苦奋斗的精神不能丢。尤其在美好生活的需要日益增长的时期。中国特色社会主义进入新时代,我国发展正处于一个大有可为的历史机遇期,国际形势波谲云诡,周边环境复杂敏感,改革发展稳定任重道远,社会主要矛盾变化的影响广泛而深远,重大风险防范化解的任务艰巨繁重。生于忧患而死于安乐。在推进新时代中国梦实现事业的征程上,困难和挑战就像拦在我们面前的一座座险峰、一道道沟壑,惟有高尚的道德情操和艰苦奋斗的精神，方能"千磨万击还坚劲""乱云飞渡仍从容"。正如习近平总书记所说，"新时代是奋斗者的时代"，"幸福都是奋斗出来的"，"奋斗本身就是一种幸福"。当年的"西迁人"扎根西部60余年，始终以国家繁荣富强和增进人民福祉为己任，前赴后继、上下求索，甚至甘洒热血、慷慨赴死，集中体现了他们高尚的道德情操和艰苦奋斗的精神品格。大学生是实现中华民族伟大复兴的希望所在，使大学生具备艰苦奋斗精神，是培养能够担当民族复兴大任的时代新人的现实需要。因此，以西迁精神所蕴含的弘扬传统的创新精神为载体，激励大学生勇做新时代的奋斗者，不怕困难、埋头苦干，勇于开拓、顽强拼搏，在为人民利益不懈奋斗中书写人生华章，在实现中国梦的生动实践中放飞青春梦想具有重要的价值。

（三）新时代内化与传承西迁精神有利于塑造大学生勇立潮头、开拓创新的学术品格

《易经》云："易与天地准，故能弥纶天地之道。仰以观于天文，俯以察于地理，是故知幽明之故。"变是天地之常道，以守应变，终究为时势所淘汰；惟有以创迎变，方能顺天应势、精进臻善。正是在这个意义上说，任何一项事业都不能靠"守"来维系，必须靠不断地再创业来发展。逆水行舟，不进则退，惟有在奋进中继承事业，在创新中光大事业。当前，中国正处于一个大有可为的历史机遇期，亿万人民追梦圆梦意气风发。而国际上，一些人为一己之私逆潮流而动、悖道义而行，关税壁垒肆意高起，霸权大棒到处挥舞。面对艰巨繁重的国内改革发展稳定任务、波谲云诡的国际形势，唯有改革创新才能决胜未来。核心技术、核心竞争力是买不来的，真正的核心竞争力需要培育和创新。一方面要积极引进新技术，实施"紧盯跟随战术"；另一方面要针对目前较为紧迫的，对产业链影响较大、较长的关键技术进行集中攻关突破。近年来，我国科技事业密集发力、加速跨越，实现了历史性、整体性、格局性重大变化，重大创新成果不断涌现。但要看到，我

国在很多领域尚处于"跟跑"地位，有的关键技术经常被"卡脖子"。在这个充满机遇与挑战的时代，知识分子勇立潮头的开拓创新精神显得尤为重要。因此，以西迁精神所蕴含的弘扬传统的创新精神为载体，塑造大学生开拓创新，面向国家的重大需求开展科学研究工作的学术品格，对于强国梦具有重要的价值和意义。

三、新时代大学生内化与传承"西迁精神"的机制

社会心理学家凯尔曼（H. C. Kelman）的"态度改变三阶段理论"认为，一个新态度的形成要经过"服从—认同—内化"三个阶段，因此，在大学生内化与传承"西迁精神"的不同阶段，应当分别采取不同的机制，以达到培养西迁新传人的预期效果。

（一）在服从阶段，使用合理说服机制，使西迁精神被大学生接受

服从是态度改变的第一个阶段，是"人们为了达到某种物质或精神的满足或为了避免惩罚而表现出来的行为"。这一阶段是价值认知和内化的低层次水平，是态度形成的开端环节。受教育者尽管接受并采取了和教育者要求相一致的外显行为，但是在情感和价值认同上并不一致。这种情况下，受教育者态度的建立是受到奖赏、惩罚等外在压力的影响，一方面具有被动、盲目、不稳定的特征；另一方面如果外在的压力和情境发生变化，这种不稳定的态度也极易发生改变。虽然在服从阶段所表现的态度具有表面性，但是只有经过服从阶段，个体才可能逐步形成习惯而自愿遵守，最后成为牢固的信念。大学生正处于思维活跃的时期，加之日益开放的社会环境，他们对丰

富多彩的信息有充分的自主选择权。因此，西迁精神如何能被大学生接受是说服者首先要考虑的，否则大学生内化与传承西迁精神便无从谈起。

在服从阶段，最重要的机制就是进行恰当合理的说服教育。对大学生进行说服教育有两种路径，分别是中心路径和外周路径。"中心路径"是指说服者提供令人信服的论据进行说服，即晓之以理。也就是说，宣传教育者必须提供令人信服的论据，让大学生真正认识到内化与传承西迁精神切合新时代发展的要求，对社会进步和个人的成长成才意义重大，从而愿意接受西迁精神。具体而言，一方面，宣传部门可以组织权威专家从理论和实践两个方面论证西迁精神的时代价值和意义，提供令大学生信服的内化和传承西迁精神必要性的论据；另一方面，不仅是宣传部门和思政课教师要提供西迁精神必要性的论据，专业课教师也可以将西迁精神与授课内容有机结合为令人信服的论据，以润物细无声的方式让学生接受。"外周路径"指用情感、视觉等熟悉易懂的方式，如进行说服培养，即动之以情。培养大学生的西迁精神，可以利用新媒体展示西迁时的图像、音频、视频资料；走出课堂，带领学生参观西迁纪念馆；请当年的西迁老教授现场为学生讲西迁故事，让学生们直观地感受西迁精神，组织学生开展一些案例分析、情境模拟等，体验西迁精神的价值。

（二）在认同阶段，创设情境机制，使西迁精神融入大学生的价值体系

认同是"个体自觉自愿地接受他人的观点、信念、态度和行为，并有意无意地模仿他人，使自己的态度和他人要求相一致"。认同是服从后的提升，也是态度逐渐融入个体价值观的开始。在这一阶段，个体态度的变化由于受到所处环境的影响，个体想要融入某一特定环境并获得归属感，带有情绪的色彩，虽然态度的改变渐入佳境，但还没完全将受到的影响融入到自己的态度体系中。因此，要想真正使西迁精神得到大学生的认同，在这一阶段

必须要关注大学生所处的环境。首先，可以通过建立"西迁新传人"社团，形成群体规范的外部参照。认同阶段态度改变与形成的主要影响因素不再是外在的压力，而是源于受教育者的自觉，因而表现出一定的主动性和稳定性。这一阶段，受教育者对规范必要性的认识还有不足，但已有较明确的行为意图；群体规范通过对受教育者进行约束和规范，产生一定的影响力和感召力。因此，建立"西迁新传人"社团，在大学生所处的群体中，让有关西迁精神的科学认知、积极情感、正确态度成为其中的规范，这种规范自然而然地会影响大学生的价值观，从而达到培养大学生内化与传承西迁精神的目的。宣传教育者在创建"西迁新传人"社团时，要发掘在大学生群体中颇具感染力的个人，如学生会干部、学术之星和才艺之星以及社交能力较强的学生等，当他们将西迁精神纳入自己的价值体系中时，就会影响到身边的其他学生。当大学生群体中越来越多的个体把西迁精神的内容和要求当成他们认可的态度时，群体规范就形成了，"西迁新传人"社团的力量也会逐渐增强。当学生们想要在"西迁新传人"社团中获得归属感的时候，他们自然会接纳西迁精神的要求，此时，西迁精神也就开始融入个体的价值体系。其次，通过树立身边的榜样感染大学生，发挥典范作用。认同的出发点和落脚点都是"与他人的要求相一致"，因此，认同本质上是对榜样的模仿，认同的愿望越强烈，对榜样的模仿就越生动。在大学生周围树立传承西迁精神的典范，宣传传承西迁精神先进个人的事迹、表彰传承西迁精神先进宿舍、先进班级等，让大学生们切实感受到身边的同学传承西迁精神的故事和力量。在榜样的宣传方式上也要采取多种途径和方式，发挥微博和微信等新媒体的作用，塑造、呈现生动的榜样形象，强化榜样示范效果。当大学生们受到感染和震撼时，在情感上就会产生认同，便会有意无意地模仿他人，使自己的态度和他人一致，这意味着大学生们所认同的西迁精神即将成为自己意识的一部分。最后，利用"曝光效应"，建构西迁精神校园文化。心理学家菲利普提出的重复原则认为，"信息的重复呈现是使态度改变得以保持进而支配后继行为的一个有效策略。"信息的不断重复会使人们加深印象，在巩固记忆的时候不断受到影响，这有助于态度的改变。当学生们漫步在校园中时，身旁的标语是西迁精神；宣传栏中的图片是西迁时的场景和西迁人物风采；校园广播正播放悦耳动听的《大树西迁》歌曲，这些元素共同长期作用，大学生们自然将自己置身于西迁精神文化的氛围中，西迁精神也就逐渐融入大学生们的价值体系中。因此，要真正使大学生内化和传承西迁精神，培养西迁新传人绝不能搞一阵风式的宣传，必须长期坚持在多种条件下持续影响大学生态度的改变和形成。

（三）在内化阶段，使用强化机制，使西迁精神纳入大学生的价值体系

到了态度改变的第三个阶段，西迁精神已经开始融入学生们的价值观，要使西迁精神根植于大学生的内心深处，形成长期稳定的态度，必须让大学生深信这一价值体系中的内容。首先，可以将西迁精神价值观的知识体系纳入到日常教学考核中，通过汇报交流、读书笔记、知识竞赛、演讲比赛等形式，强化大学生对于西迁精神的认知。其次，增强大学生对于西迁精神的积极的情感体验。情感成分是态度的核心和关键，对个体的认知和行为倾向有着重要影响。马斯洛的需要层次理论告诉我们：人们有自我实现、发展的需要。当个体在得到肯定的时候，就产生自我实现的情感体验；获得荣誉的时候，这种积极的情感体验就成为他们的成就动机。积极的情感体验可以对已经内化西迁精神的大学生起到强化和巩固的作用。因此，对那些在践行和传承西迁精神方面表现优异的学生要及时表扬、充分肯定，由此带来的幸福感和满足感会成为大学生继续深化西迁精神的动力。最后，开展丰富的实践活动，在参与和体验中巩固内化西迁精神。霍夫兰的试验发现："当被试积极参与传递活动时，所得到的效果比单纯听广播要好，组织小组进行讨论和评价，宣传内容更容易被接受，宣传效果更好。"践行西迁精神，做西迁新传人是大学生西迁精神价值观培育的最终旨趣和归宿。西迁精神价值观的价值

和意义只有经过实践的检验，才能被大学生真正认可和接受，内化为价值信念。所以，在培育大学生西迁精神价值观时，可以通过把西迁精神的价值观嵌入到参观走访的社会调查活动、暑期实践活动和实习实训类活动等各类实践活动中去，发挥大学生的主动性和自觉性，让大学生在亲身参与和体验中感悟西迁精神对国家发展和个体成才和成长的重要意义。

知识分子爱国奋斗精神的四重思考

——兼论传承与践行"西迁人"爱国奋斗精神

李 婧[*]

知识分子是社会的精英、国家的栋梁、人民的骄傲。爱国奋斗,是中华民族生生不息、代代相传的精神基因。中央组织部、中央宣传部印发《关于在广大知识分子中深入开展"弘扬爱国奋斗精神、建功立业新时代"活动的通知》,明确新时代要进一步弘扬知识分子的爱国精神,进而激发奋斗动力,树立建功立业大志。在党中央大力弘扬知识分子爱国奋斗精神的大背景下,我们必须从历史考量中明确爱国奋斗精神是中国知识分子文化传统和精神品格的历史延续,并在时代洪流中全面深刻把握和理解爱国奋斗精神的思想内涵和当代价值。

---

* 李婧(1994—),女,西安交通大学马克思主义学院博士研究生。

一、历史之量：近代以来知识分子
爱国奋斗精神的历史考量

（一）救国阶段：以救亡图存的忧患意识追求民族独立和人民解放

近代中国，两次鸦片战争的失败使中国半殖民地半封建社会的程度进一步加深，国家危亡、民不聊生，清朝统治者面临着内忧外患的严峻形势。作为走在时代前列的民族精英，救亡图存的历史重任落在了这一时期知识分子的肩上。在探索摆脱民族危机、拯救国家危难、解放人民劳苦这一重大历史课题面前，广大青年和知识分子以爱国主义为旗帜，以"救国"为己任，试图用各种手段和方式，如"教育救国""实业救国""科学救国""政治救国"等救国家、民族、人民于水火之中。从学习、引进西方的先进武器及其制造业开始，中国出现了洋务运动，形成了以奕䜣、曾国藩、李鸿章、左宗棠、张之洞等官僚知识分子为代表的洋务派。他们致力于研究西方富强之道和中国贫弱之因，在"自强""求富"思想的指导下，学习、引进西方的"长技"，即先进的科学技术和武器装备，创办了一批近代军事工业、民用工业和交通运输业，为中国迈入现代化奠定了一定的基础。然而极度强调器物的学习使得洋务派的"自救"仅仅限于皮毛和形式，布新并不除旧。随着近代民族工商业的产生，具有改良思想的资产阶级知识分子应运而生，掀起了一场以挽救民族危亡、主张变法维新、发展民族经济为目的的爱国政治运动。他们提出要广泛地学习西方，改革现行的经济、文化、军事以及政治，将寻求"救国"出路的斗争推向一个新的阶段。资产阶级的软弱性和妥协性使这场变法运动最终以失败告终，这一失败促使中国进步知识分子的政治斗争由改良转向了革命。辛亥革命是资产阶级、小资产阶级知识分子为了推翻清政府统治、废除封建专制制度、建立资产阶级民主共和国的理想而组织发动的一次反帝爱国运动，是一次比较完整意义上的资产阶级民主革命。它结束了中国两千多年的封建帝制，建立了中华民国，意味着知识分子在推进历史前进的过程中向前迈出了一大步。但是辛亥革命并没有完成反帝反封建的民主革命任务，没有从根本上改变半殖民地半封建社会的状况。辛亥革命之后，中国近代先进知识分子在继续寻求救国救民真理过程中，掀起了一场声势浩大的新文化运动。十月革命的炮声使知识分子看到了曙光，接受了马列主义的先进知识分子，在中国共产党领导下，为了民族的崛起，开始了新的征程。

（二）新中国成立阶段：以艰苦创业的精神品格献身于国家建设和国家发展

新中国的成立使中华民族从此站了起来，身在异国他乡的无数知识分子看到了民族独立、民族振兴的曙光，他们满腔的爱国热情被彻底激发。华罗庚在写给留美同学的公开信中饱含深情地号召留美知识分子"'梁园虽好，非久居之乡。'为了抉择真理，我们应当回去；为了国家民族，我们应当回去；为了为人民服务，我们也应当回去；就是为了个人出路，也应当早日回去，建立我们工作的基础，为了我们伟大的祖国的建设和发展而奋斗"。"回去，为了新中国的建设事业"成为他们共同的心声。带着对祖国的思念与依恋、忠诚与挚爱的浓厚情愫，在建设国家、复兴民族强烈抱负的促使下，这些知识分子放弃了国外优越的生活条件，回到满目疮痍、百废待兴的祖国，筚路蓝缕、一砖一石建起新中国。正如梁思礼所说，"新中国像一个巨大磁铁吸引着一批又一批的爱国留学生归国"。在爱国主义的激励下，新中国在20世纪50年代迎来了留学西方的知识分子归国潮，总数达2300人左右，其中很多人包括我们熟知的钱学森、邓稼先、梁思礼等科学家不仅放弃了国外优厚的物质待遇且冲破重重障碍才得以如愿。回国后，他们便将自己迅速地投入到国家的全面建设当中，殚精竭虑，鞠躬尽瘁。据统计，1955年中国科学院首届学部委员的172人中有158人是归国学者；荣获"两弹一星"功勋奖章的23人中有21人是归国学者，他们为新中国科学事业的奠基、开拓和发展立下了卓越的功勋。可以说，归国知识分子成为新中国建设和发展的奠基者。以钱学森、邓稼先、郭永怀、袁隆平等为代表的老一辈科技工作者，用自己的忠诚和担当、智慧和才能、奉献和牺牲诠释了"爱国奋斗精神"的时代内涵和价值，为后辈留下了宝贵的精神财富，在教育、科技、国防、医疗等方面贡献突出。简而言之，新中国的成立宣告了近代爱国主义的全面转型，爱国主义的内涵发生了本质变化，归国、建国、报国成为当时知识分子爱国的主旋律。

（三）兴国阶段：以爱国奋斗的拼搏精神致力于国家强盛和人民幸福

中共十一届三中全会以来，我国进入了改革开放和社会主义现代化建设时期。随着改革开放和现代化建设在更大规模和更深层次上的展开，尤其是随着20世纪90年代后期知识经济时代的到来，知识分子的价值日益凸显，承载着先进生产力的开拓者、先进技术的创造者、先进知识的运用者、先进文化的传播者等重要使命，成为现代化建设的主导力量。"科学技术是第一生产力"的重要论断更加强化了知识分子在我国现代化建设中的地位和作用。在改革开放和创新型国家建设的伟大征程中，党先后确立了科教兴国战略、建设创新型国家、建设社会主义文化强国、实现中华民族伟大复兴的中国梦等目标。一批批知识分子担当起国家主人翁的角色，他们身上蕴含的为国家为人民奉献的热情和巨大能量进一步被焕发出来。广大知识分子无不把自己的命运同国家的命运、民族的命运和人民的命运紧紧联系在一起，自觉投身实现中华民族伟大复兴的进程之中，以李保国、黄大年、南仁东、钟扬等为代表的知识分子，以实际行动诠释了心有大我、至诚报国的浓烈情怀。黄大年把自己变成"科研疯子",只愿"中国由大国变成强国";李保国把自己变成农民,只想果农早日脱贫致富;南仁东仰望星空,脚踏实地,20 年做一件事,只为打造世界最大单口径巨型射电望远镜;钟扬一生追寻高原种子,只求守护祖国植物基因宝库。正因为有这样一批爱国奉献、顽强拼搏的知识分子,科技发展取得了一系列的伟大成就,整体实力稳步提升,一些重要领域的科技发展已能跻身世界先进行列。同时,我国综合国力也不断提升,短短几十年,已从贫穷落后的发展中国家步入到世界强国,科技大国,人民的生活水平也不断提高。可以说,这些知识分子为国家富强、民族振兴、人民幸福作出了巨大的贡献。

二、内涵之思:知识分子爱国奋斗精神的内涵诠释

(一) 胸怀大局、爱国许国的使命担当

胸怀大局、爱国许国的使命担当是挺立在我国知识分子内心深处的强大精神脊梁。它是"先天下之忧而忧,后天下之乐而乐"的博大胸襟,是"国家兴亡,匹夫有责"的责任担当,是"为天地立心、为生民立命、为往圣继绝学、为万世开太平"的崇高追求。胸怀大局、心有大我的爱国情怀是知识分子应有的精神气质,许国报国、主动担当是知识分子义不容辞的责任使命。

习近平总书记在多个场合指出,"我国知识分子历来有浓厚的家国情怀,有强烈的社会责任感"。在爱国之情、许国之愿、报国之志的激励下,我国知识分子往往主动担当历史重任。在山河破碎、华夏沉沦的革命年代,知识分子以各种救亡图存的爱国运动肩负起求得民族独立和人民解放的历史

使命；在一穷二白、百废待兴的社会主义建设时期，摆在知识分子面前的首要任务就是建设新中国；改革开放时期，知识分子始终致力于为实现国家富强、民族振兴、人民幸福而不断贡献出智慧和力量；新时代下的知识分子首先肩负起科技强国、教育强国的时代使命，并积极投身于全面建设小康社会、实现中华民族伟大复兴的历史洪流中。

无论所处时代条件如何变化，也无论被赋予何种历史重任，知识分子刻在骨子里的强烈的责任感、使命感、担当感永恒不变，他们始终牢记自己之于国家、之于民族、之于人民、之于时代的责任与担当，并自觉承担起实现中华民族伟大复兴的历史使命、探究人类优秀文明成果的理论使命，以及引领社会变革发展进步的实践使命。历史反复证明，唯有把国家利益、社会责任放在首位，坚持国家至上、民族至上、人民至上，知识分子才能真正挺立时代潮头、抒发思想先声，才能在时代的洪流中真正有所作为。

（二）勇立潮头、引领时代的开拓创新

作为社会发展的"火车头"，知识分子往往走在时代的前列，代表着国家和民族的发展方向，承载着所属时代的社会理想。20 世纪 20 年代，中国最先进的知识分子发现、接受并选择了马克思主义，从此中国社会发生了数千年文明史上最巨大的变化，在不断发展的马克思主义的指导下，中国共产党带领人民取得了新民主主义革命的胜利，完成了社会主义革命的任务，走出一条中国特色社会主义的发展道路，迎来了中华民族伟大复兴的曙光。20 世纪 50 年代，交通大学成为中国教育发展史上第一次为了社会主义建设和学校发展而举校西迁的先行者，西迁可以说是一次站在时代前列，充当时代先锋，开创发展新局面的创新征程，"西迁人"用"敢为人先、开拓进取、追求卓越"的创新精神写就西迁的辉煌历史。2018 年是改革开放四十周年，40 年前，以南京大学哲学系教师胡福明为主要作者的《实践是检验真理的

唯一标准》发表在《光明日报》上，这篇被誉为"春风第一枝"的文章引发了全国"真理标准大讨论"，拉开了思想解放运动序幕，奠定了中国改革开放的思想基础。纵观历史，中国的知识分子总能在历史的重要关口勇立潮头、引领时代。

知识分子以自由、独立、批判的精神特质成为社会中最富有创新精神的一个重要群体。特别是在新时代，知识分子已经成为科技创新、理论创新、文化创新的主力军，成为国家创新发展的推动者、实践者、引领者。开拓创新，用邓小平同志的话讲就是："敢说前人没有说过的话，敢走前人没有走过的路，敢创前人没有开创的新事业。"创新精神内在包含着创新的自信和自觉、创新的思维和能力、创新的知识和技术、创新的理论和实践。正是靠着敢为人先、勇创一流的拼搏精神和创新精神，一代又一代优秀知识分子创造出一个又一个世界瞩目的"中国奇迹"，引领全社会创新活力和潜力加快释放。党的十九大描绘了建设社会主义现代化强国的宏伟蓝图，强调创新是引领发展的第一动力。知识分子以其创新品格成为国家和民族发展进步的"创新源"和"动力源"。在全面建成小康社会、全面建设社会主义现代化强国、实现中华民族伟大复兴的进程中离不开广大知识分子所提供的创新支撑，加快创新型国家建设步伐，知识分子更负有义不容辞的责任和使命。

（三）艰苦创业、埋头深耕的无私奉献

所谓奉献精神，就是一种为了实现某一事业或理想，不顾个人得失，抛弃自己的一切利益，直至牺牲生命的精神，其核心是个人与社会的关系问题。马克思主义唯物史观认为，人类的不断进步发展，总是或多或少地以个体的牺牲为代价的。只要还存在着个人利益与社会利益的矛盾对立，那么奉献精神就必然会存在，这是社会发展的必然要求。

作为社会发展先行者的知识分子，理应具备奉献意识。在实现民族复兴

的伟大征程中，知识分子冲锋陷阵流血也好，舍生忘死献身也好，艰苦奋斗流汗也好，说到底就是奉献。革命时期，知识分子为了民族独立和人民解放奉献了热血和生命。建设时期，一大批知识分子为了新中国的建设和发展奉献了青春和才智。以钱学森、邓稼先为代表的"两弹一星"元勋为我国核事业发展倾注了一生心血，被习近平总书记高度赞扬的交大"西迁人"在"爱国奉献、无怨无悔"情怀与使命的激励下扎根黄土地为西部地区贡献出一所一流大学。改革时期，先进的知识分子为了国家的富强、民族的振兴奉献辛劳和汗水，涌现了许多无私奉献的英雄。国家"千人计划"专家黄大年以无私奉献的品质和热忱报国之志坚守到生命的最后一刻，"太行新愚公"李保国把毕生所学和精力都奉献给了太行山区想要脱贫致富的人民群众，"中国天眼之父"南仁东为把一个朴素的想法变成国之重器奉献了自己所有的聪明才智并甘愿做奠基石，"种子精神"的传承者钟扬在援藏16年中将心血和汗水倾注在国家和人民最需要的地方。广大知识分子在乐于奉献和默默奉献中报效祖国、服务人民。

在知识分子群体中，尤其对党员知识分子来说，更应如此，无私奉献不仅是共产党人的重要精神特质，还是党员必须履行的义务。党章明确规定，共产党员必须"坚持党和人民的利益高于一切，个人利益服从党和人民的利益，吃苦在前，享受在后，克己奉公，多做贡献"。党近百年的历史，就是为民族解放、国家富强、人民幸福而无私奉献的历史。大力弘扬奉献精神是新时代对知识分子的强烈呼唤，也是完成党的历史使命的必然要求。党的十九大为实现中华民族伟大复兴的中国梦指明了方向、绘就了蓝图。习近平总书记指出："追梦需要激情和理想，圆梦需要奋斗和奉献。"广大知识分子特别是党员知识分子，要用理想支撑奉献、用忠诚诠释奉献、用奋斗书写奉献、用无私彰显奉献。在继承老一辈共产党人甘于奉献的优良传统的同时，以创新精神理解奉献、实践奉献、诠释奉献，用实际行动赋予奉献以新的时代内涵、新的精神境界。

三、价值之维：弘扬知识分子爱国
奋斗精神的当代价值

（一）国家层面：弘扬知识分子爱国奋斗精神是实现中华民族伟大复兴的必然要求

实现民族伟大复兴是近代以来中华民族最伟大的梦想。习近平总书记指出，我们比历史上任何时期都更接近实现中华民族伟大复兴的宏伟目标，我们也比历史上任何时期都更加渴求人才。然而中华民族真正伟大复兴，绝不是轻轻松松、敲锣打鼓就能实现的，需要全体中华儿女的共同努力奋斗。知识分子是国家不可或缺的中坚力量，能否充分发挥知识分子的先进性和创造性是实现中华民族伟大复兴的关键因素之一。进入新时代，中国特色社会主义建设事业对知识分子的智慧和力量更加渴求，对爱国奋斗精神的需求更加迫切。

首先，踏上新征程需要弘扬知识分子爱国奋斗精神。中国特色社会主义进入了新时代，中国共产党领导全国各族人民走上了实现中华民族伟大复兴的新征程。随着知识时代和信息社会的发展，知识分子的话语权和影响力越来越强，在各行业、各领域发挥的作用和作出的贡献越来越大。在全面建成小康社会决胜阶段、中国特色社会主义进入新时代的关键时期，知识分子的智慧和力量显得更为宝贵。基于知识分子个人梦与中国梦的同频共振，需要在弘扬爱国奋斗精神中提升知识分子对于实现中华民族伟大复兴和实现"两个一百年"奋斗目标的使命感和责任感，需要号召知识分子以自身的特殊优势、更为自觉的历史担当，投身于实现中国梦的伟大实践之中，为复兴伟业提供人才支撑、智力支撑、创新支撑。新时代的爱国奋斗精神已经成为中华民族伟大复兴的丰富思想营养和强大精神激励。广大知识分子要勇担民族复兴大任，不辱时代使命，大力弘扬以使命精神、创新精神、奉献精神为主要内容的爱国奋斗精神，做新时代的爱国者和奋斗者，为民族复兴伟业贡献才智。

其次，应对新挑战需要弘扬知识分子爱国奋斗精神。进入新时代并不意味着从此进入坦途，"更接近"远不等于"已到达"。我国在新时代新征程依然面临着很多挑战。当前，我国重大科技创新成果不断涌现，但在很多领域尚处于"跟跑"地位，核心技术还存在被人"卡脖子"的情况。我国哲学社会科学在国际上的声音还比较小，还处于有理说不出、说了传不开的境地。因此，应对重大挑战、抵御重大风险、克服重大阻力、解决重大矛盾，都有赖于广大知识分子弘扬爱国奋斗精神，需要广大知识分子勇于开拓、勇攀高峰，以时不我待的紧迫感、舍我其谁的责任感，主动担当，积极作为，为全面建成小康社会，建设世界科技强国、文化强国作出更大贡献。

（二）社会层面：弘扬知识分子爱国奋斗精神是推动社会发展进步的应有之义

知识分子是推动社会发展的中坚力量，是引领社会进步的先进群体，有着独特的社会角色和重要的社会作用。作为科学技术的载体，对社会发展起着第一生产力的作用；作为工人阶级的一部分，对社会发展起着先进生产关系的作用；作为社会的"先觉者"和"社会的良心"，往往以专业性、敏锐性、前瞻性和批判性洞悉社会的内在秩序，认识社会的现存问题，判断未来的发展方向，并积极投身实践，以直面问题的勇气、提出问题的胆识和破解问题的智慧引导社会的发展进步，社会的发展进程总是沉淀着知识分子的精神和理想，体现着知识分子的智慧和担当。习近平总书记在与知识分子、劳动模范、青年代表座谈时也指出，知识分子在推动经济社会发展、推动社会文明进步中能够发挥十分重要的作用。知识分子的爱国情怀和奋斗激情具有强大的向心力、感召力、引领力，是知识分子社会功能发挥的内生动力，是推动社会发展的强大精神力量。

当前，我国社会发展面临的最大的实际就是社会主要矛盾转化为"人民日益增长的美好生活需要和不平衡不充分的发展之间的矛盾"。也就是说，社会供给还不能充分满足人民日益增长的美好生活需要，依然存在供给不能满足提高了的需求的不平衡。创新能力的不足，正是我国发展不平衡不充分的集中体现。在我国经济社会实现跨越式发展的同时，发展不平衡不充分问题更加凸显。这不仅成为满足人民日益增长的美好生活需要的主要制约因素，也成为如何保持经济平稳健康发展和社会和谐稳定而亟待破解的难题。无论是打赢脱贫攻坚战，还是全面深化改革，都需要彰显知识分子群体的使命和作用，凝聚广大知识分子的智慧和力量，激发每一位知识分子爱国奋斗的热血和激情。为此，广大知识分子和全国各族人民一道努力奋斗，以人民对美好生活的向往和需要为目标去努力奋斗，助推社会稳步前进。这是新时代爱国奋斗精神的彰显，是处理和解决社会主要矛盾的要求使然。

（三）个体层面：爱国奋斗精神是知识分子建功立业的精神动力

马克思主义认为，人的本质是社会关系的总和，人的本质属性的具体展开就是人的价值的实现，而个人价值最重要的体现在于对社会的贡献。一个人只有为社会作出贡献，个人价值才有实现的可能，对社会的贡献越大，个人价值也就越大。对于新时代的知识分子来说，建功立业就是实现自身价值的必然选择。总的来说，建功立业就是报效国家、服务人民，在将个人理想追求融入波澜壮阔的国家和民族事业的过程中，爱国奋斗精神是知识分子建功立业不可或缺的精神动力。

首先，爱国情怀是知识分子使命感、责任感的原动力。激发爱国情怀，可以为知识分子奋发进取、建功立业提供源源不断的精神动力。爱国奋斗精神首先体现在"心有大我，至诚报国"的爱国情怀。正是在爱国情怀的激发下，个人价值在爱国、报国的实践中得到了最大的彰显。

其次，奋斗精神是知识分子实干的精神支柱。新时代是奋斗者的时代，奋斗俨然已成为新时代的精气神和主题词。建功立业不是一句口号，不是一句空话，需要付出实实在在的行动，需要践行奋斗精神内在蕴含的笃实力行和求真务实的品格。如果说爱国是知识分子建功立业的出发点和落脚点，那奋斗则是知识分子爱国奋斗的关键点和支撑点。知识分子要用奋斗诠释爱国情怀，在奋斗中将爱国情、报国志转化成中国某个领域的进步，转化成创新发展的强劲内力。以真干、实干、苦干建功立业于新时代，努力奋斗成就一番惊天动地的伟大事业，是每一位知识分子的崇高使命，也唯有此，才能不负国家、不负党、不负时代、不负自身。

四、路径之探：传承与践行"西迁人" 爱国奋斗精神的路径探析

交通大学西迁，是学校在党的领导下，面向共和国未来的一次伟大长征。在六十余年的奋斗征程中，一代又一代交大"西迁人"用实际行动彰显出"爱国、报国、兴国"的家国情怀，诠释了"爱国就要奋斗，奋斗为了爱国"的伟大真理，铸造了中国知识分子爱国奋斗的精神丰碑。可以说，"西迁人"爱国奋斗精神是我国知识分子爱国奋斗精神的彰显和典范。孙春兰副总理在会见西安交通大学"西迁人"爱国奋斗先进事迹报告团成员时指出："教育战线要认真学习'西迁人'先进事迹，弘扬胸怀大局、心有大我的爱国精神，艰苦创业、玉汝于成的奋斗精神，扎根实际、勇攀高峰的创新精神，公而忘私、埋头深耕的奉献精神。"由此赋予了交大老一辈"西迁人"爱国奋斗精神内涵的时代阐释。作为新时代的"西迁人"，要接好西迁精神的接力棒，传承与践行好西迁精神。正如习近平总书记对西安交大老教授的来信作出的重要指示："希望西安交通大学师生传承好西迁精神，为西

部发展、国家建设奉献智慧和力量。"

（一）在家国情怀与担当道义的统一中践行爱国精神

爱国，对于老一辈"西迁人"而言，就是"党让我们去哪里，我们背上行囊就去哪里"的坚定理想和"始终与党和国家的发展同向同行"的执着追求。从繁华的上海来到贫瘠的西北，只因国家的需要和党中央的号召。在62年的奋斗征程中，他们爱国、报国、兴国的家国情怀和使命担当已然从最深层、最持久的情感力量转化为西迁精神的文化品格激励着一批又一批的青年学子。新时代的"西迁人"要在老一辈"西迁人"所创造的西迁精神的感召、引领下，以西迁前辈为榜样，深怀爱国之情，将爱国作为一种情怀，一种担当，一种信仰，并转化为奋斗的动力；砥砺强国之志，秉持着国家至上的理念，将个人梦、青春梦融入国家梦、民族梦之中；力践报国之行，不停于口号、不驰于空想，重在践履，贵在立行，最终把爱国之情、报国之志融入祖国改革发展的伟大事业之中、融入人民创造历史的伟大奋斗之中。

（二）在锐意进取与笃实力行的统一中书写奋斗精神

奋斗，是"西迁人"的精神底色。在西迁过程中，最令人动容的就是交大人在迁校、建校过程中经历的那些艰苦奋斗、迎难而上的岁月。老一辈"西迁人"以满腔热血在黄土地上艰苦奋斗、建功立业，靠着这种拼搏奋进、排除万难的劲头，60多年来，从一片滚滚麦田上建成如今高水平、强实力的一流大学，取得了持续发展的骄人成绩。敢打敢拼、勇于担当、积极进取、艰苦创业的奋斗精神已融入交大人的血液之中。艰难困苦，玉汝于成；创业维艰，奋斗以成。习近平总书记指出，"新时代是奋斗者的时代"。作为新时代的"西迁人"，理应沿着老一辈"西迁人"艰苦奋斗的足迹，汲取西迁精神中拼搏进取的热情和活力，秉持广大西迁人"爱国就要奋斗，奋斗为了爱国"的价值追求，以青年人应有的奋斗姿态，拿出锐意进取的拼劲儿和持之以恒的毅力，争当新时代爱国奋斗的西迁新传人，争做担当民族复兴使命的时代新人，用拼搏赢得未来，用实干成就梦想，用奋斗获取幸福。

（三）在追求真理与攻坚克难的统一中弘扬创新精神

在中国教育发展史上，为了社会主义建设和学校发展而举校西迁，亘古未有。西迁从一定意义上来说是一次站在时代前列，充当时代先锋，开创发展新局面的创新征程，使交通大学成为开发大西北的先行者和排头兵。在这一艰苦创业的创新征程中，老一辈"西迁人"以拓荒者的首创精神建功立业，为西部发展贡献了青春、智慧和力量，并形成了敢为人先、开拓进取、追求卓越的创新精神。回首过去，交大"西迁人"在一种"能干事、干成事"的智慧和一股"不信东风唤不回"精气神的支撑下，用创新创造写就西迁历史；展望未来，中国未来的故事，也只能用创新创造去书写。新时代新征程赋予了青年神圣的历史使命，作为最富活力、最具创造的群体，理应走在创新前列。在我国建成现代化强国和创新型国家的历史进程中，西迁精神永远赋予新传人的我们以源源不断的精神动力和创新活力。而我们应做的，就是培育创新意识、提升创新能力、付出创新行动，以新思想、新理论寻找新方法、新路径，丰富自身的想象力和创造力，不因循守旧，不坐享其成。

（四）在扎根人民与服务国家的统一中体现奉献精神

奉献是一种不计回报、把集体利益看得高于个体利益的自觉行为。西迁就是在建设新中国时期为了解决教育资源不平衡对教育事业的一次奉献，西迁的交大人也可以说是立德树人、为国育才的奉献者。60 年弹指一挥间，当年西迁的青年教师、莘莘学子，如今已近耄耋之年。在这六十余载中，正由于老一辈交大人的胸怀大局、无私奉献，在大西北为祖国贡献了一所一流大学。从迁往西部、扎根西部到奋斗西部，一代代西迁人始终将奉献青春年华作为毕生的价值追求，在小我与大我之中选择了大我，在小家与大家之间顾全了大家，身体力行地诠释了奉献的精神内涵。正是他们的奉献，让西迁精神在阔步前行的时代大潮中，薪火相传，生发出巨大力量。时光如水，向西而歌，扎根黄土地的西迁精神已经成为中华民族精神脊梁中光芒万丈的一段，成为中国知识分子时代精神的典范。西迁以来西安交大的毕业生近 25 万人，其中 40% 以上在西部奋斗。"爱国奉献，无怨无悔"的情怀与使命激励着一代代交大人用奋斗续写"奉献青春为家国"的新故事。不畏难、不怕苦，乐奉献，到祖国最需要的地方、条件最艰苦的地方、文化最落后的地方建功立业，扎根人民，扎根西部，奉献国家，为缩小东西部差距而奉献，为中华民族伟大复兴而奋斗。

内涵·价值·路径：新时代传承
弘扬西迁精神的三重维度

李晓利[*]

　　交通大学西迁是党中央调整新中国工业建设布局、高等教育布局的战略决策，也是知识分子响应党的号召、服务国家发展的时代壮举。内迁西安、扎根西部的过程中，无数的西迁印迹、西迁故事、西迁榜样以及西迁伟大成就熔铸了"胸怀大局、无私奉献、弘扬传统、艰苦创业"的西迁精神。习近平总书记对"西迁人"爱国奉献精神的高度赞扬，对交大师生传承好西迁精神，为西部发展、国家建设奉献智慧和力量的勉励，中组部、中宣部《关于在广大知识分子中深入开展"弘扬爱国奋斗精神、建功立业新时代"活动的通知》文件的下发，以及西安交通大学"西迁人"爱国奋斗先进事迹报告会在人民大会堂以及全国各个高校的开展，使得西迁精神不仅是西安交通大学的宝贵精神财富，同时也是激励新时代的青年和知识分子爱国奋斗的精神动力。站在新时代的历史起点上，我们必须深入挖掘西迁精神深刻的思想内涵和时代价值，大力弘扬西迁精神所承载的爱国精神、奋斗精神、奉献精神、创业精神，促进其在新时代创造性转化、创新性发展，激励新时代的知识分子爱国奋斗再出发，创造出无愧于历史、无愧于时代的新业绩，为

　　* 李晓利（1994— ），女，西安交通大学马克思主义学院硕士研究生。

实现"两个一百年"奋斗目标、实现中华民族伟大复兴的中国梦奉献知识分子的智慧和力量。

一、西迁精神的时代内涵挖掘

（一）胸怀大局与无私奉献精神的时代内涵

1955年国家作出交通大学西迁的决定时，以彭康、钟兆琳、陈大燮等为代表的交大人，不顾西部地区条件的艰苦以及西迁过程的重重障碍，将个人利益置之度外，视党和国家的利益高于一切，旗帜鲜明地拥护党和国家的重大决策，坚决支持和维护学校的迁校决定。1956年交通大学师生积极响应国家号召，满怀着"向科学进军，建设大西北"的豪情壮志，克服重重艰难险阻，离开繁华的黄浦江畔，投身于西部地区的建设发展过程。这次西迁过程远远不是一次简单的空间转移，背后彰显的是交大人服务人民的家国情怀和爱党报国的使命担当，面对迁校的重重困境，交大师生将个人生活和利益抛诸脑后，义无反顾地背上行囊，响应"党让我们去哪里，我们就去哪里"的号召，到祖国最需要的地方建功立业，到条件艰苦的地方开创事业。从繁华的上海大都市到一片荒芜的西安古城，支撑交大师生毅然决然地放弃优越生活条件，到艰苦地区建功立业的初心是站在社会主义国家建设的角度考虑迁校问题，始终胸怀着国家发展的大局，立志为建设祖国大西北贡献自己的力量，在艰苦的黄土地上扎根生长，默默无闻地奉献自己的一生，成就西安交通大学这所西北地区的璀璨明珠。

"胸怀大局、无私奉献"的西迁精神是在党的关怀和哺育下成长起来的知识分子不忘初心的生动体现，彰显了交大师生爱国爱校、顾全大局，明大理、识大体、一心为国、不计得失、奉献热血的家国情怀。在今天，传承和弘扬这种西迁精神，赋予其新的时代内涵，就是要站在新的历史起点上，始终服从和服务于党和国家发展的大局需要，响应党中央"扎根中国大地，办好中国特色社会主义大学"的号召，谱写"听党指挥跟党走"的新篇章；就是要跳出精致利己主义者的藩篱，把个人的利益得失放在国家需要之后，不忘初心，牢记使命，兢兢业业在自己的岗位上奉献智慧和力量；就是要有"听党指挥跟党走"的政治觉悟，以"国家培养了我，叫我去哪儿就去哪儿"的家国情怀，立志到祖国需要的地方去，到祖国需要的领域去，奉献自己的青春热血，为社会主义现代化强国建设添砖加瓦；就是要将个人的选择融入国家深化改革开放、打赢三大攻坚战的需要之中，将个人的发展与实现中华民族伟大复兴的中国梦紧密结合在一起，始终与国家发展同心同德、同向同行，切实肩负起党和人民赋予的新的历史使命。

（二）弘扬传统与艰苦创业精神的时代内涵

交通大学兴建于民族危亡之际，迁校于国家需要之时，为了祖国的西部建设和发展，西迁人弘扬老交大"工业救国"的优良传统，在西部艰苦的条件下开创事业，当年大西北的生活、科研环境与繁华的上海有着天壤之别，交大的迁移扎根过程无论在物质条件上，还是心理适应方面都面临着重重严峻的阻碍和考验，但是交大师生们以"有条件要上，没有条件创造条件也要上"[1] 的艰苦奋斗精神，克服人力、资金、资源等困难，"没有教材，自己编写；没有实验室，土法上马；吃野菜、喝苞谷糊糊，战胜浮肿病，废寝忘食，一心一意搞科研、兴教育"[2]，使得学校的教育教学迅速步入正轨，并在后期取得了被誉为全国高校"五朵金花"的重大科研成果，西迁扎根西安以来，西安交通大学始终面向国家战略需求，将大量科研成果应用于祖国的建设和发展，培养大批的人才投身于西部和国家现代化的建设过程，并

---

① 本报评论员：《传承西迁精神 智慧奉献祖国》，《中国教育报》2018 年 1 月 10 日。
② 秦东风：《读懂"西迁精神"的现实意义》，《陕西日报》2018 年 1 月 27 日。

根据时代需要逐渐发展成为一所综合型、研究型大学，为经济社会发展提供了更加多元的知识供给与复合型的人才结构，使西安交通大学成为全国著名高校，祖国西部的科技高地，为我国的高等教育事业以及西部经济社会发展作出了卓越贡献。

伴随近代以来中国经历的站起来、富起来到强起来的发展历程，交通大学经历了初创、西迁到迅速发展，建设"中国西部科技创新港"，学校的命运始终与民族、国家的命运紧密联系在一起，服从服务于国家和人民的需要，今天西部的教学和科研以及生活条件经过老一辈人的艰辛奋斗早已是今非昔比，但是这种"弘扬传统，艰苦创业"的精神仍然要发扬光大。当前"双一流"建设的目标任重道远，国内外高校的竞争异常激烈，面对拔尖创新人才培养、学科建设和科研道路上需要克服的重重难关，高等教育的发展必须传承弘扬老交大"实业救国"的优良传统以及艰苦创业的西迁精神，与新时代国家和民族的发展同呼吸共命运，将高等教育融入国家重大战略发展需要，为创新驱动发展战略、"一带一路"建设提供科学技术和人才智力支持，服从国家"双一流"建设的需要，服务于办人民满意的教育的需要，在全面建成小康社会、建设社会主义现代化强国的新征程中，立足于中国特色社会主义新时代的建设开拓创新、艰苦奋斗，在新时代继续开创新事业，担当起支撑中华民族伟大复兴的时代使命。

二、西迁精神的时代价值彰显

（一）西迁精神之于社会：解决不平衡不充分发展矛盾的思想引领力

新中国成立初期，西北地区是我国的重点工业开发区和国防建设基地，1956 年第一个五年计划期间，苏联援助建设 156 个重点项目，陕西获得了

24 项，西安就有 17 项，是接受项目最多的城市，但当时西安高校的科学研究力量薄弱，缺乏人才与技术支持，西北工业基地建设以及当时的国防形势迫切要求西部地区有一所规模宏大、实力雄厚的现代化工科大学作为支撑，交通大学积极响应党和国家的号召，对应国家战略需求，整体内迁西安，全体师生员工的西迁行动对于当时沿海其他院校和企业支援大西北建设也起到了示范带头作用，沿海对内地的支援不仅促进了我国西部的工业现代化建设，而且为国家发展提供人才和技术支持，历史发展的事实充分证明了西迁是调整我国高等教育事业战略布局的成功范例，这一行动对改变我国西部地区经济落后状况，推进西部地区经济的发展具有重大意义。周恩来总理曾针对交大迁校问题指出："旧中国工业的布局和教育的部署是不平衡不合理的。假如看不到这些基本情况，就无法理解解放后各项改革的必要性，也难于理解在高等教育方面进行院系调整的必要性。"① 由此可见，交通大学西迁是顺时代之形势，应国家之需求。

习近平总书记指出："我国社会主要矛盾已经转化为人民日益增长的美好生活需要和不平衡不充分的发展之间的矛盾。"② 这里的不平衡不充分发展就包括东部和西部地区之间发展水平的差距，由于自然环境、历史遗留问题、东西部之间发展战略以及人才资源的差异，西部地区与东部沿海城市的发展差距依然较大，总书记对西迁老教授来信的指示是希望西安交大师生传承好西迁精神，为西部发展、国家建设奉献智慧和力量。西迁精神为新时代人们坚守初心、牢记使命，续写好扎根西部、服务国家新篇章提供了思想引领，在中国特色社会主义新时代为解决我国社会东西部不平衡、不充分发展的差距，必须站在新时代的起点上传承和弘扬西迁精神，激励新时代的青年担当起支援西部经济社会发展的使命，到祖国最需要的地方去、到西部地区建功立业。

---

① 霍有光：《从交通大学西迁历程看西迁精神》，《高等教育研究学报》2006 年第 1 期。

② 习近平：《决胜全面建成小康社会 夺取新时代中国特色社会主义伟大胜利——在中国共产党第十九次全国代表大会上的报告》，《人民日报》2017 年 10 月 28 日。

（二）西迁精神之于大学：助推双一流建设的文化感召力

大学精神是高校发展的灵魂，大学文化是创建世界一流大学的关键着力点。世界一流大学建设经验表明，优秀的大学文化是一流大学能够获得成功的底蕴、基础和保障。交通大学的西迁精神是在西迁创业的过程中积淀而成的大学文化精髓，是凝聚一代又一代西迁人心血和汗水的文化结晶，也是双一流建设共同的价值基础。习近平总书记对西迁精神的肯定和赞扬以及全国教育系统对西迁精神的学习，使其已然成为大学精神和大学文化的重要组成部分，对助推双一流建设形成了无形的感召力。西迁精神能够通过价值引领、建构与整合作用为一流科研以及一流人才的发展提供价值导向，为双一流高校的治校理念和制度安排提供内在驱动力。继承和弘扬老交大"起点高、基础厚、严要求、重实践"的优良传统能够为双一流高校的建设奠定坚实的基础条件，将"胸怀大局，无私奉献，艰苦创业"的精神内化为高校的气质与性格，外显于高校的办学与实践，能够增强双一流高校对人才的向心力，提高知识分子发展已知、探索未知、创造新知的学术创造力，强化学校抓住机遇、迎接挑战、与时俱进、持续发展的核心竞争力，从而推动一批高水平大学和学科进入世界一流行列，实现双一流的建设目标。

现代大学使命概括为"人类文明传承、有效知识供给与社会价值引领"等三个维度①，西迁精神是交通大学勇担大学使命的凝结和升华，在双一流建设过程中对西迁精神的传承和弘扬有利于从历史和现实双向维度廓清新时代大学使命的基本内涵意蕴，在深化高等教育改革的实践过程中促进双一流高校内涵式发展。同时双一流高校作为人才、知识、智力汇聚之地，思想、信息、文化高度开放、交流广泛、互动频繁的学术平台，人才资源激烈竞

---

① 朱正威、吴佳：《现代大学使命与思想交大建设——学习习近平总书记在哲学社会科学工作座谈会上的讲话》，《西安交通大学学报》2016 年第 5 期。

争、自由流动、优化配置的重要场所，以及培育新人、创新科技、开发潜能、引领发展的社会引擎，也迫切需要有先进的精神文化为引领，凝聚人们爱国奋斗的共同价值基础，西迁精神所特有的文化感召力渗透到双一流高校的教学科研和管理服务等层面，能够激发组织及科研团队的凝聚力、生命力和创造力，是助推双一流建设的力量源泉。

（三）西迁精神之于知识分子：激发爱国奋斗情怀的精神原动力

西迁精神是西迁知识分子爱国奋斗思想的精髓，对新时代知识分子的思维方式和价值取向具有重要的导向和引领作用。西迁知识分子亲眼见证了中国共产党新政权清廉、亲民的作风，对党和政府的西部开发的政策有着无比的信赖和认同感，在考虑个人家庭困难和物质利益方面，自觉把国家和民族利益放在前面，以兴学强国作为与生俱来的使命，以开发西部作为无怨无悔的担当，通过艰苦奋斗、顽强拼搏铸就了西迁精神不朽的丰碑，其中所蕴含的胸怀大局、心有大我的爱国精神，公而忘私、埋头深耕的奉献精神，扎根实际、勇攀高峰的创新精神，以及艰苦创业、玉汝于成的奋斗精神，对培育新时代知识分子坚定正确的政治立场、爱党爱国爱人民的深厚感情以及在祖国最需要的地方建功立业的价值追求具有重要感召和熏陶作用。习近平总书记指出，爱国主义精神"激励着一代又一代中华儿女为祖国发展繁荣而不懈奋斗"，西迁精神彰显了西迁知识分子"苟利国家生死以，岂因祸福避趋之"的人生观，"哪里有爱，哪里有事业，哪里就有家"的事业观，以及甘愿在艰苦条件下创业、勇于克服一切艰难险阻为建设祖国贡献力量的使命担当。21世纪的国际形势深刻复杂，国家间的竞争日益激烈，我们党领导人民进行伟大斗争、建设伟大工程、推进伟大事业、实现伟大梦想需要有坚实的人才资源作为支撑和后盾，西迁精神必将激励新时代的知识分子以爱国奋斗情怀为初心，勇担时代使命和职责，树立崇高的价值追求，沿着前辈们爱国和奋斗的足迹，开拓进取、无私奉献，将殷切的爱国情怀转化为奋斗的实际行动，为将我国建设成为富强民主文明和谐美丽的社会主义现代化强国提供人才和智力支持。

三、新时代传承和弘扬西迁精神的路径选择

（一）追忆西迁足迹，为坚守理想信念提供内生动力

西迁精神是对西迁足迹的凝结和升华，追忆西迁足迹能够找到西迁精神的活水源头。从繁华上海内迁到落后西安的迁移过程，既有迁校前抉择困难，迁校过程的搬迁困难，也有迁校之后的生活困难和科研条件艰苦。从沿海迁走一所具有 60 年历史、实力雄厚的多学科性工业大学是关乎国家、地区及个人的大事，涉及许多利益调整问题，虽然有争议，但最后地方还是服从国家的统筹安排，交大师生牺牲个人利益，用实际行动支持国家的西迁决定。"按最初计划，交通大学西迁包括六七千人（其中教职员工约 1500 人，学生约 2800 人）的迁移和大量图书资料、仪器设备以及行李家具的包扎、装箱、运输。"① 其搬迁任务之重可见一斑。到达西安之后的交大师生遇到了实际生活的困难，那时的西安尚处于马路不平、电灯不明、电话不灵的状态，做饭燃料要靠自己动手制作煤球，取暖仅靠一个小炉子，洗脸水要到工地上去打，日用品要从上海买来，半夜校园里能听到狼嚎，下雨天经常在泥泞的土地上跌倒。在这样艰苦的条件下，交大师生依然精神饱满地为教学科研无悔地奋斗。即使在三年自然灾害时期，每天粗粮野菜、缺油少糖，许多教职工都病倒了，但他们依然坚持教学、坚持基本建设、坚持为兴办新专业

---

① 《40 年：无悔的选择，优异的答卷——交通大学西迁今昔漫记》，《高等工程教育研究》1996 年第 4 期。

而拼尽全力，一门心思要把课上好、把实验室建好、把学生培养好。

支撑西迁老一辈坚守理想信念的强大精神支柱是胸怀大局的家国情怀，西迁时期新中国刚刚成立，人民群众参加祖国建设的热情高涨，"全国上下高举祖国的利益、党和人民的利益高于一切的旗帜，广大热血青年甘愿为改变'一穷二白'的落后面貌、为保卫和建设祖国奉献自己的青春年华。"①在这种氛围下，西迁老一辈将"哪里有事业，哪里有爱，哪里就有家"的口号转化为实际行动，把国家的需要作为自己前进的方向，始终与党和国家的发展同向同行，披荆斩棘，克服重重艰难险阻，用生命和汗水在一片麦田上建起一所著名大学。向人们展现老一辈西迁人的迁移和奋斗足迹，能够使西迁精神形成更加具象化的凝聚力、吸引力和渗透力，润物无声地浸润人们的心灵，凸显西迁精神以文化人的力量，使新时代的青年更好地理解西迁精神的内涵，为坚守理想信念筑牢思想防线。

（二）讲好西迁故事，为培育奉献担当意识提供精神滋养

西迁故事是西迁老教授们牢记知识分子使命，为国家奉献力量，艰苦奋斗实现自我价值的故事，其中蕴含着奉献担当的价值意蕴。西迁创业时期草棚大礼堂的故事、自己动手设计建设实验室的故事、如何克服三年自然灾害时期的故事、如何创建国家重点研究所的故事，以及老教授们教书育人、夜以继日科研的故事等，是西迁精神的具体呈现形式，为传播和弘扬西迁精神提供了丰富的资源。讲好西迁故事，一是要深入挖掘和阐释西迁故事背后蕴含的历史意义和现实价值，最大限度发挥西迁故事的价值引导和精神滋养功能。既要从西迁的历史事实出发，客观讲述西迁过程中老一辈人的奋斗足迹，也要聚焦西迁故事的内涵和启示，找准西迁故事的思想启迪点，着力突

---

① 《40年：无悔的选择，优异的答卷——交通大学西迁今昔漫记》，《高等工程教育研究》1996年第4期。

出西迁人为了建设祖国大西北在艰苦条件下不懈奋斗的担当意识，凸显西迁知识分子舍小家为大家，将个人利益放在国家利益之后的奉献精神，陶冶和熏陶人们的奉献担当情怀。二是要站在实现中华民族伟大复兴的时代方位上讲好西迁故事，利用故事独特的传播思想、感染情感、激发行动的优势，将西迁过程中的具体故事情节讲生动，增加大众对西迁精神的思想认同、情感认同和价值认同，从而达到立德树人的育人目标，使大众正确认识时代责任和历史使命，树立为人民服务，为中国共产党治国理政服务，为巩固和发展中国特色社会主义制度服务，为改革开放和社会主义现代化建设服务的奋斗目标。三是要充分利用新媒体的技术优势，综合运用声音、图画、文字、视频等多种形式，将西迁历史故事与可感知的现实情境相融合，以立体化、视觉化的形式传达西迁故事，使西迁精神的情绪感染力充分表达出来，达到情感互通、心灵共鸣的效果，从而提高西迁精神的亲和力和情感温度，为培育新时代人们的奉献担当意识提供精神力量。

（三）凝聚榜样力量，为激发爱国奋斗情怀提供行为示范

"榜样作为意义世界的我在促进实践主体进一步认识自我、反思自我，并按照榜样的样式对自我加以控制、塑造，使个体在观念上形成一种积极的、能动的，具有方向性指引的主动意识。同时，个体清晰了自身奋斗的目标，明确了自身应有的存在方式，了解了自我实现的途径和方式。"[①] 西迁榜样是承载和传播西迁精神的重要载体，是西迁精神感召力和辐射力的源泉，也是激发人们爱国奋斗情怀的内在驱动力。

交通大学内迁西安的过程中涌现出了许多爱国奋斗的榜样，彭康是我国著名的教育家，也是交通大学的校长兼党委书记，西迁过程中，他亲自踏勘校址，毅然决然地组织迁校、建校，为支援西北的建设和发展奋斗了 15 年，

---

① 曾琰：《自我评价视域中的榜样文化建设》，《前沿》2013 年第 19 期。

直至生命的最后一刻；"中国电机之父"钟兆琳当时也年已花甲，妻子瘫痪在床，周恩来总理建议他留在上海，他安顿好妻子之后仍然孤身一人来到西安，并在一片空地上建起电机实验室，80岁高龄时，仍不辞辛苦前往新疆和甘肃等地考察，一生心系祖国西北的建设和发展，临终前要求将骨灰安放在他钟爱的黄土地——西安；除了这些教授、领导等知识分子，还有管理人员、技术工人等后勤部门的服务人员，老花工胡全贵来西安时不到40岁，为西安交大的校园绿化事业奋斗了一生，退休后他在工作了一辈子的校园里一圈一圈地游走，最后抱着亲手栽种的大树痛哭不已。当年还有大批的教授、学者，如陈大燮、张鸿、陈学俊、赵富鑫、殷大钧、严峻、沈尚贤、黄席椿、顾崇衔、周惠久、万百五等都是西迁的中坚力量，他们为了祖国大家、放弃个人小家，变卖上海的房产、迁移上海的户口，扶老携幼，远离故土，到西北安家，到西部地区奉献、奋斗。西迁榜样崇高的人生追求和爱国奋斗的情怀，具有强大的凝神聚力作用，以及精神引领与价值导向功能，为培育新时代爱国奋斗价值观提供了文化滋养、精神润泽与理论支撑，也为新时代的爱国行动指明了方向，更为培育新时代的爱国奋斗价值观树立了标杆和典范。通过西迁榜样将西迁精神以具象化的形式展现出来，突出榜样典型内在的精神价值，能够使爱国价值观富有科学性、感染性，更具有生命力与感召力，加深新时代青年对爱国价值观的情感认同与价值感悟，从而发挥西迁榜样的凝聚力、向心力、协同力，引发人们对爱国价值观自发、自愿、自觉的践行。

（四）彰显事业成就，为建功立业新时代提供价值自信

伟大的时代呼唤伟大的精神，伟大的精神推动伟大的事业。当年西迁人坚守"我是革命一块砖，哪里需要哪里搬""我是祖国螺丝钉，哪里需要哪里拧"的信念，毅然决然地选择内迁西安，在西北的艰苦条件下，他们把国家的发展需要视为青年人的责任和知识分子的担当，在大西北的黄土地上

艰苦奋斗、无私奉献。1996 年，西安交大首批进入"211 工程"建设；1999 年，西安交大首批进入"985 工程"第一层次建设的"2+7"大学，2017 年，西安交大入选国家一流大学 A 类建设名单，8 个学科入选一流学科建设名单，深度融入国家建设发展。近年来，西安交大积极响应国家"一带一路"倡议，成立"丝绸之路大学联盟"，吸引了来自 36 个国家和地区的 140 多所高校参与，目前正在努力建设西部创新港助推"双一流"建设。交通大学西迁撬动了中国高等教育的格局，改变了西部没有规模宏大的多科性工业大学的面貌，引领和带动整个西部地区的高等教育事业的发展。"为西部建设起一所规模宏大、设备齐全、质量一流，在国内外具有较高声誉的国家重点大学，使西安交大成为开发大西北的先行者和排头兵，成为国家调整高等教育战略布局的成功范例。"① 这是西迁人的骄傲和殊荣，同时也为激励青年建功立业新时代提供了价值自信。

在西迁精神的激励下，交通大学西迁以来培养的近 26 万毕业生，40%以上在西部地区奋斗，担当"西迁精神"新传人的使命和职责。西安交通大学始终坚持立德树人，以培养造就德智体美全面发展的一流人才为使命，坚持自主创新，积极瞄准国际学术前沿、面向国家重大需求和国民经济主战场，在航空航天、能源动力、先进制造、电力装备、生物医药等领域产生了一大批重大科学研究成果，为推动相关领域的科学技术发展，促进国民经济建设和社会进步发挥了重要作用。习近平总书记指出："伟大的事业，决定了我们更加需要知识和知识分子，更加需要知识分子为国家富强、民族振兴、人民幸福多作贡献。"在中国特色社会主义新时代，面对高质量发展的国家战略需求，面对"双一流"建设对增强科技创新源头供给，提升服务社会贡献度的要求以及人民群众对美好生活向往，新时代的知识分子应以西迁过程中的伟大事业成就为价值自信，以"胸怀大局、无私奉献、弘扬传

① 朱继洲、刘朔、崔瑞峰：《西迁精神：交通大学文化的传承与创新》，《西安交通大学学报》2005 年第 1 期。

统、艰苦创业"的西迁精神为价值引领，急国家之所急、解发展之所难，坚定创新信心和决心，不断推进理论创新、制度创新、科技创新、文化创新和其他各方面创新，为改革发展提供更多智力支撑，为全面建成小康社会，建设世界教育强国、科技强国，实现中国人民和世界人民的根本福祉作出更大贡献。

从儒学"人格主义"解读西迁精神的内涵

孙竞益[*]

回顾过往对于儒学的研究历史，历代中西方学者对于儒学的自我观普遍有一个观点，即认为儒学强调个人对于群体的服从，是社会多数社群对于少数社群的宰制，并且这一观点看似从历代儒学为统治者辩护的历史中得到了证实。但是回溯儒学发展历史及经典，就发现儒学具有强调个体处于群体之中并关怀此在的"入世"性格的同时，也兼具重视"个体尊严"的学术性格，儒学并非将个体消融于群体之中，而是力求在二者之中达成一个均衡。因此，余英时先生与狄百瑞先生独具慧眼地用"人格主义"（personalism）取代更具西方意义的"个人主义"（individualism）以指称儒学的自我观。

目前对于西迁精神的研究，也存在这个问题，即只片面强调了西迁精神的牺牲与奉献意义，而忽略了西迁精神内涵对个体人格的尊重。集体是由若干互相之间有联系的个体有机构成的，集体行动的正义性源于对个体价值的尊重和共同利益诉求的追求，而个体又必须在其所从属的集体中扮演好自己的角色并承担相应的义务与责任。一套理论只有统摄群、己，才能真正实现它的理论价值。本文按照群己的维度，将西迁精神的内涵分成三部分，集合儒学"人格主义"进行解读，以揭示其兼具集体奉献与个体尊重的理论性

---

* 孙竞益（1994— ），男，西安交通大学人文社会科学学院硕士研究生。

格，并进一步指出西迁精神的现实意义。

一、人的群体价值的强调

儒学对于人的群体性的强调，根植于中国独特的现实社会背景，不同于西方原子式的社会模式，中国的社会是处于一个差序格局，"如同水面上泛开的涟晕一般，由自己延伸开去，一圈一圈，按离自己距离的远近来划分亲疏。"费孝通先生对于中国社会这一状态的准确把握得到了国际学界的广泛认同。正是这样的社会现实，使得儒家提出了"仁""礼"这一对范畴，并根据这一对范畴建构了一套政治秩序、伦理秩序、制度秩序……这些秩序强调的价值内涵稳定了中国社会的发展，其中能够与西迁精神的内涵"胸怀大局，无私奉献"对照的是儒学"人格主义"中强调社群性的一面。

西方社会由于特殊的历史文化背景，孕育出了自由主义精神，并由此开出了自由民主等政治制度，但也导致了"个体主义"大行其道。西方社会对于个体的过度尊重，造成社会失序、政府低效，由此引发的诸如市场失灵等一系列社会问题，将"个体主义"的弊病暴露出来。西方学界也对"个体主义"展开了批判，尤其以桑德尔、麦金泰尔、泰勒等人为代表的社群主义的批判最为激烈。儒学与社群主义的观点有接榫之处，并可以成为当代社会发展的又一项宝贵的思想资源，我们首先对儒学中的集体主义进行分析。

（一）儒家的家国情怀

不同于西方对于"个人"的偏重，儒学重视人的社会性的一面，注重激发人的社会责任与担当，并以之发展出了以"三纲"为基础的"义务性伦理"规范。《大学》八条目从个体修为开始，逐步由己过渡到家，再过渡到国，最后终极目标是天下。张载的横渠四句"为天地立心，为生民立命，为往圣继绝学，为万世开太平"说的就是儒家的责任与使命感，也就是儒家的家国情怀，个体需要在群体中有所作为，自我实现。这种使命感不仅是对于儒家，而是上至统治者、下到庶民阶层的广泛要求，这就构成了儒学"人格主义"的第一个维度——家国情怀——这一带有社群主义色彩的理论性格。

在中国这个以"家"为基础的血亲关系社会，家的概念渗透到了所有社会阶级。统治阶级以血缘为纽带，兄终弟及，父死子继，俨然将天下家族化，平民家庭也是如此，夫妻父子兄弟之间都有着一套规制。独具特色的是儒家的这套义务性伦理，强调了义务的相互性，而非上对下的绝对宰制，所谓君臣有义、父慈子孝、兄友弟恭，这使得儒学区别于"极权主义"。儒家强调的这套义务性伦理，不仅是对儒学普遍理解的那样——即维护封建秩序而上对下的宰制，君臣之间，先秦儒家并没有去过多谈忠，而是从君臣大义出发，如果君主没有做好其所处位置的职责，儒者可以选择"谏净辅拂"，儒者拥有"去"也就是离开不再辅佐不义君王的权利。只是后来大一统格局的形成，天下定于一尊，儒家没有第二条道路的选择，只有去为一家而服务，但即便如此，儒家依然最大限度地通过规劝君主努力做到"以德配天"。明朝朱棣发动靖难之役，尽管夺国成功，但是这种行为受到了儒家道统的制裁。朱棣进入南京之后，以方孝孺为首的建文文官集团对朱棣大加鞭挞，面对暴力胁迫，甚至是十族灭门，他们也没有屈服，使得朱棣在道统的大旗下无所遁形。这种抛弃个人利害得失，而为道统仗义执言的使命感不仅体现在居庙堂之高的儒家身上，那些处江湖之远的人则同样怀有使命感。

由于理想与现实的差距，儒家往往不能够达成其"得君行道"的政治理想，在没有外王的情况下，儒家也不同于佛教那样否决现世而出世，而是退而进行"觉民行道"的实践，也即是行师道。或著书、或从事理论教化，从而将自己的主张传承给后来人，这就使得学校这一场所成为古代中国社会沟通群，甚至儒家在某些特定的时代还能够通过在学校这一场所的议政影响庙堂之上的决策者群体。比如明朝的在东林书院讲学，影响朝政，发展出了"东林党"这一"道德十字军"式的官僚集团，对明朝遏制阉党势力，清正政风起到了很大的积极作用，以至于时有"众正盈朝"一说。至于后来东林党加剧党争，成为明末一大政治顽疾，那也是学堂中的儒者们始料未及的了。纵使如此，明末之际，这种内心的道德使命感与社会责任感，激励了儒者挺身而出或殉明、或殉道。史可法力守扬州，被褒"数点梅花亡国泪，二分明月故臣心"，需要值得注意的是，史可法前往扬州镇守，就是由于党争，而被南明朝廷中的实权派马士英派往扬州，此行就是去送死，但是史可法却义无反顾，为他心目中正统的明朝政权的延续而做殊死一搏。

这种为天下勇于担当的家国情怀往往会让儒家付出惨重的代价，但是儒家依然恪尽天道，像梁漱溟所说，"吾曹不出苍生何"，正是这种使命感让儒学撑起了中华民族的脊梁。

（二）解读"胸怀大局、无私奉献"

西迁精神和儒学一样，是根植于中国具体社会现实而孕育出的宝贵精神，包含了我们中国优秀的传统，"胸怀大局、无私奉献"，强调的就是深怀理想信念，顾全大局服从集体，这是弘扬西迁精神的前提要求。

"胸怀大局、无私奉献"，首先指的是西迁精神要有大局观、核心观，这种核心观超越西迁精神的自身，引领作用，只能由中国特色社会主义理论思想承担。如同儒学一样，在当今中国，没有一种理论可以超越马列主义，上升为国家意识形态，而是要不断地反向自求，挖掘新内涵，使得自身与马列主义，与中国现代性相适应。1956 年开始的西迁，如果从交大当时的状况来讲，无疑留在上海是最佳选择，优渥的生活条件、体系的产学研结构、宽阔的经济腹地，这都是当年的西安所无法比拟的。但是"沧海横流方显英雄本色"，"胸怀大局"的精神在这个时候发挥了作用，尽管对于迁校有过争议，但是在时任校长彭康的率领下，交大人还是克服了这种情绪，以高度的责任感将交大带到了西安，为祖国的区域平衡发展作出了贡献。

其次，"无私奉献"强调的是在个人与集体利益发生冲突的时候，需要牺牲小我成就大我，这种精神在如今高度现代化的时代，更加熠熠生辉。科技的迅猛发展，使得旧有社会结构不断瓦解，旧有伦理规范也随之崩塌，而新的伦理秩序也没有建立，物欲横流造成了人们外向逐利不择手段，由此产生市场的负外部性、策略性行为、信息不对称等造成市场失灵，对于客观环境的宰制，生态问题困扰全人类。中国儒学的个人责任感可以为解决这种乱象提供一条新思路。

儒家主张"天人合一"的境界，儒家认为：人与天具有联系性，将人视为存有连续体中的一部分，人与其他存有者是非对立的。《易经》有天地人三才、《中庸》"赞天地化育，与天地参矣"。钱穆在其人生最后一篇文章中直接指出中国文明对于世界最大的贡献就是"天人合一"。现代社会是一个充满竞争的社会，良性的竞争可以促进社会进步，但是恶性的竞争则会导致社会的无序，伦理道德的瓦解，父子兄弟、昔日好友都有可能在面临利益冲突时，同室操戈，关系破裂。所有人处在这样一个冰冷的社会中，无不战战兢兢，唯利益强权是从。儒学同样也强调竞争，鼓励人"天行健，君子以自强不息；地势坤，君子以厚德载物"，但是儒学的这种竞争是"君子之争"。《论语·八佾》中，"子曰：君子无所争。必也射乎！揖让而升，下而饮。其争也君子"。这就避免了人沦为外在利益的附庸，唯金钱论，唯地位论，这种社会达尔文主义使得人类社会又有倒退到丛林原始社会的隐患，所有人都在这样一个市场经济制度下的社会被异化，从而失去自我。

交大人正是在"胸怀大局、无私奉献"的精神指导下，以宏大的格局审视祖国发展需要，坚定理想信念，不忘西迁来时的初心。西安交通大学怀着合作、竞争、共赢的精神，于2015年发起成立了"新丝绸之路大学联盟"，配合国家"一带一路"倡议，推动了"新丝绸之路经济带"沿线国家和地区大学之间在校际交流、人才培养、科研合作、文化沟通等方面的交流与合作，增进青年之间的了解和友谊，为祖国为世界培养了具有国际视野的高素质、复合型人才。

西安交大如果闭门造车，是绝对不会孕育出"西迁精神"这一独一无二的大学精神的。如同历史上的秦文化来自于东方，本身是海洋文明，但在扎根西北边陲，与戎狄为伍争锋之后，磨炼出来了顽强不屈、艰苦奋斗的精神意志，并最终促成了三秦文化的诞生一样。西安交通大学正是积极融入了陕西这片热土，加上党中央、陕西省人民对于交大的大力支持，并且交大人凭借自己的努力在陕西扎根，才孕育出了"足以共同形成了中国共产党的精神谱系，成为中华民族精神脊梁中光芒万丈的一段"的伟大西迁精神！这也正是儒学"人格主义"中社群性这一维度，所具有的高度理论价值在西迁精神中的体现。

二、个体人格的尊重

如果单单强调人的群体价值，那么儒学和西迁精神，都是缺少人文关怀的理论。使这套理论产生温度，并发挥更大作用的是蕴含于其中的，对于个体人格的尊重。一切的理论，最终的目的都是立足于人，旨在增进所有人的福祉，这与中国共产党强调的"从群众中来，到群众中去"是一个道理。

（一）"仁"以成人

孔子的"仁"、孟子的"心性天"关系的探讨，以及王阳明所讲的"良知"，都反映出儒学对于个体尊严的重视。西方宗教通过构建一个超越性的"上帝"以稳定世俗生活秩序，实则是将人类的命运前途诉之于"神"的能力，人在神面前是渺小的、矮化的。儒学不言此种宗教超越，正如"子不语怪、力、乱、神。""未知生，焉知死"。儒家主张"重人事，远鬼神"，这导致了中国社会缺少宗教。但是，儒家又通过建构一个既超越又关怀此在的"道德本体"，对世俗社会同样起到了宗教的作用，但这"道德本体"却使"人"的价值得到了彰显。

康德所讲的"为自己立法"，罗尔斯继承康德的理念论，在《正义论》中提出的"正确优先于善"（the priority of the right over the good）都与儒学这一观点契合。这是一种重视道德主体动机的伦理学，是一种"存心伦理学"。与"责任伦理学"不同，"存心伦理学"注重道德意义的善对非道德意义的善的优先性，这与儒家思想有可接榫之处。孟子著名的"义利之辩"：

> 孟子见梁惠王。王曰："叟不远千里而来，亦将有以利吾国乎？"孟子对曰："王何必曰利？亦有仁义而已矣。王曰'何以利吾国'？大夫曰'何以利吾家'？士庶人曰'何以利吾身'？上下交征利而国危矣。万乘之国弑其君者，必千乘之家；千乘之国弑其君者，必百乘之家。万取千焉，千取百焉，不为不多矣。苟为后义而先利，不夺不餍。未有仁而遗其亲者也，未有义而后其君者也。王亦曰仁义而已矣，何必曰利？"

这一段话就孟子规劝梁惠王，不能以"利"蔽"义"，而是要遵循自己内心的道德法则。但是孟子又不是迂腐地用道德去约束对于外部利益求取，孟子"先义而后利"，强调的是"义"对于"利"的优先性。孟子并不排斥逐"利"的正当性，只是将"外向"的逐利行为与"内向"的自省相结合，避免了利令智昏的极端行为。孔子虽然没有直接讲到"义利之辩"，但《论语·里仁》中"君子喻于义，小人喻于利"，自然也隐含了孔子"重义轻利"的思想主张。西方自由主义导致的个体主义的泛滥，造成社会失序，道德滑坡，就像庄子所讲的"曳尾于涂"中的那只乌龟一样，只是动物本能式地对于外部环境地被动适应。"列子御风而行"看似逍遥，终归需要"风"这一外物的凭借，他才能扶摇而上，这都不是自由人格的最高境界。相比于动物性的消极自由，儒学这种积极自由格局更高，人都不是独立的个体，诚如马克思所讲"人是一切社会关系的总和"，不可能独立存在，人的行为是要考虑现实的社会关系，这种对于道德本心的强调非但是群体对于个体的消解，反而是个体"为自己立法"的更高价值诉求，这种积极自由行为就是孔子所讲的"从心所欲不逾矩"。

（二）解读"艰苦"和"创业"

西迁精神所讲的"艰苦创业"是对西迁历史回顾的基础上凝练出的价值。1956年，交通大学师生面对着繁华上海相较于西安更加优渥物质生活的诱惑，依然义无反顾地选择踏上西迁的列车，并在迁校后的不利环境下，凭借着坚定的理想信念，克服各种不利条件，在三秦大地上续写了辉煌的篇章。

"艰苦奋斗"的"艰苦"固然是在外部不利客观条件下的砥砺奋进，如同"孔颜之乐"，"饭疏食饮水，曲肱而枕之，乐亦在其中矣。不义而富且贵，于我如浮云"。但我在这里想追问这种对于外部世界的达观态度是如何产生的？我想这正是西迁精神中"艰苦"二字所强调的另外一个方面——内心操守的艰苦修炼。《大学》八条目中，前五条"格物""致知""诚意""正心""修身"都是强调个人内心的修行。"人之异于禽兽者几希"，这个"几"字，就在于人之所以为人，乃是懂得为自己立法的觉悟，也即是儒学讲的"仁""本心""良知"。这种内心的良知在儒家看来，是人所固有的，是先验的，诚如"怵惕恻隐之心"是人之固有的。但是这种先验的道德本心，如果不加以不断的艰苦砥砺，则会为外物所蔽，而"艰苦"强调的就是对于本心的护持。孟子所讲的："舜之居深山之中，与木石居，与鹿豕游，其所以异于深山之野人者几希。及其闻一善言，见一善行，若决江河，沛然莫之能御也。"尽管这一道德本心是先验的，人所固有的，但依然需要在与社会的接触中，在现实状况的改变中不断"格致诚正修"。现代社会，受到西方自由主义的影响，个人在外向"逐利"（创业）之时往往有一种"拜金主义"的倾向，物欲的指挥下，个体被异化，个体往往为逐利而丢弃了自我的本心，社会秩序的重建、对于道德的呼唤都有赖于这种对于最高道德实体的敬畏。

艰苦创业的"艰苦"的精神内涵，对于我们在新时代牢记使命、永葆初心有着极强的现实意义。诚如马克思所讲"哲学家的任务在于改变世界"，儒学与西迁精神都注重现实世界的实践，这种入世精神的体现就在于"创业"二字。西迁精神所讲的创业既包含对于客观物质基础的建设，也包含对于上层建筑的设计。

儒家并不反对在物质世界的进取，历代儒者都渴望积极入世，朱熹所讲的"得君行道"就是勉励读书人在治世中积极进取，以生平所学有所担当。孟子所讲的"先义后利"也是对于义利的有机统一，就像余英时先生提出的"士魂商才"，有了"魂"的指引之后，士当然"不可以不弘毅"，因为需要将任重而道远落实于对物质基础的建设上。西迁精神的提出，正契合了我们所处的这个"新时代"的时代需求，就是把握住历史赋予我们的机遇与使命，以"发愤忘食，乐以忘忧"的积极进取态度，为了自我的实现、国家的发展而有所作为。作为交大人，我们的"创业"目标具体在为交大的教学、科研、科技产业与科技园区向更高层次和目标发展，在学科建设、人才培养、科研成果等方面取得更大的成就，以实现当初周恩来总理寄予交大以"支援西北建设""为建设社会主义服务"的殷切期望。如今的交大，确实也在践行着这一使命，交大以自身的发展不仅带动陕西发展，更是开始反哺东部，交通大学在东部建立了包括苏州研究院在内的一系列科技产业园区，带动了当地的产学结合，打造区域性人才高地。

"创业"的意义，还在于对上层建筑的建设，最高道德实体不容变化，西迁精神中爱国、奉献、尊重个体价值等具有其普世性、永世性，但是诚如孔子所讲"礼有损益"，具体的精神体现、制度设计等应该应时代的变化而做到与时俱进。西迁精神的内涵也不是一成不变的，交大的制度设计也并非万事之固制，正如中国历史上，尽管历代王朝都有着对于"祖制"的坚守，但实际操作却都是因时因地制宜，如果陷入教条，墨守成规，那必然不会取得新进展。中国无论对于马列主义还是传统文化的弘扬都是根据具体国情而进行创造性的吸收,正如习近平总书记所讲的"每一代人有每一代人的长征路",赋予西迁精神新内涵又何尝不是我们这一个时代的特殊而伟大的使命呢?艰苦创业正是西迁精神的目标要求。

三、"弘扬传统"统摄两端

"弘扬传统"这四个字是西迁精神统摄个体与群体,使两者达到均衡的关键,因此在这里单独作一解读。

"传统"二字强调的是对于优秀传统文化与学校历史财富的继承,"弘扬"则在于对这些传统的新发展。继承强调的是对于历史的尊重,弘扬则侧重于未来新格局的拓展,尊重历史是对往者尊严的尊重,所谓"慎终追远",开创新格局是对来者的关怀,所谓"泽被万世"。个体不仅包含前文论述的此在的个体,广义上还包括历史中的个体与下一个世代的个体,对于这三个维度的个体的尊重,是儒家,也是西迁精神对于"人"的更大的终极关怀,这将对个体价值的尊重又上升到了一个更高的层面。而如何统摄这三个维度的个体,靠的则是历史的逻辑,是传承与发展,而单个的个体在不接触社会的隔绝状态下是无法完成传承与发展的,这就又包含了儒学以及西迁精神对于人的群体价值的强调。因此,我认为,"弘扬传统"这一内涵,是西迁精神的关键一环,它将个体与群体、历史与未来相接洽,是消融古今、发挥西迁精神现实意义的重要一环。

对于传统的继承,不是像"仁"那样是生来就有的,而是通过主体不断地实践所达成的。这个实践的第一步,就是儒家重视的"学",只有通过"学"才能古今交融,根据杨亮功先生统计,"学"在《论语》中总共出现了42处。这些经典,主要讲的是学习内容、学习方法、学习目标以及学习态度四大问题,这对于弘扬西迁精神具有现实指导意义。《论语·述而第十七》子曰:"加我数年,五十以学《易》,可以无大过矣。"《论语·阳货第十七》子曰："小子何莫学夫诗？诗，可以兴，可以观，可以群，可以怨。"孔子就明确指明了，学习是学《易经》《诗经》这些经典，只有通过对经典的学习，不断地与古人进行神交，才能进行修身齐家。《论语·为政第二》子曰："学而不思，则罔；思而不学，则殆。"这讲出了学习的方法，就是思学并重，就像对于西迁精神的学习，如果一味地去背诵它的内涵、目标，而不知道反思运用，则永远不会领悟出西迁精神真正的内涵，从而陷入本本主义的困境。《论语·卫灵公第十五》子曰："吾尝终日不食，终夜不寝，以思，无益，不如学也。"则又告诉我们，相比于思，学终归是基础，如果没有学这项实践活动，所有的反思都会缺乏深度与厚度，无法达到反思真正的目的。

学习，尤其是重复学习自然是件枯燥的事情，但是《论语·学而第一》子曰："学而时习之，不亦说乎？有朋自远方来，不亦乐乎？人不知而不愠，不亦君子乎？"《论语·述而第七》子曰："默而识之，学而不厌，诲人不倦，何有于我哉。"学习终归是需要获得感与满足感的，而这个快乐的获得，则来自于与"学"相对应的一项实践"教"，相比于"学"可以个人通过阅读经典而独立完成的"个体主义"，"教"则必须融入社会之中，这就是儒学"人格主义"社群性一面的发挥。所有的学习，如果不去将它传承弘扬，都是徒劳。《论语·述而第七》子曰："德之不修，学之不讲，闻义不能徙，不善不能改，是吾忧也。"说的就是这个道理，西迁精神的弘扬也需要西迁精神的工作者不断进行宣传，才能让西迁精神代代相传，发扬光大。施教的一方与接受教育的一方，没有人格尊严上的差异，只不过是闻道有先后的次序差别，学生尊师重道，教师又怀有"诲人不倦"的态度去施教，纵使学生一时驽钝，也要发扬"人不知而不愠"的包容之心，自然会达到教学相长的效果。

四、结　语

　　观念的碎片不足以建构起理论的大厦，儒学与西迁精神的研究都不能偏执一端，执着于一些碎片化的理论，而是要高屋建瓴地从群、己两个维度挖掘出他们的理论内涵。处于新时代的中国，发展依然是重中之重，儒学作为优秀中国传统文化中的一部分，必然要承担起它的历史新任务。许纪霖说："使命感，这是儒家精英主义的根本所系"，我们应该从儒学"人格主义"的个体修为出发，发挥其"社群主义"的精神，以强烈的使命感，重构儒学，在道德层面关怀民族的前途与命运，于历史、价值、文化有所担当，最终将"民胞物与"的精神落实到每一个生命个体之上，实现儒学"人格主义"的第二个维度——对于个体价值的尊重。

　　"风云两甲子，弦歌三世纪"，西迁精神凝练于交大西迁的历史，是对我们所处新时代需要的回应。改革开放40年，中国积极地融入世界，取得了一系列丰硕成果。习近平总书记审时度势地提出了"一带一路"倡议，西安交通大学处于西安——这座陆上古丝绸之路起点的城市，必定将要发挥更重要的作用，因此我们必须大力弘扬西迁精神。理清"胸怀大局、无私奉献"是前提、"弘扬传统"是关键、"艰苦创业"是目标，运用好这一交大人所独有的宝贵财富，指导我们的教育事业，为实现建设世界双一流大学、中华民族伟大复兴的宏伟目标而矢志奋斗！

交通大学内迁方案调整的
战略要义及历史影响

靳小勇　　杨澜涛[*]

众所周知，中央作出交大西迁决定始于 1955 年，西安和上海两所交通大学独立建校是在 1959 年，若以此作为迁校任务圆满告成之标志，前后历时共计四年有余。作为一项中央战略，西迁历程波折反复，看似有违常理，实则合乎情理，其背后蕴含的是党的第一代中央领导集体深谋远虑、志在西北的长远战略宏图。

一、"一五"计划与中央决定交大内迁

交通大学的内迁动议，始于 1955 年 3 月 30 日高教部上报国务院二办的《关于沿海城市高等学校一九五五年基本建设任务处理方案的报告》，提出"将交通大学机械、电机等专业迁至西北设交通大学分校（具体地点和陕西省委商定）"。报告指出该动议是根据"中央关于编制五年计划的方针和沿

---

　　* 靳小勇（1986— ），男，西安交通大学马克思主义学院讲师；杨澜涛（1982— ），男，西安交通大学校史与大学文化研究中心副研究员。

海城市基本建设一般不再扩建、新建的指示"。① 但何以要将交大迁往西北呢?

(一) 中央关于编制五年计划的方针

"高等教育必须密切地配合国家经济、政治、文化、国防建设的需要,而首先要为经济建设服务"是新中国高等教育办学的特色方针。1952 年 12 月 22 日,中共中央下发了《中共中央关于编制一九五三年计划及五年建设计划纲要的指示》(以下简称《五年建设计划纲要的指示》),其中重点指出:"工业化的速度首先决定于重工业的发展,因此我们必须以发展重工业为大规模建设的重点"。②

为推动重工业的发展,截至 1954 年 10 月中苏之间先后三次达成 156 个工程项目,即"一五六工程"。③ 从地域分布来看,该工程中 44 个国防项目位于中西部地区的有 35 个,其中 21 个在陕西省和四川省。档案资料显示,在重工业项目上马过程中技术工人和干部匮乏的问题引起了中央领导人的关注。1954 年 6 月 30 日,时任中央财政经济委员会主任的陈云指出,技术力量的需要和供应是不平衡的。"初步计算,五年内工业和交通运输两项需增加技术人员三十九万五千人,但高等院校和中等技术学校的毕业生仅为二十八万六千人,相差近十一万人。"与这一需求形成鲜明对照的是全国 188 所(包括高等师范)高等学校中,集中在沿海城市的占总校数 51%强,在校教师、学生人数则约占全国总教师、学生人数的 61%,尤其高等工业学校

---

① 《关于沿海城市高等学校一九五五年基本建设任务处理方案的报告》,转引自《交通大学西迁纪念册》,西安交通大学出版社 2016 年版,第 51—52 页。

② 薄一波:《若干重大决策与事件的回顾》(上),中共党史出版社 2008 年版,第 398—401 页。

③ 也称"一五六项目",最终确定的项目数为 156 个,而实际开工的为 150 个。本文仍以"一五"计划中公布的 156 项为准。参见董志凯:《关于"156 项"的确立》,《中国经济史研究》1999 年第 4 期。

62%在沿海一带。显然，技术人才的供需与高等教育的布局，与"一五"计划的发展部署是不相适应的。

随着"一五六工程"的实施和人才供需矛盾的突出，为解决这一问题，根据高等教育事业服务于社会主义经济建设的内在要求，高教部1955年3月提出"配合国民经济发展的需要，特别是按照新工业基地的分布情况，相应地扩建内地学校，提前在内地增建新校"。而在1952年院系调整后，交通大学成为一所以机、电、造船和电讯为主的多科性重工业大学，不论办学实力、办学规模，是东南乃至新中国高等工程教育之翘楚，在东部支援西部建设社会主义大潮下，交大易地搬迁、支援西部工业建设成为时代必然之选。

（二）沿海城市基本建设一般不再扩建、新建的指示

"一五"计划大规模建设的实施，不可回避的一个问题便是沿海地区面临的严峻安全形势。1952年朝鲜半岛局势缓和并没有立即减轻中国周边面临的军事压力。1953年2月，艾森豪威尔政府"放蒋出笼"政策出台，1954年12月"美台共同防御条约"，亚太地区反共军事集团的初现，这一系列事件使中国东部沿海地区处于战争阴云笼罩之中。①

东部沿海地区局势必然影响到内地与沿海工业关系及城市建设。1954年8月1日，《人民日报》刊发了《贯彻重点城市建设的方针》一文指出："第一个五年计划中工业建设不多的某些大城市和一般的中小城市……基本不可能进行新的建设"。当时主管经济工作的薄一波主任在1955年3月23日召开的全国代表大会上指出："工业的分布，首先要考虑到我们目前还处在资本主义的包围的形势下，战争的威胁依然存在，而且特别要考虑到原子

---

① 陶文钊：《美国对华政策文件集（1949—1972）》第二卷（上），世界知识出版社2004年版，第134—135页。

战争的特点，工业和人口过分集中是不利的"，"……根据现代战争特别是原子战争的特点，工业的分布应该充分考虑到沿海和内地、集中和分散配合等问题"。① 随着沿海地区安全形势持续紧张，陈毅市长向中央汇报上海市的情况后，中央作出了沿海地区的工厂、学校内流指示。② 据此，高等教育部提出了基本上停止或削减沿海城市高等学校的基本建设年度任务部署，交通大学内迁动议应运而生。

综上所述，解决西部重工业项目对技术人才的迫切需求，保障"一五六项目"的顺利实施，是 1955 年动议交大西迁的战略性原因；而同期东部沿海国防形势严峻，使交通大学，乃至上海市进一步发展受到政策和空间的双重限制，成为高教部作出交大内迁的即时性原因。③ 在这两重因素的推动下，交通大学内迁的动议被提出并批复实施。

二、"论十大关系" 与中央调整交大主体内迁

1956 年 9 月交大迁校后首次开学典礼在西安举行，标志着首批迁校任务的圆满完成。不过，此前 5 月毛主席"论十大关系"的提出和"二五"计划要求充分利用和适当加强沿海工业建设，致使交大迁校讨论广泛展开。1957 年周总理亲自主持处理内迁问题，经过交大师生民主讨论，得出主体内迁的迁校新方案，后为考虑西北发展需要，交大西安部分独立建校为西安交通大学，由此交大西迁在"一五"建设及西北长远发展战略中的地位得以奠基。

---

① 《建国以来重要文献选编》（第七册），中央文献出版社 2011 年版，第 74 页。

② 据国务院二办主任林枫回忆，高教部这一动议是在陈毅市长向中央政治局汇报上海地区情况后，中央指示沿海地区工厂、学校内流，但是目前相关报告和指示仅见于陈云副总理 4 月 7 日对高教部报告的批示上。

③ 空间方面主要是指校区原址规模受制于其地理区位限制，以及扩校成本高昂。参见凌安谷等编著：《交通大学内迁西安史实》，西安交通大学出版社 1995 年版，第 2 页。

（一）"论十大关系"的提出与内迁方案复议

继高教部内迁的报告被中央批复后，彭康校长立即在校党委和校务会议上做了传达，并于 5 月 24—25 日第七次校务委员会扩大会议上通过了《交通大学校务委员会关于内迁问题的决议》，定于次年 8 月起正式内迁。在筹备工作进行的一年里，国际和国内因素共同推动了内迁方案的调整。

虽然东南沿海地区局势在 1955 年前后持续紧张，但国际局势自 1953 年 7 月朝鲜停战协定达成后，开始朝着有利于社会主义建设的方向发展。毛泽东后来回忆道："过去朝鲜还在打仗，国际形势还很紧张，不能不影响到我们对沿海工业的看法。现在，新的侵华战争和新的世界大战，估计短时期打不起来，可能有十年或者更长一点的和平时期"。① 不难发现，这种认识与 1955 年 3 月交大内迁决策作出前后中央指示沿海地区工厂和学校内流的情势是完全不同的。对国际局势的新判断，推动了中央领导集体对内地与沿海工业关系的重新审视。

1956 年 2 月 14 日到 7 月 7 日，毛泽东等中央领导人陆续听取、审阅了 34 个中央部委等机构的现场及书面汇报，其间沿海工业和内地工业的关系问题引起了高度关注。3 月 3 日晚上在听取轻工业部汇报的时候他指出："鞍钢、石景山钢铁厂、上海造船厂等沿海的重工业都利用，轻工业为什么不利用？要积极合理利用。""上海赚钱，内地建厂，这有什么不好？这同新建厂放在内地的根本方针，并不矛盾。"② 在 4 月 28 日政治局扩大会议上，毛泽东系统地讲了《论十大关系》，其中关于沿海和内地工业关系的阐述，是国家投资布局的新动向，更是中央重新重视沿海地区的信号释放。

---

① 《建国以来重要文献选编》第八册，中央文献出版社 2011 年版，第 107 页。
② 《建国以来毛泽东文稿》第六册，中央文献出版社 1996 年版，第 541 页。

中央领导人的这一思考很快转化为政策部署。6 月 27 日，陈云副总理来上海传达毛泽东关于"上海有前途，要发展"的重要指示。① 这一指示反映在交大内迁问题上则表现为全部内迁的必要性不再似 1955 年迫切。当天，中共上海市委就交大内迁问题给中央发电，对交通大学内迁方案提出复议，建议之一便是按照原计划内迁的同时，筹建上海机电学院。7 月 3 日杨秀峰部长给国务院二办及周恩来的报告中，建议按照 1955 年文教会议的部署，主要理由是交大全员内迁可以为西北地区建设一个多科性工学院，与一机部、二机部、电机制造部、电力部在西北布置的建设项目取得很好的配合。杨秀峰部长同时建议采纳给上海市委留一个机电的底子的建议，以作为南洋公学之续。9 日，高教部复电上海市委，同意按原计划搬迁的同时，筹建上海机电学院的方案。可见，尽管 1956 年国际形势和投资布局已发生变化，中央坚持交大进行内迁以保障"一五"计划实施，支援西北地区工业建设及其长远发展。此后，交通大学首批迁校师生员工及家属迁往西安，并按高教部要求，于 1956 年 9 月在西安正式开学授课。

（二）"支援西北方针不变"的指示与内迁方案的调整

1957 年夏天起，随着时局缓和和对沿海地区工业建设的提升，内迁的不同意见在交大师生中涌现，为解决这一问题，周恩来总理亲自主持关于迁校问题的国务会议，推动了迁校方案的调整，并最终于 1959 年确立了两所交大并立的局面。

1956 年 9 月通过的"二五"计划提出"继续把工业重点合理地移向内地，发展内地的经济事业，又须充分合理发展近海地区的经济事业"的方针。② 与此同时，鉴于苏共二十大和波匈事件的出现，中共中央于 1957 年 2

---

① 中共上海市委党史研究室：《上海社会主义建设五十年》，上海人民出版社 1999 年版，第 159 页。

② 《建国以来重要文献选编》第九册，中央文献出版社 2011 年版，第 296 页。

月 27 日下发了《关于正确处理人民内部矛盾的问题》,① 以克服执政中的官僚主义、宗派主义和主观主义问题,避免在中国发生类似事件。经济建设方略的调整以及 1957 年夏天的整风运动的开展,为内迁问题的讨论提供了契机,藉此关于内迁的不同意见在交大师生中开始出现。

从 4 月 20 日到 5 月 19 日,交通大学西安、上海两地师生围绕不同的内迁方案进行了持续性的讨论,其中不支持迁校的意见逐渐占据上风。为统筹全局、协调各方诉求,交大西安和上海两地代表赴国务院汇报迁校讨论的结果。周恩来总理主动听取汇报及有关方面意见,并于 6 月 4 日主持了关于交通大学内迁的国务院专题会议,其间他客观分析了内迁的各种方案后,申明了解决问题的关键:"总的原则是求得合理安排,支援西北的方针不变"。② 周恩来总理的指示为解决内迁方案的讨论奠定了基调,提出最后采取哪种方案由交大自己讨论,并安排杨秀峰部长、刘皑风副部长会后分赴上海和西安向师生讲清情况,充分讨论并形成最终的内迁方案。

从周恩来总理的指示来看,首先是肯定了交通大学内迁初衷的合理性,即支援西北工业建设。如何凝聚共识是内迁问题取得各方满意结果的关键所在,从 6 月 5 日起,交大师生围绕内迁问题展开热烈讨论,师生员工的思想开始逐渐统一起来。③ 本着"支援内地,照顾上海"的原则,彭康校长于23 日提出在坚持内迁的前提下,考虑一个交大分设为西安、上海两个部分,统一安排师资,统一调配力量,实现共同目标。彭康校长的方案在此后与造船学院、南洋工学院、上海市政府和陕西省领导人沟通后,于 7 月 4 日在校委扩大会议获得正式通过;次日,彭康校长全面部署实施内迁新方案。9 月12 日,国务院正式批复高教部《关于交通大学内迁及上海、西安有关学校

---

① 《建国以来重要文献选编》第九册,中央文献出版社 2011 年版,第 57 页。

② 贾箭鸣:《百年淬厉电光开——西安交大的历史脉络与文化传承》,西安交通大学出版社 2014 年版,第 225 页。

③ 贾箭鸣:《交通大学西迁:使命、抉择与挑战》,西安交通大学出版社 2015 年版,第148 页。

的调整方案的报告》，暂停的内迁工作继续开展，交通大学进入到"一校两地"办学时期。到 1957 年年底，交通大学的主要力量内迁到了西安，完成了周恩来总理"尽最大的可能支援西北建设"的期望。

交通大学的发展与国家经济建设需要密切相连。1958 年年初，根据国民经济建设大跃进的需要，以加强地方政权对教育事业的全面领导新一轮教育体制改革拉开序幕。① 7 月 28 日，教育部根据中央《关于高等学校和中等技术学校下放问题的意见》制定了《关于下放高等学校的通知》，将教育部直属高校划归省、市领导，其中交大的西安部分下放给陕西省，而上海部分下放给上海市。这一调整使得交大两个部分能够更好地服务于域内经济建设，而异地管辖客观上给交通大学办学带来了诸多不便。为解决 1958 年教育体制改革带来的规模过大、师资匮乏、教学质量下降等问题，1959 年 3 月 22 日，中共中央下发了《关于在高等学校中指定一批重点学校的决定》，首次在公开文件中将交通大学的两个部分称为西安交通大学和上海交通大学，这是 1957 年内迁方案调整以来首次将交大两个部分作为两所独立的大学，并确立了两个部分全国重点大学的地位。对于异地办学的问题，教育部 6 月 2 日向国务院提出《关于交通大学上海、西安两个部分分别独立成为两个学校的报告》，提请国务院同意两部分独立成校，这一报告在 7 月 31 日得到批复。至此，两所交大并立的格局正式形成。

三、交大迁校方案调整的战略要义及历史影响

交通大学内迁方案调整的历史进程，是新中国成立初期中共中央基于特殊国际环境下快速建设社会主义而作出的一项必然抉择，其与社会主义经济建设方略的调整可谓休戚相关。交大迁校方案从两三年内全部迁出，到一校

---

① 《建国以来重要文献选编》第十一册，中央文献出版社 2011 年版，第 303 页。

两地、主要考虑西安发展，再到两地并立，整个变迁过程不仅是国际政治局势趋缓的体现，更反映了中央建设社会主义思路的战略调整，以及交大师生在领会中央方略方面的积极担当。不明乎此，我们就无法准确把握中央决定交大内迁的战略要义和影响。

（一）交大迁校方案的调整，体现了中央建设西北的战略由倾向"权宜之计"到偏重"长远大计"的转变

在处理交大西迁国务会议的报告中，周恩来总理比较清晰地回答了这一问题。周总理首先从全国的院校调整说起，指出"调整的方针，是边改造，边建设，经济建设的布局"。随后，就交大迁校方案的出台及调整的来龙去脉和主要考虑因素，周总理指出："1955 年决定交大内迁支援西北建设，照顾国防是必要的……"，"为了西北需要"，"交大搬去，可以搞得快些"，所以，"55 年的决定是对的，服从了需要"；而"1956 年是过渡，也是关头，毛主席提出十大关系……国家投资要重新布局"，"从十大关系、新形势、新安排，（交大）可以不搬"。但"西安校舍已建立，招生任务大，留上海（发展）很难"，而且"西北建设又需要"，所以"可搬可不搬"。1957 年，"二五"期间内地工业建设放缓，沿海要提速，国际形势大大缓和，迁校陷入"骑虎难下"的境地。根据周总理所提"调整方针"，交大迁校方案最合理的解决方式，首选应是迁回上海，这是交大师生争论的出发点。但会上周总理却鲜明地提出了一项更为根本的原则，"一切问题有利于社会主义建设，一切还是为了更好动员力量为社会主义建设服务"。据此，他原则性提出了解决交大迁校的"高中低"三种方案，并阐明各自利弊，交由交大师生讨论决定。在讲话最后，周总理再次重申"总的原则是求得合理安排，支援西北方针不能变"。周总理指出"西北是殷切需要交大的"，"交大在西北发展前途大"，西北工业长远打算是有发展，眼前是留上海有利……而且"西北是中华民族发源地"，"中国革命成功于西北"，"交大到西北发展锻

炼，应该是求之不得"。在周总理的讲话精神传达之后，交大迁校问题也逐渐迎刃而解，在社会主义国度，作为社会主义高校，交大师生顾全大局，着眼中华民族长远发展，支援西北建设责无旁贷。最后，交大实施的包括机电动大部分和十余个新专业设在西北的新迁校方案，高度体现了周总理"一切有利于社会主义"，"支援西北建设"的战略方针。

（二）交大西迁后六十年的重点建设历程，印证了中央谋局建设西北战略的高瞻远瞩

大西北被中央视作中国的"乌拉尔"，"一五"时期，工业企业投资额占到全国的三分之一，重点建设项目占近百分之四十，"二五"时期工业建设速度放缓，但大部分项目并未下马。为更好支援西北建设重任，1959 年中央同意教育部关于交大西安部分独立建校的报告，并指定西安交通大学为国家十六所重点高校之一，是整个西部地区唯一入选高校。迁校 20 余年，西安交大除为西北工业建设输送大批高层次人才外，还支援建设了西安矿业学院、陕西工业大学、陕西科技大学、甘肃工业大学以及太原工学院等一批高等工业院校，发挥了其对西北高等学校的带动作用。在交大西迁 25 周年纪念大会上，时任教育部部长蒋南翔同志十分中肯地评价道："敬爱的周总理亲自领导这次迁校的战略措施是成功的，西安交通大学已经在祖国西北立下了牢固的根基，成为西北地区培养高级技术人才和开展科学研究的重要基地之一……在社会主义现代化的建设，特别是大西北的开发和建设中，发挥了重大作用。"[①]

"科学技术是第一生产力"。改革开放伊始，根据国民经济发展的需要，中央决定"把教育列为国民经济发展的战略重点"，将包括"西安交大在内

[①] 蒋南翔：《扎根西北，办好社会主义的西安交通大学——在西安交通大学校庆典礼上的讲话》，转引自西安交通大学档案馆编：《交通大学西迁纪念册》，西安交通大学出版社 2016 年版，第 19—22 页。

的十所高校列为国家重点项目",随后又被纳入国家"七五""八五"建设项目。经过四十年发展,西安交大成为西北最璀璨耀眼的一颗明珠,成为新世纪中央实施"西部大开发战略"的重要"战略先手"。2006 年,在庆祝交大西迁五十周年座谈会上,时任教育部部长周济如实评价道:"如果把中国的发展战略比作一盘棋的话,交大西迁则是党中央在这盘棋局中摆下的一个十分关键的棋子。随着我国社会经济结构的发展,随着国家经济发展中心进一步向中西部转移,当年这盘棋的战略意义和深远影响早已充分显现了,而且会越来越重要。可以说,交大西迁是国家实施西部大开发的十分重要的举措,体现了党中央、国务院的英明决策。""作为西部建设和大开发的重要支撑力量,西安交大的建设和发展,可以说是举足轻重,至关重要。"①

风云两甲子,弦歌三世纪。交大内迁西北创业已有六十二年历史,在中央开发西部的战略部署中发挥了不可代替的重要作用。随着"一带一路"倡议的深入推进和党的十九大中国特色社会主义新时代"人民日益增长的美好生活需要和不平衡不充分的发展之间的矛盾"跃升,作为西部高等教育的带头者和西部科技创新的引领者,毫无疑问,交大西迁的战略意义必将更加凸显。以今观古,六十余年前,由周总理亲自领导,交大师生民主讨论形成的"志在西北"的主体内迁决策,谋略深远,意义重大。

---

① 周济:《继承、弘扬西迁精神,为创建世界高水平大学而努力奋斗》,转引自西安交通大学档案馆编:《交通大学西迁纪念册》,西安交通大学出版社 2016 年版,第 37—43 页。

西迁精神是新时代对爱国
奋斗精神的历史呼唤

王晓勇[*]

一、西迁精神作为时代呼唤的重要性

新时代的发展进步不仅需要依靠深化改革的实践活动作为推动力量，更需要具有丰富价值的精神内容作为支撑力量。2018 年 9 月 10 日，习近平总书记在全国教育大会上强调："要在厚植爱国主义情怀上下功夫，让爱国主义精神在学生心中牢牢扎根，教育引导学生热爱和拥护中国共产党，立志听党话、跟党走，立志扎根人民、奉献国家。"所谓爱国主义情怀，既是中华民族的精神传统，也是现代中国得以形成的重要因素；而新时代提出的西迁精神，再次唤醒了中华民族以爱国奋斗、建功立业为主题的历史记忆，这符合中国社会在高速发展和文明进步过程中的文化要求。事实上，现代中国的发展历程就是由一系列精神谱系构成的，既包括从古代社会传承下来的文化精神谱系，比如汉唐丝路精神、玄奘西行精神；又包括在现代社会构建出来的实践精神谱系，比如在革命时期形成的红船精神、井冈山精神、长征精

---

* 王晓勇（1971—　），男，陕西省社科院副研究员。

神、延安精神、西柏坡精神等，在社会主义建设时期形成的大庆精神、红旗渠精神、焦裕禄精神、习近平总书记知青时代形成的建功立业精神等，这些精神的核心其实都是爱国奋斗。

西迁精神的特质在于，它始终以爱国奋斗精神为主线，推动中国西部社会从传统型的封闭落后文化走向面向国际的开放创新文化。尤其在西部地区恶劣的地理环境和艰苦的生活条件下，奋斗者在逆境中彰显生存意志，构建西部社会向现代社会转型中形成的开拓创业文化；并且在支援大西北的历史语境下，西迁人在肩负国家重任中彰显敢于担当的勇气，构建知识分子群体在家国情怀中的大局意识和奉献品格。

二、西迁精神的爱国奋斗内涵

西部的厚重不仅在于前仆后继的奋斗历程，也在于薪尽火传的精神积淀。从古代的传统看，有丝路精神；从今天的传统看，前有延安精神，再有西迁精神，后有梁家河知青岁月的建功立业精神。这四个精神构成了西部发展的精神谱系，属于爱国奋斗精神的特殊表现。

2017 年 12 月 11 日，习近平总书记作出重要指示，向当年响应国家号召、献身大西北建设的交大老同志们致以崇高的敬意，同时，也希望西安交大师生传承好西迁精神，为西部发展、国家建设奉献智慧和力量。习近平总书记的重要指示表明，西迁精神是陕西发展的内在驱动力，是地区发展目标与国家建设战略的高度统一。习近平总书记在 2018 年新年贺词中再次为西迁人点赞："他们的故事让我深受感动。广大人民群众坚持爱国奉献，无怨无悔，让我感到千千万万普通人最伟大，同时让我感到幸福都是奋斗出来的。"这些话语归结起来就是他在全国教育大会中提出的八个字"扎根人民，奉献国家"。可见，要建设好新时代中国特色社会主义，迫切需要弘扬西迁精神；而西迁精神的核心是爱国奋斗，其归宿是人民幸福，即"幸福都是奋斗出来的"。因此，西迁精神所蕴含的信念、理想、文化自信和爱国奋斗精神作为其内在动力，是新时代推动各项事业全面进步的引擎。

西迁精神是各行各业全面开花、励精图治的奋斗史，西迁人是爱国奋斗的优秀典范，他们青春璀璨，无怨无悔，生命炽烈，自强不息。从文化上看，西迁精神既包含着西迁人艰苦创业中的开拓事迹，又蕴含着西迁人优良传统中的时代价值；还传承着西迁人历史记忆中的永恒精神，代表几代人薪火相传的光荣与梦想，前有延安红色经典精神，不忘本来；后有梁家河知青的建功立业精神，面向未来。

60 多年前，无论是高等院校和科研院所的西迁，还是军工企业和其他行业的西迁，他们始终肩负着建设西部的伟大使命和"敢叫日月换新天"的时代魄力。如今，西迁精神在新时代的精神价值与十九大主题新时代、新使命和新征程是一致的。它表现为：用爱国敬业的精神响应时代需要，用无私奉献的精神肩负历史使命，用开拓奋斗的精神奔向理想征程。

西迁精神的这些宝贵传统，不仅在西部大开发、教育大发展、国防大加强、三线大建设的重要时期承担着西部现代化转型的历史使命，还将在党的十九大后，为新时代的国家建设、西部发展和追赶超越，奉献智慧和力量。西迁精神形成的国家背景，就是从 20 世纪 50 年代开始，为了支援大西北，推进大三线建设，国家将东部地区和其他地区的优秀人才、先进技术、管理经验和高等教育等调配给西部，这是非常难得的。所以，西迁精神的形成，首先要感谢国家给予我们的发展机遇。在这个过程中，无数西迁人牺牲了安逸的家庭生活和更好的发展机会，为陕西和大西北建设奉献出了自己的聪明才智和青春岁月，爱国敬业，无怨无悔。

西迁精神是一种现代精神，它让西部增添了"接进来"的胸襟气度和思想准备。它用现代文明的开放精神、现代科技的实业精神、现代知识分子的工匠精神重新塑造西部。这种开放、务实、敬业的现代精神是西部与国际接轨的重要前提，构成了西迁精神在西部落实"一带一路"倡议中的当代价值。事实上，西迁不仅包括以交通大学西迁、华航西迁为代表的高校系统西迁，还包括军工、航天、纺织、石油、工矿、制造业、金融业等系统的西迁。这些西迁盛举，不仅为西部奠定了现代化的工业基础、科研基础和人才教育基础，构建了西部产业发展必需的硬件和软件，而且确立了陕西在西部建设中的引领地位，开启了西部未来发展的现代化格局和国际化视野，将西迁精神内化为现代化社会发展的活力和驱动力。

西部厚重的历史文化积淀，注定它在完成中华民族实现中国梦过程中肩负着更多的历史责任和时代使命。尤其是西迁精神在西部尤其是陕西扎根六十多年以来，与陕西固有的历史文化结合在一起，与陕西地方的发展实践结合在一起，其精神内涵不断地得到了丰富充实，通过改革开放四十年的发展，西迁精神又与现代理念结合在一起，为陕西发展增添了更多的文化自信。如今，它不仅是建设大西北的精神力量，更成为早日实现中华民族伟大复兴的中国梦而奋斗的精神力量。西迁精神是西迁人的爱国奋斗故事，它创造了西部奇迹，是提高西部地区文化自信和幸福指数的正能量。

在深化改革开放的新时代，习近平总书记的名言"幸福都是奋斗出来的""扎根人民，奉献国家"，一再回响在我们耳畔，这些是西迁精神的精髓和灵魂，也是西部实现追赶超越的必由之路和贯彻"一带一路"倡议的坚实信念，所以西迁精神的历史价值在于：往事如风，精神不灭；前路虽远，初心不忘！

三、爱国奋斗精神与习近平新时代中国
特色社会主义思想的内在关系

习近平新时代中国特色社会主义思想，首先，它是中国改革开放四十年的最新理论成果和最新实践总结。其次，它也代表着中国传统社会向现代化转型过程中的历史必然。再次，它作为一种治国理政的思想，既是外在现实发展的需要，又是内在精神推动的产物。那么，对于习近平新时代中国特色社会主义思想的研究，离不开深化改革开放的自我要求，离不开加快现代转型的时代要求，离不开全面治国理政的具体实践，这就必须将习近平新时代中国特色社会主义思想放在内外一致、前后连贯、整体协调的动态系统中进行科学的分析和理性的把握。

而历史实践过程不仅是对外在时代问题的解决，体现出社会发展的现实性和规律性的统一；也是对内在精神自我的确证，体现出主体发展的自觉性和自由性的统一。因此，只有找到习近平新时代中国特色社会主义思想的精神来源，才能更好地理解当代中国社会的精神主体及其价值追求，才能更好地把握习近平新时代中国特色社会主义思想的原则基础及其逻辑根据，从而指导各种具体的社会实践。

从中国现当代社会的发展历程看，有三个重要的精神支撑，分别是新民主主义革命时期的延安精神，它是原发性的精神之源；社会主义建设时期的开拓创业精神，其中包括西迁精神和梁家河知青岁月的建功立业精神，它是过程性的精神之源；改革开放时期的实践创新精神，在开放性方面继承了中国汉唐盛世的丝路精神，它是超越性的精神之源。这三种精神又是在时代困境中产生的正能量，延安精神形成于抗日救亡的民族危机中，代表着自我创生的生命力量；开拓创业精神形成于新中国在逆境中不断探索的特殊时期中，代表着自我奋斗的意志力量；实践创新精神形成于解放思想的拨乱反正中，代表着自我反思的理性力量。生命、意志与理性三大精神要素的相继建构，具体化为道路自信、理论自信、制度自信和文化自信，形成了马克思主义中国化的自我完善历程，奠定了习近平新时代中国特色社会主义思想的精神基础。

目前，中国已进入深化改革开放的新时代，延安精神、西迁精神、梁家河知青岁月的建功立业精神和丝路精神并没有失去现实价值，而是有机地凝结在习近平新时代中国特色社会主义思想中，它们的共性就是爱国奋斗，与时代呼唤相一致，因而继续发挥着价值作用。

四、西迁精神与延安精神、梁家河知青岁月的
建功立业精神和丝路精神的关系

延安精神奠定了马克思主义中国化的理论基础，梁家河知青岁月的建功立业精神奠定了习近平总书记治国理政的实践基础，以"解放思想、实事求是"为内容的改革开放精神奠定了中国特色社会主义的科学认识论基础。

（一）从延安精神的价值和作用看西迁精神：爱国奋斗精神在政治层面的表现

延安精神的主要内容是：坚定正确的政治方向，解放思想、实事求是的思想路线，全心全意为人民服务的根本宗旨，自力更生、艰苦奋斗的创业精神。只有从理想信念、精神力量和价值意义等三个根本源泉出发，才能准确把握延安精神的内涵。首先，延安精神是党的信念之源，能够不断提供团结的信念、胜利的信念和前进的信念。习近平总书记在陕西考察时曾说："伟大的延安精神滋养了几代中国共产党人，始终是凝聚人心、战胜困难、开拓前进的强大精神力量。"其次，延安精神是党的力量之源，能够不断提供理念的力量、思维的力量和实践的力量。又说："今天，全面从严治党要继续从延安精神中汲取力量。要把抓理想信念贯穿始终，提高辩证思维、系统思维能力，保持党同人民群众的血肉联系，始终为党和人民事业艰苦奋斗、不懈奋斗。"再次，延安精神是党的价值之源，能够不断提供传统价值、现代价值和未来价值。习近平总书记指出，"延安精神是中华民族优良传统的继承和发展，是我们党的性质和宗旨的集中体现。弘扬延安精神，对于推进中国特色社会主义事业、实现中华民族伟大复兴具有重要意义"。因此，延安精神的价值和作用构成了西迁精神的思想渊源、实践渊源和精神渊源，是爱

国奋斗精神在政治层面的表现。

（二）从梁家河知青岁月建功立业精神的价值和作用看西迁精神：爱国奋斗精神在实践层面的表现

梁家河知青岁月的建功立业精神既是对延安精神的弘扬，又蕴含了改革开放的先声。只有从实践高度、价值高度和时代高度三个基本维度出发，才能准确把握梁家河知青岁月建功立业精神的内涵。首先，梁家河知青岁月的建功立业精神是习近平总书记在最初的社会实践中形成的信念、情怀、品格和作风，这些初心代表着他在青年时代的世界观和实践论，对于后来的习近平治国理政思想具有奠基性意义。其次，梁家河知青岁月的建功立业精神继承和弘扬了延安精神的品质和风范，坚持宗旨，牢记使命，坚守信念，奋斗创新，这些价值原则体现着他始终以人民为中心的发展思想，对于深刻理解习近平新时代中国特色社会主义思想具有根源性意义。再次，梁家河知青岁月的建功立业精神是贯彻落实习近平新时代中国特色社会主义思想的精神源泉和精神动力，尤其在深化改革开放的重要时期，它能够不断提供信仰的力量、为民的力量、奋斗的力量、创新的力量、革命的力量，对于我们实现中国梦，对于西部实现追赶超越，具有现实性意义。延安是西部和陕西最特殊的地区，它将延安精神、梁家河知青岁月的建功立业精神和习近平新时代中国特色社会主义思想天然地融入在自己的历史中和实践中。习近平总书记在回忆梁家河岁月时说："陕北七年，最大的一个收获，就是懂得了什么叫实际，什么叫实事求是，什么叫群众。"习近平总书记在梁家河的这段经历是深刻的和宝贵的，找到了中国特色社会主义的核心要素，也为新时代中国特色社会主义思想奠定了实践基础。

梁家河知青岁月的建功立业精神是习近平治国理政思想的初心，而习近平治国理政思想既是新时代中国特色社会主义思想的重要基础和深化改革的重要依据，代表着马克思主义在中国的最新发展和中国共产党集体智慧之间的实践性统一；又是其个人独特经历和时代发展节奏相互呼应的必然产物，代表着卓越的个体精神与系统的整体精神之间的过程性统一。习近平总书记许多重要的治理经验和社会反思是他在陕北延川七年的知青岁月中奠基的。社会反思离不开基层实践，是在实践过程中的问题把握。延川就是一个条件艰苦、问题重重的地区，因而他最初的社会反思是最直观最敏锐的；社会理想离不开主体自觉，是在改造过程中的理性构建。知青锻炼需要高度的自觉、严格的自律、坚强的意志、坚定的信念，因而他最初的社会理想是最青春最热血的。简言之，习近平治国理政的开端离不开两个关键要素：一是延川地区的奋斗经历，它是社会反思的最初对象；二是知青时期的爱国情怀，它是形成社会理想的最初萌芽。前者是对社会实体的把握，后者是对精神实体的把握。用崇高的精神实体改造现实的社会实体，用爱国情怀指引奋斗方向，是习近平总书记在延川七年知青岁月中的方法论和实践论。梁家河知青岁月的建功立业精神与西迁精神基本上属于同一个时期，因此，梁家河知青岁月的建功立业精神的价值和作用构成了西迁精神的思想呼应、实践呼应和精神呼应，是爱国奋斗精神在实践层面的表现。

（三）从丝路精神的价值和作用看西迁精神：爱国奋斗精神在世界层面的表现

丝路精神是汉唐盛世面向世界的大国气象的历史体现，它与今天的"一带一路"倡议和构建"人类命运共同体"的宏图大略紧密相关，实质上也是改革开放精神不断深入的必然结果。因此，丝路精神不仅传承于汉唐盛世，更是深化改革开放、贯彻"一带一路"倡议、构建人类命运共同体三大主题的集中体现，代表着中国特色的发展模式正在影响世界的现实状况，是新时代的爱国奋斗精神在世界层面的表现。

综上所述，延安精神、梁家河知青岁月的建功立业精神和丝路精神都是爱国奋斗精神的表现。延安精神为习近平新时代中国特色社会主义思想提供了信念之源、力量之源和价值之源，这是从理想信念、精神力量和价值意义等三个根本源泉出发的理论依据。梁家河知青岁月的建功立业精神为习近平新时代中国特色社会主义思想提供了最初的实践论、价值原则和内在魄力，这是从实践高度、价值高度和时代高度三个基本维度出发的现实依据。以"一带一路"为内容的丝路精神为习近平新时代中国特色社会主义思想提供了问题意识、应变能力和改革决心，这是从核心意识、方向意识和整体意识等三个结构维度出发的认识依据。

五、作为精神驱动在习近平新时代中国特色社会主义思想中的主体地位

时移世变，精神恒在。在中国社会高速发展的四十年后，西迁精神、延安精神、梁家河知青岁月的建功立业精神和以深化改革开放、贯彻"一带一路"倡议、构建人类命运共同体为核心内容的丝路精神并没有过时，依然在历史的连续和精神的连续中保持着自身的发展逻辑。所以，在这个文化多元、高速发展的时代，要继续维持自身的主体地位和现实活力，历史逻辑和精神逻辑的力量是最为强大的。这些精神驱动以精神生命、精神意志和精神理性的形式显示其主体地位，有机地体现在习近平新时代中国特色社会主义思想当中，将原发性、过程性和超越性统一在一起。换言之，只有厘清这些精神驱动与习近平新时代中国特色社会主义思想的逻辑关系，才能确证和发现它们作为精神主体的地位及其现实活力。

从爱国奋斗出发对于习近平新时代中国特色社会主义思想的基本理解是：

首先习近平新时代中国特色社会主义思想具有深刻的现实意义，体现出延安精神的内在作用。它是对党的十八大以来我们党理论创新成果的最新概括和表述，系统回答新时代坚持和发展什么样的中国特色社会主义、怎样坚

持和发展中国特色社会主义等重大问题。这是全党全国各族人民为实现中华民族伟大复兴而奋斗的行动指南。那么，对这些问题的回答必须回到延安精神去寻根溯源，正如习近平总书记对延安精神的本质性概括："保持党同人民群众的血肉联系，始终为党和人民事业艰苦奋斗、不懈奋斗。"这就是延安精神在新时代的宗旨目标作用。

其次习近平新时代中国特色社会主义思想具有强大的思想内核，体现出各种实践精神的现实作用，系统全面地回答了中国特色社会主义进入新时代后，中国共产党的"新目标""新使命"，面临的"新矛盾"等一系列带有根本性的问题。那么，对这些新特点的把握必须融入开拓创业精神和实践创新精神，将奋发图强、爱国奉献的优良传统和实事求是、解放思想的改革理念结合。这就是西迁精神、梁家河知青岁月的建功立业精神和丝路精神等在新时代的思想践行作用。

再次习近平新时代中国特色社会主义思想具有重要的指导意义。习近平新时代中国特色社会主义思想是马克思主义中国化的最新成果，是党的十八大以来党和国家事业取得历史性成就、发生历史性变革的根本理论指引。那么，对这个指导地位的理解必然将延安精神、西迁精神、梁家河知青岁月的建功立业精神和丝路精神看成同一个精神运动的连续统一，从精神生命始源，发展到精神意志，再到精神理性，最后演化为精神规范。依法治国是延安精神、西迁精神、梁家河知青岁月的建功立业精神和丝路精神运用的必然结果，体现为精神自我完善的发展逻辑。这就是延安精神、西迁精神、梁家河知青岁月的建功立业精神和丝路精神作为精神轨迹在新时代的制度规范作用。

综上所述，这些精神驱动在新时代的主体地位体现为它们的宗旨目标作用、思想践行作用和制度规范作用。深化改革的新时代既充满生机，也意味着改革开放进入了深水区，因此，弘扬延安精神、梁家河知青岁月的建功立业精神具有非常重要的现实意义，尤其是它们作为价值引导的精神要素融入在习近平新时代中国特色社会主义思想当中，为爱国奋斗精神注入了科学规范和价值内涵。

首先，延安精神是拒腐防变的精神堡垒，代表着原则引导。习近平总书记在党的十九大报告中强调："五年来，我们勇于面对党面临的重大风险考验和党内存在的突出问题，以顽强意志品质正风肃纪、反腐惩恶，消除了党和国家内部存在的严重隐患，党内政治生活气象更新，党内政治生态明显好转，党的创造力、凝聚力、战斗力显著增强，党的团结统一更加巩固，党群关系明显改善，党在革命性锻造中更加坚强，焕发出新的强大生机活力，为党和国家事业发展提供了坚强政治保证。"这些成就是坚持原则的结果。习近平总书记又说："全党要更加自觉地增强道路自信、理论自信、制度自信、文化自信，既不走封闭僵化的老路，也不走改旗易帜的邪路，保持政治定力，坚持实干兴邦，始终坚持和发展中国特色社会主义。"这些要求是对原则的贯彻。可见，对原则的坚持和贯彻就是延安精神在新时代的价值体现。

其次，梁家河知青岁月的建功立业精神和西迁精神是突破逆境的精神克服力，代表着意志引导。习近平总书记在党的十九大报告中总结："十八大以来的五年，是党和国家发展进程中极不平凡的五年。面对世界经济复苏乏力、局部冲突和动荡频发、全球性问题加剧的外部环境，面对我国经济发展进入新常态等一系列深刻变化，我们坚持稳中求进工作总基调，迎难而上、开拓进取，取得了改革开放和社会主义现代化建设的历史性成就。""五年来的成就是全方位的、开创性的，五年来的变革是深层次的、根本性的。五年来，我们党以巨大的政治勇气和强烈的责任担当，提出一系列新理念新思想新战略，出台一系列重大方针政策，推出一系列重大举措，推进一系列重大工作，解决了许多长期想解决而没有解决的难题，办成了许多过去想办而没有办成的大事，推动党和国家事业发生历史性变革。这些历史性变革，对党和国家事业发展具有重大而深远的影响。"可见，稳中求进的总基调，需要的是迎难而上、开拓进取的精神，这些意志力量正是梁家河知青岁月的建功立业精神在新时代的价值体现。

再次，改革开放精神和丝路精神是寻求发展的精神创造力，代表着认知引导。习近平总书记在党的十九大报告中指出："明确全面深化改革总目标是完善和发展中国特色社会主义制度、推进国家治理体系和治理能力现代化"；"中国特色社会主义道路、理论、制度、文化不断发展，拓展了发展中国家走向现代化的途径，给世界上那些既希望加快发展又希望保持自身独立性的国家和民族提供了全新选择，为解决人类问题贡献了中国智慧和中国方案。"可见，中国特色社会主义的现实成就和理论成就不仅成为国内各行各业人民的共识，也已为世人瞩目，这些理性认知正是改革开放精神在新时代的价值体现。

综上所述，这些精神驱动力在新时代的关系和结构体现为原则引导、意志引导和认知引导，形成爱国奋斗精神的三大作用。西迁精神的形成历程表明，只有"扎根人民，奉献国家"，才能切实完成习近平总书记在全国教育大会上提出的"凝聚人心、完善人格、开发人力、培育人才、造福人民"的工作目标。这就是爱国奋斗精神的现实意义。

用创新形式传播西迁精神文化新IP

李京松[*]

近年来，习近平总书记对弘扬西迁精神作出了一系列重要指示，深刻阐明了以"爱国奋斗"为内核的西迁精神对当代中国的重大意义，对在全社会弘扬爱国奋斗精神提出了明确要求。中央组织部、中央宣传部印发《关于在广大知识分子中深入开展"弘扬爱国奋斗精神、建功立业新时代"活动的通知》，对在广大知识分子中深入开展"弘扬爱国奋斗精神、建功立业新时代"活动作出重点部署，要在社会上大力推广。而从2017年开始，IP概念作为宣传热点突然进入了大家的视野，先是各种IP概念的影视作品的火爆，接着是网红经济的风靡，这些纷纷和IP化传播牵起了千丝万缕的联系。现在不但市场品牌IP化、活动IP化、个人IP化，连组织也纷纷学习IP化传播，宣扬自己的主题价值观。IP化传播——如何利用这个当下最流行最创新的方式推广以"爱国奋斗"为内核的西迁精神值得广大宣传工作者们学习与思考。

———————————

* 李京松（1995— ），男，西安交通大学人文学院硕士研究生。

一、西迁精神的发展现状与时代价值简述

20 世纪 50 年代，西北地区经济条件落后，与我国沿海经济发达地区差异显著，发展西部已成当时局势下国之所需民之所向。为支持西部大开发战略，高校作为当时国家战略布局中西迁的重要组成系统之一，同时也是作为国家人才的重点输出的重要基地，迁往西部对带动西部经济乃至全国的经济建设和发展都具有巨大的影响。

1956 年，交通大学将学校主体从繁华的上海迁到了古都西安，克服气候艰苦、环境恶劣的条件下，发扬"胸怀大局，无私奉献，弘扬传统，艰苦创业"的精神，在西部大地上扎下了根。1959 年国务院批准将迁至西安的交通大学主体部分定名为西安交通大学。作为 80 年代初"七五""八五"期间国家重点建设的五所大学之一、90 年代初国家"211 工程"重点建设的首批七所大学之一、90 年代末国家"985 工程"重点建设的首批九所大学之一以及 2017 年入选全国 36 所世界一流大学 A 类建设高校名单的高校之一，60 多年来西安交通大学为西部累计培养了超过 25 万名大学生，为中国西部教育的发展贡献了巨大的力量。

2017 年 11 月，习近平总书记对西安交通大学 15 位老教授来信作出重要指示，向当年交大西迁老同志们表示敬意和祝福，希望西安交大师生传承好西迁精神，为西部发展、国家建设奉献智慧和力量。在 2018 年新年贺词中，习近平总书记再次提到西安交大西迁的老教授们，指出："他们的故事让我深受感动。广大人民群众坚持爱国奉献，无怨无悔，让我感到千千万万普通人最伟大，同时让我感到幸福都是奋斗出来的。"不久，中央组织部、中央宣传部印发《关于在广大知识分子中深入开展"弘扬爱国奋斗精神、建功立业新时代"活动的通知》，对在广大知识分子中深入开展"弘扬爱国奋斗精神、建功立业新时代"活动作出部署，而西迁精神无疑是全国知识

分子深入开展"弘扬爱国奋斗精神、建功立业新时代"活动的总号角，在科学技术发展日益成为社会进步源动力的今天，要在新时代作出新贡献，坚定地以爱国奋斗精神武装自己，不忘"爱国奋斗"初心，牢记"建功立业"使命，将自己的理想积极融入到祖国发展腾飞的伟业之中。2018 年 1 月 9 日，光明日报刊发《西迁精神永放光芒》将"西迁精神"与革命时期的红船精神、井冈山精神、延安精神、张思德精神、西柏坡精神，以及社会主义建设时期的大庆精神、红旗渠精神、焦裕禄精神等，共同形成了中国共产党的精神谱系，成为中华民族精神脊梁中光芒万丈的一段。党中央重视部署与习近平总书记的指示在社会中引起了巨大的反响。

2018 年 11 月 16 日，西安交通大学"西迁人"爱国奋斗先进事迹报告会在人民大会堂举行，孙春兰副总理高度评价了"西迁人"的先进事迹和崇高精神，并强调要大力弘扬西迁精神，推动全国教育大会精神落到实处，用榜样的力量激励教育战线建功立业新时代。随后西安交大"西迁人"爱国奋斗先进事迹报告团全国巡回报告会先后走进北京市、甘肃省、四川省、黑龙江省、江西省、江苏省等地，覆盖现场听众近 5000 人，逾 6 万人通过网络直播聆听报告会，感悟爱国奋斗精神。西安交大官方微博直播巡回报告会引起社会各界广泛关注，相关话题阅读人数超过 1150 万人次，社会反响强烈。

二、西迁精神为什么需要进行
文化 IP 开发与传播

（一）文化 IP 传播的优越性

在当代语境下，IP 的概念被泛化应用。IP 现有的定义是知识产权（Intellectual Property），包括发明专利、商标、工业的外观设计等方面组成的工业产权，也包括自然科学、社会科学以及文学、音乐、戏剧、绘画、雕塑和摄影等方面的作品版权。互联网上 IP 概念出现较晚，业内普遍将 2016 年称为 "IP 概念元年"，紧接着就出现更细的分支，旅游产业将 2016 年称为 "旅游 IP 元年"，博物馆行业将 2016 年称为 "博物馆 IP 元年"。现在经常被提及的 IP 集中在文学、音乐、戏剧、绘画、动漫等领域。首届中国文化 IP 高峰论坛将以上特定所指领域的 IP 概念限定为 "文化 IP"，是指一种文化产品之间的连接融合，是有着高辨识度、自带流量、强变现穿透能力、长变现周期的文化符号。

当今社会是互联网社会，而互联网的本质是去中心化，这样的情景下，伴随互联网人口不断增多，人们眼界不断拓宽，人们似乎进入了选择前所未有的丰富时代。各个个体发出的声音被听到的几率越来越小，各个个体产品和组织的辨识度越来越低，但人们的精神和物质需求在升级，要求也在不断提高，但能打动人心、脱颖而出的事物少之又少。于是搭载情感、自带势能的 IP 化传播就应时而生，深受大众喜爱。西迁精神作为代表新中国广大知识分子爱国奋斗、无怨无悔高尚情操的光辉写照，是积极的、优质的、可被大力发扬的精神能量，国家高层面的推动对西迁精神的传播固然强有力，但在话语传播的手段中，不仅要把政治话语讲好、把学理话语讲清，更要把大众话语讲透彻，通过贴近人的、人们喜闻乐见的方式传播到人们心中。所以，在浩瀚传播海洋中成功抓取注意力的 IP 化传播变得十分具有参考和借鉴的价值。

（二）西迁精神的文化 IP 推广的可行性

一般认为构成文化 IP 有两个核心，首要是拥有态度、有价值观点的内容，其次是拥有价值认同的追随者。西迁精神拥有可构成文化 IP 的首要条件——暨拥有代表广大教育战线的以 "爱国奋斗" 为内核的时代内涵和 "胸怀大局，无私奉献，弘扬传统，艰苦创业" 的价值导向，以及交大百廿年的深厚校园文化。在新一轮"爱国奋斗"全国巡回报告之后，除了交大师生、广大教育战线工作者以外，又有一批新的受众对西迁精神产生共鸣，这让西迁精神文化 IP 的传播有了更加充足与坚实的传播基础。

精神在文化的土壤内成长，贯穿于文化始终，反过来又对文化的发展有很大的影响，表现在选择性与领导性。西迁精神的产生与发展深深地植根于交大历史悠久的校园文化。西迁精神的 IP 化传播可具体通过其固有载体代表之一——校园文化的 IP 化传播得以实现。校园文化 IP 主要是指校园所拥有的知识产权，比如校园学者的研究成果、图书馆的建筑外观、校内标志性建筑的陈列设计方案、校园文化衍生品的品牌图像、校内艺术装置等。西迁精神的文化 IP 开发与推广将是新时代精神及大学校园文化传播发展的必经之路。

（三）精神在传播中对"温情"特性的需要

一般自然事物的传播有时会像一台精密的、没有情感的，但又有秩序运转的机器，按照自身规律发展和推广。而现实中受众对事物的喜好，除了"新鲜"因素以外，往往出自于和受众产生的情感联系。精神及其产生载体的 IP 化推广，就必须要赋予该精神及其载体以温度和生命，让它鲜活起来，让人们对它产生情感连接，才能在推广的过程中成功抓住接收者的心。IP 化的精神及载体，生产出来的理论、发起的推广运动，都是自带"温度"的，带有"情感"的，相较无规律的自由推广，更具活力且能事半功倍。在中国，IP 化已让许多组织从中受益，但已经通过 IP 化传播的精神却屈指可数，当下仅有雷锋精神、井冈山精神的类 IP 化推广已初具成效，但还不够成熟，可作为精神 IP 化推广的参考，对精神层面"温情"的传播还可以继续作深入研究。但无须置疑，IP 化传播的形象的确令人记忆深刻，传播效果明显好过未 IP 化的形象。

三、西迁精神文化 IP 开发模式和影响因素

经过整理和观察文化 IP 的过程中发现，文化 IP 具有三大人格化的特质：一是外在有非常高的辨识度；二是具有拟人化的性格，个性鲜明；三是拥有内涵，有观点，有态度，有价值观支撑。其中，文化 IP 最能持久的能力是内核，也就是价值观。西迁精神文化 IP 开发，已拥有最重要的具有时代内涵的意义和价值观作支撑，西迁精神文化 IP 的开发重点是放在建立"个性鲜明、特点突出"的性格以及建立具有高辨识度的外在形象传播上。

文化 IP 的"个性鲜明、特点突出"的性格和高辨识度的外在形象的产生是相互依存、相伴相生的。以构建西迁精神文化 IP 为例，西迁精神文化 IP 的外在形象塑造可通过文创产品塑造、校园文化景观塑造等视觉塑造；通过互联网舆论塑造、微信公号营销塑造等线上口碑塑造；还可以通过西迁文物的展示、创新港的建设等实体塑造完成外在传播形象的总体塑造。而文化 IP 性格的塑造往往伴随着外在形象的塑造过程共同产生，外在形象的最初设立就决定着文化 IP 性格的设立，而文化 IP 性格的自我改变将不断影响并倒推 IP 形象不断进行重塑，二者缺一不可，均须重视并共同开发。

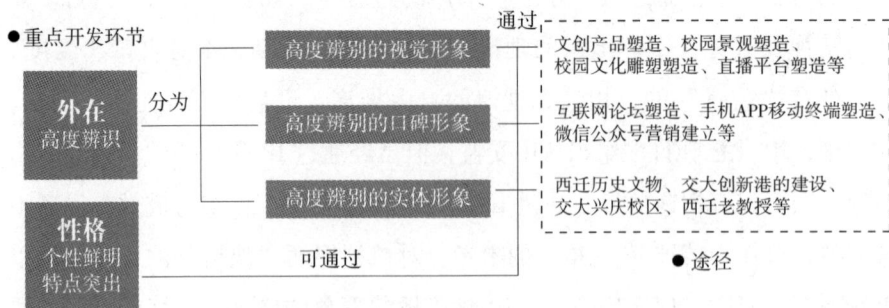

西迁精神文化 IP 的重点开发环节及途径

四、西迁精神文化 IP 传播的
载体选择及性格的开发

（一）基于以校园景观为载体的西迁精神文化 IP 传播

大学景观环境是大学教育精神存在和发展的物质基础，体现了大学的价值取向、审美趣味，见证了教育理念的发展，因此，景观设计中大学本质的体现还可以结合办学特色来进行，将办学特色体现在校园布局、道路布置、特色建筑及小品设置上，这些独特的景观都是营造校园独特场所精神的源泉。[1] 最早系统完整的阐述和建立场所理论的学者——挪威建筑家诺伯特·舒尔茨认为：场所精神是场所的特征和意义，是人们存在于场所中的总体氛围，体现了人们的生活方式和存在状况。[2] 交大校园景观环境将是西迁精神文化 IP 传播的重要载体。

交大的西迁校园景观可大致分为自然景观与人造装置景观。自然景观以拥有西迁人记忆的"梧桐叶"与梧桐东、西道为代表，60 年前，40 多岁的交大老花工胡全贵，放弃在上海的生活跟随西迁大部队来到相对贫瘠的西安，辛勤劳作，美化校园，将上海运输过来的梧桐树辛勤栽种与培养，才有了今天"大树西迁，根深叶茂"的美景，是老西迁交大人"舍小家为大家"的真实写照，以梧桐叶为代表的校园自然景观承载着一代又一代交大西迁人的美好回忆。

人造装置景观是经建筑师、艺术家和雕塑工作者们共同协作完成的，是最能体现具有西迁精神与交大特色的代表之一。具体设计中应多采用与校园

---

[1] 周小青：《我国大学校园特色景观营造方法研究》，福建农林大学硕士学位论文，2005 年。

[2] 吴威：《园林的场所精神初探》，华中农业大学硕士学位论文，2005 年。

文化有关联性的景观元素，如园林、亭台、纪念雕塑、石头、文人题字、梅兰竹菊等更能引起知识分子的共鸣与回味。① 现阶段文化 IP 开发的重点在人造装置景观部分。

交大兴庆校区主楼群北平台及阶梯的装置景观是 2018 年最新设计并投入使用的文化景观，设计的目的是增强校园文化氛围与烘托西迁氛围，发挥"环境育人"的作用。装置设计概念运用时间轴的元素，将交大从 1896 年建校到 2017 年的大事记进行串联，利用大阶梯与阶梯顶部广场的两个物理空间，采用铁板和新合成材料，塑造具有校史特色与西迁历史韵味的装置景观，是西迁精神 IP 传播的最新载体代表之一。阶梯上做旧的铁板与广场上新合成材料的运用，体现西迁精神"过去"厚重与"新时代"的新颖两种区别，借助台阶的形式表达"一步一个脚印，踏踏实实艰苦创业"的西迁精神。另外，在校园内西花园（又称西迁纪念园）中的雕塑景观也发挥着同样的作用，雕刻着《西迁铭》的雕塑实体外形如同一颗闪闪发光的钻石嵌入西部土地，以雄浑的气势向世人传达着西迁精神扎根西部大地的信息，是 IP 传播形象的新重要载体代表之一。

（二）基于移动终端用户为载体的西迁精神文化 IP 传播

智能手机、电脑如今已成为现代人日常生活中不可或缺的一部分，深深地改变了人们的社交方式与信息获取方式。在移动终端智能化、普遍化、便捷化的今天，人们随时随地拿着手机读书看报，打开电脑观看动画、聊天获取信息。毋庸置疑，移动终端必然会成为西迁精神文化 IP 化传播的重要平台。一方面，移动终端受众将会是西迁精神的主要传播者，生动的、富有情感的西迁精神很容易通过他们进行跨超物理距离的网络传播；另一方面，针对手机用户的不同具有个性化的特点，通过手机不断的升级换代，在打破时

---

① 郑翔：《构筑大学校园文化景观》，《美术大观》2006 年第 7 期。

间、地点、大小、尺寸等限制条件时，使得西迁精神文化 IP 的线上文化创作成为可能，诸如用户终端的 UI 设计、APP 广告、网页推送等都将为西迁精神 IP 的推广提供有利载体。

（三）基于交流软件 APP 的西迁精神文化 IP 传播

任何新事物的出现都可能为西迁精神文化 IP 注入新活力。在前期传播过程中，学习西迁精神活动存在局部的强制性、形式化的问题，宣教的内容也文风严谨，缺乏创新，与现实生活脱节。导致西迁精神的传播对受众已产生较重的刻板影响，一定程度上影响了网络信息时代西迁精神的宣传。而当下的互联网交流软件缩短了人与人之间的空间距离，诸如线上表情包等交流形式就可能成为精神文化 IP 化传播的新渠道。有数据证明，表情包可以在初次接触中消除陌生人之间的心理隔阂，人们在互联网平台上的交流日益频繁，对表情包的需求也逐渐增加，通过表情包对于相对陌生的新事物也相对容易接受。还可开发影视、动漫、文创产品等衍生品，让西迁精神宣传转化为年轻人喜爱的、易接受的、大众层面的宣传形式，从而达到更好的效果。

聊天软件上的西迁精神文化 IP 形象也可转变为现实衍生品进行传播，如印有西迁火车头形象的水杯、印有樱花的抱枕、印有饮水思源碑的文具、印有交大西迁精神的衣服等，可改变以往以商品种类为划分标准的方式，转而以西迁形象为划分标准，将西迁形象打造成 IP，迎合不同受众的需求，培养受众对西迁 IP 的情感，进而提高受众对西迁价值的认同感。西迁精神基于聊天软件的 IP 传播可参照雷锋精神的传播为例，主题电影《追寻雷锋的足迹》在 2018 年 11 月进行投入开拍、雷锋精神纪念馆在雷锋生前所在地不断翻新重新注入新内涵、雷锋的文创产品不断更新面向大众、雷锋表情包也深受大众喜爱，雷锋精神在趣味与娱乐教育中得到广泛传播。

（四）基于户外广告为载体的西迁精神文化 IP 传播

随着经济的发展，人们生活规律的变化，越来越多的人的生活已然碎片化。"途中"，作为平时一个毫不起眼的过程，现在已成为蕴含巨大商业与传播价值的时间段概念。越来越多的人将浏览信息的时间安排在"途中"，比如上下班（学）途中、购物途中、旅行途中等。户外广告主要包括楼宇电梯广告、公路广告、公交地铁电视广告、机场大屏等设置于户外的广告，具有视觉冲击强、表达方式多样化及发布时间长等特点。虽然近年互联网媒介对电视、平面媒介等传统媒介的替代日益明显，但户外广告并未受影响，仍保持稳定增长。2016 年中国户外广告市场规模达 1174 亿元，同比增长 6.1%。2016 年交通大学 120 周年校庆期间，上海东方明珠通过亮灯的方式祝福交通大学校庆，在互联网上引发的新闻、推送、相关话题短时间内数量剧增，社会反响不小。户外数字媒体广告将凭借其直观、生动、有趣、创新的展示形式毫无疑问地成为西迁精神文化 IP 传播必不可少的途径。

（五）基于网络直播、视频平台的西迁精神文化 IP 传播

2018 年开始，包括团中央、西安市政府为代表的众多国家、政府部门也开始入住抖音、快手等视频直播和播放平台，宣扬社会主义核心价值观和社会正能量，为西迁精神在直播平台传播提供了良好的借鉴。而中国互联网络信息中心（CNNIC）在京发布的第 41 次《中国互联网络发展状况统计报告》中显示，截至 2017 年 12 月，我国网民规模达 7.72 亿，互联网普及率达 55.8%，超过世界平均水平 4.1 个百分点。在网络应用中，网络直播用户规模年增长率最高，达到 22.6%，直播平台涉及游戏直播、饮食直播、聊天直播等丰富内容。所以，近日西安交大"西迁人"爱国奋斗先进事迹报告团全国巡回报告会先后走进北京市、甘肃省、四川省、黑龙江省、江西

省、江苏省等地，也首次通过新浪微博进行网络直播，逾 6 万人通过网络直播聆听报告会。通过新途径感悟爱国奋斗精神，给西迁精神文化 IP 开辟了一个新的传播平台，为西迁精神的文化 IP 传播提供了新契机和宝贵经验。另外，未来西迁精神的官方宣传除了可通过微博直播、腾讯直播、斗鱼直播等直播平台向青年人进行实时宣讲，也可对接地方政府打通政务学习连接方式，向党政视频学习平台（诸如学习强国等软件）上传交大西迁相关视频，以供广大国家公务员及党政干部学习与分享。

（六）基于网络自媒体的西迁精神文化 IP 传播

近年来，网络自媒体的发展趋势日趋火爆，诸如微信公众号、微博、博客、视频播客等众多自媒体发声也日趋强烈。2017 年 10 月，智研咨询集团发布的《2018—2024 年中国微信营销市场深度调查及未来前景预测报告》，2017 年微信公众号数量超过 1200 万个，相较于 2016 年上涨 46.2%，预计在 2017 年增长到 1415 万个。2017 年微信公众号月活跃账号数为 350 万个，同比增长 14%；月活跃粉丝数为 7.97 亿，较 2016 年增长 19%，公众号的快速增长体现出公众号较大的包容性，背倚庞大的用户基础，微信公众平台的内容产出与消费量依然非常可观。一些优质的自媒体公众号的内容产出量和消费量保持在非常高的水平。[①] 网络自媒体的用户数量和传播途径的稳定为西迁精神文化 IP 的传播奠定基础，通过自媒体宣传会增强社会个体情感的表达，与官方统一宣传的严肃形象形成"反差萌"，可提高宣传的亲和度和推广效率。基于自媒体的西迁精神文化 IP 传播可以从两个方面实现：首先，通过分析西迁精神受众及潜在受众的年龄、兴趣、爱好、行为等数据并构建数据库，实现精确传播，可借鉴今日头条为特定用户推送头条新闻的方式。

---

① 参见《2017 年中国微信公众号发展现状及发展趋势分析》，http：//www.chyxx.com/ industry/201807/656197.html。

为西迁精神文化 IP 精确筛选适合传播的自媒体，自媒体精确推送给合适的受众，保证传播效益最大化。其次，在持有一定数量的受众后需保持传播途径的可持续循环运作。有时通过线上实时互动、线下亲身体验的形式实现双向互动可引发更多潜在受众的兴趣，受众主动参与、主动作为并积极发声，降低推广成本的同时达到理想传播效益的最大化，实现"1+1>2"的效果。另外，自媒体宣传可注重评论区互动宣传，评论区的精彩度甚至会超过宣传事件本身，评论也会引发出新的观点和社会话题。

五、用创新形式传播西迁精神文化
新 IP 的启示与深思

互联网时代给西迁精神的传播带来了新的发展机遇与传播方式，西迁精神文化 IP 传播也必将是西迁精神传播的重要趋势。用新形式打造西迁精神传播新 IP，一方面满足了受众与市场的需求，另一方面也将为西迁精神的未来传播发展提供新的思路。

但也有需要时刻注意的问题，随着西迁精神文化 IP 传播形式的扩张、变化，会出现管理权限的分散、IP 初始设定的人格特征对受众的辐射会开始周期性弱化的情况。这时，有关组织就要通过其他途径进行 IP 化传播。从西迁精神的历史印迹、时代新人、校园文化到西迁精神的新时代继承人培养、传承系列活动等，有关组织在文化上的一举一动都有可能在塑造西迁精神文化 IP 上添砖加瓦，但这些 IP 传播形式的变更围绕的核心必须是西迁精神的价值观。西迁精神的价值观是西迁精神文化 IP 传播的基石，是否能持之以恒地保留好、传承好统一、稳定、鲜明的价值观，将决定西迁精神文化IP 传播的成败。

在国家战略中彰显巾帼风采

金沙曼[*]　西迁子女

习近平总书记在 2018 年元旦贺词中特别提到了交大西迁老教授的来信，对西迁精神给予了高度肯定和期许。习近平总书记的话语中充满着力量与激励，使我们从新的高度认识"交大西迁"，感悟"西迁精神"，尊崇"西迁人"。

六十三年前的交大西迁，在历史长河中凝练成"西迁精神"。西迁精神是几代交大人，无数普通人，用他们的心血、智慧、行动、奉献凝结的爱国奋斗精神，非常朴素，但异常深刻。"党让我们去哪里，我们背上行囊就去哪里"，"哪里有事业，哪里有爱，哪里就是家"，"始终与党和国家的发展同向同行"，这些话，是交大西迁人爱国奋斗精神的写照，洋溢着中国知识分子浓厚的家国情怀，忘我的工作激情，奉献的骄傲成果。女性教职工和家属，是大树西迁过程中的重要主体，发挥着"半边天"的作用，无论是在校园，她们爱岗敬业、奋斗拼搏、昂扬向上、奋勇争先，还是在家园，她们尊老爱幼、倾注仁爱、支撑家庭、亲情无限，都留下了浓墨重彩的篇章，感人肺腑的故事，为一代代交大人用一腔热血谱写的爱国奋斗的西迁之歌作出

---

* 金沙曼（1951—　），女，西安培华学院女子学院副院长、女性教育研究所所长，教授。

重要贡献，彰显了巾帼风采的时代意蕴。

一、国家战略搭建宽广舞台

国家战略是战略体系中最高层次的战略，是为实现国家总目标而制定的总体性战略概括，是指导国家各个领域的总方略。国家战略依据国际国内情况，综合运用政治、军事、经济、科技、文化等国家力量，筹划指导国家建设与发展，维护国家安全，达成国家目标。

交通大学内迁西安，是新中国成立初期党中央作出的战略决策。作为我国最早兴办的高等学府之一，其前身是 1896 年创建于上海的南洋公学。1954 年至 1955 年年初，党中央根据我国东南沿海紧张的周边形势，提出了合理布局与建设内地高等学校的决策。1955 年 4 月，中共中央和国务院决定将交通大学从上海迁至西安，这是国家调整新中国工业建设、文化发展和高等教育布局的重大举措，影响巨大、意义深远。周恩来总理亲自领导了交通大学西迁工作，中央部委、西安上海两地以及社会各界给予了全力支持。在交大西迁过程中，交大党组织和全校师生员工，把国家民族的要求与学校命运、个人发展紧紧地结合在一起，坚决执行中央关于开发大西北，交通大学迁往西安的决定，以实际行动向祖国人民交出了一份满意的答卷。

根据边建边搬的方针，1955 年 10 月，交通大学西安新校园建设破土动工。1956 年 8 月，首批 1000 多名交大师生登上专列来到西安；10 月，交大借西安人民大厦举行了规模盛大的开学典礼，这时学生共 3906 人，教职工 815 人（其中教师 243 人），随迁家属有 1200 人。在交通大学西迁过程中，一大批教师、学者发挥带头作用，在教授队伍中，有三名杰出的女性。

于怡元副教授，是新中国成立后交大电机系招收的三名研究生之一，她在迁校前被派去北京培训，为学校筹建计算机专业，1956 年参加了中科院计算所我国第一台计算机会战。"不能忘记于怡元老师"，是她的一位学生写的追忆短文的题目。

刘耀南副教授，交大新专业电气绝缘和电缆技术筹建人之一，后历任教研室副主任、系党总支委员。西迁后，她荣获陕西省模范共产党员称号，西安交大绝缘教研室先后被评为陕西省和全国文教群英会先进集体，1982 年她被第一批批准为博士生导师，在之后的十年中培养博士生、硕士生数十名。

袁旦庆，是西安交通大学"文革"前的女副教授之一，1957 年迁校西安，任电机系电工学教研室主任，她非常重视女孩教育，曾支助安康农村二十几个贫困家庭女孩上学。

交大女教授，是一个光荣的群体。现在已经 84 岁的胡奈赛教授，是 15 位给习近平总书记写信的老教授之一。说起交大的历史以及西迁精神难掩激动，依然精神矍铄的她认为，爱国情怀是永恒的。"我的老师们主动响应国家号召，放弃上海优越的生活，克服困难，面对祖国支援大西北建设的召唤，他们表现出来的是对事业、理想的热爱以及胸怀大局的家国情怀，至今想起仍令人感动。"在她看来，爱国不仅是一个口号，有爱国情怀就要有奋斗精神，爱国与奋斗是交大最宝贵的传承，交大人更要在传承西迁精神中不断创新。

还有第一代西迁人盛剑霓教授，一位成就卓越的女科学家和教育家，直到 80 岁才离开教学岗位，被誉为爱国爱校顾家的"乐观主义者"。俞察老教授回忆西迁经历时这样说道："我是一名教师，哪里能拿粉笔，哪里有讲台，哪里就是我的家，所以我抱着 8 个月大的女儿，和婆婆、侄子一起高高兴兴跟随西迁大军来到了西安。"已经 87 岁的穆霞英教授，谈起当年西迁，献身教育，无怨无悔，依然精神矍铄，两眼有神……西迁 60 余载，女教授们和交大一起走过，她们巾帼不让须眉，在祖国需要的时候胸怀大局，扎根西部，奋斗不息，在各自岗位上不忘初心，追求卓越，做出了不平凡的业绩，用自己的行动展示了当代女性自立自强的优秀品格和爱国奋斗的崇高精神，为交大这个大家庭注入了坚韧灵魂，也增添了许多柔情，交大西迁的谱系中，永远闪耀着她们的身影。

二、胸有大局燃起激情爱心

交大刚迁到西安时，各方面工作千头万绪，教职工们日以继夜，以忘我的工作热情投入新的事业。他们大多数年轻且多子女。为了解除西迁教职工的后顾之忧，后勤部门的同志真是竭尽全力，把服务工作具体落实到细微之处。交大幼儿园是其中的杰出代表。

交大幼儿园1956年8月迁到西安，幼儿园工作提出"要为教学科研生产服务"的口号，具体落实在"五托八包"上。"五托"，就是家长有需求，就可以全托、日托、星期日托、节假日托、临时全托。"八包"，就是包疾病护理、包打针、包理发、包洗头、包洗澡、包洗衣服、包洗被子、包缝补等。幼儿园年轻的老师们学会了理发，学会了打针；那时候没有洗衣机，她们都是用手给孩子们洗衣服；孩子的裤子短了、衣服破了，她们就帮着缝补；家属区的浴室每周末专门为全托班的孩子开放，老师就给孩子们一个个的洗澡，洗完澡后换上干净的衣服，第二天家长们高高兴兴接回家。

遇上流行性传染病，就需要对孩子进行隔离处理。1958年麻疹大流行，有70多个幼儿同时出麻疹，为了不使家长影响工作，幼儿园冒着巨大的风险，将这些病儿全部隔离在园内。园主任带着所有行政人员和抽调的保教人员，日夜轮流守护，星期天也不能回去。孩子们一人睡一张小床，而老师没有床，就挨着孩子的小床打地铺睡在地板上。全园上下提心吊胆地度过了两个多月，出麻疹的孩子们才逐渐平安好转。很多当年的幼儿家长至今回忆起来，对幼儿园同志们的那种敬业精神都赞叹不已！

有的孩子星期天不能回家，老师就把他带回自己的家。为了让孩子们看上一部儿童片电影，老师们就用架子车，在上面铺上草席，让孩子们坐在上面，把孩子们拉到长乐电影院去。为了让我们感受西安的建设，就带着我们到正在开挖的兴庆公园湖底去上课、去跑步……

"五托八包"的实施需要科学调度，全员合作。我母亲当时是交大幼儿园主任，所有对孩子无微不至的照顾背后，是妈妈和幼儿园老师们舍小家、为大家的辛苦付出。家里全靠祖奶奶照顾，有时候，祖奶奶拉着我，悄悄地把小妹妹抱到幼儿园，隔着竹子做的大门让妈妈看上几眼……

几十年后，当我们谈起那段往事的时候，妈妈说，她一直记着交大党委领导说的话："你们（幼儿园）是学校党委工作的一部分，你们的工作做好了，就是对党委工作的最大支持。"妈妈说，当时只要是孩子的需要，不管再难也要去做。她说，交大后勤工作的同志都是这样的，只要为西迁需要，就一定要做好。

就这样，妈妈和交大幼儿园的老师们，将青春奉献给了幼儿教育事业，将挚爱奉献给了西迁孩子，播撒在每一个孩子的心灵深处。直到现在，那些家长们都很感激她们，长大了的我们都会唱"幼儿园就是家，老师阿姨赛妈妈！"

三、巨大变迁中平衡事业与家庭

交大西迁，不仅是交大教职工的大事，更是每个家庭、无数家属亲属们的大事。由于交大在上海市已有 60 年的历史，迁校不只牵扯到上海市的千家万户，而且牵扯到全国许多省市。据不完全统计，单是调动问题，就牵扯到二百多家；家属（包括子女）就业、上学，也牵扯到好几百家。

许多老教授的夫人，不少是作为职业妇女的妈妈，她们有一个共同的特点，就是在上海有着稳定而体面的工作，有着众多亲友和社会关系，但她们毅然离开繁华的大都市，离开方便舒适的生活，离开条件优越的工作环境，跟随丈夫，带领子女来到欠发达的西北地区。她们人到中年，上有老下有小，既扮演着妻子、母亲、媳妇等多重家庭角色，同时又有着职业妇女的社会角色。

交大著名教授蒋大宗的爱人黄宗心，离开上海时已经是广慈医院（现今上海的瑞金医院）的主治医师，她毅然告别了年迈的父母和众多兄弟，随爱人来到西安，被分配到西医二院工作，并从此扎根在这块黄土地上。当年西安的交通极其不便，公交车既少又不规律，还需要转车，每天天不亮就去赶公交车，也无法保证正点到医院。为了不影响工作，她专门买了一辆飞鸽牌女式自行车，近40岁的人开始学习骑车，不知摔过多少跤才学会了骑车。作为省里大医院的医生，她还时常需要去更加贫困的农村巡回医疗，非酸即辣的面食，和病人交流难懂的方言，这都是在交大校园不会碰到的挑战。

万家翔先生的爱人卢琬华，原是上海杰士药厂的挂牌注册营运药师，有着一份收入颇丰的工作。当家中老人提出是否可以向组织反映家庭的实际困难申请予以照顾时，她不仅表示愿意随丈夫携子女共赴西北，而且帮助丈夫做公婆的工作。她放弃了自己对口的专业来到西安，每天早出晚归，要倒两三趟公共汽车去上班。夫妻相濡以沫，在孩子们的身上倾注了全部的爱，使他们的童年一直是无忧无虑地生活在父母温暖的怀抱中。

虞洪述先生的爱人邵爱芳，在上海是徐汇中学的语文教师。当年刚到西安时，教育局将她分配到城里的中学工作。清晨，西北风裹着雪花，四处白茫茫的一片。东郊开往城里的首班公共汽车上只有三个人：司机、售票员，还有她——年轻的女教师，下车后还要走好长一段路才能到学校。到西安教学的第二年她就一直担任班主任，从初二开始一直带到毕业的62届高中毕业班学生，有将近一半考上了大学，取得全校历年来的最好成绩。多年以后他们返回母校，与老师畅叙友情，说得最多的一句话就是："我们遇到了一位最好的老师！"

还有像周惠久先生的夫人、顾崇衔先生的夫人，也是医生，也都是随丈夫来到西安……她们不在交大校园里工作，上班单位远，交通不便，工作环境完全陌生，她们比一般的交大人面临着更多的困难、更大的挑战，但是她们都坚持下来了，同样作出了不可磨灭的贡献，交大西迁成功的军功章应该有她们的一半！

四、优秀传统文化底蕴传承后人

大树西迁，影响着每个西迁家庭的老老少少，奶奶外婆、妈妈孃孃随迁的家庭在交大比比皆是，有许多鲜为人知的故事。交大西迁，不仅是大学校的建设和整体搬迁，妈妈们每天上班早出晚归、义务劳动、挤公共汽车、骑自行车的身影，奶奶们操持家务、洗衣做饭、照顾儿孙们的场景，也是难忘的西迁回忆，诠释着"哪里有事业，哪里有爱，哪里就是家"。

她们中有历经磨难的东北老人。我们家是"四世同堂西迁人"。我的祖奶奶，就是我爸爸的奶奶，当时已经 80 多岁了，征求她的意见，要不要留在上海，她老人家说："哪里的黄土不埋人！人是宝，人是活宝！一起去西安。"老祖奶奶从东北乡土中走来，经历了年轻守寡抚养幼儿、离乡背井逃难躲战乱，但她干净利索，大襟褂子和长袍总是一尘不染，她精明能干，用女人柔弱而刚毅的肩膀承担起生活的重担。祖奶奶没有进过学堂，却秉承儒家思想教导儿孙读书做人，我父亲至今仍记得在幼儿时他姥爷教的诗："朝为田舍郎，暮登天子堂。将相本无种，男儿当自强。"从难民子弟成长为大学教授，机械切削领域的专家，并光荣地加入了中国共产党！1972 年 10 月，96 岁的祖奶奶在睡梦中安详地离去，一个平凡而伟大的母性，永远留在了大西北，留下精神，留下品质，留给我们无限的崇敬和思念！

她们中有江南水乡的大家闺秀。蒋大宗先生的母亲，我叫她蒋奶奶，迁校时 60 多岁，用现代人的眼光，真不算多么老，只是封建时代给她留下的三寸金莲，给她带来了重重困难。蒋奶奶喜欢看戏，每每西安越剧团来长乐剧场演出，蒋伯伯总会让三姊妹中的一个陪奶奶前往。长乐剧场大概离交大一村两里路，完全没有公共汽车，那时也根本没有出租车，就连三轮车也叫不到，奶奶又不敢坐在自行车后面，所以姐妹们只好陪着她一步一挪地步行。奶奶走得实在太慢，往往要在散场前离开剧场（也就是说奶奶不得不忍痛放弃最后的高潮），走啊走啊，大概总要走一个小时才能回到家。

她们中有默默支持丈夫工作的家庭妇女。多次被交通大学评为先进工作者、红旗手、标兵、甲等生产积极分子的杨积应同志，每次从北京开会回来，总是对他的爱人吴绍雲说：这些荣誉也有你的一份贡献，没有你就没有我的一切。他经常告诉他的子女们："孩子们呀，我是产业工人，是技术人才，我要用我的才能为国家作出更大贡献。"吴绍雲一面在学校食堂干临时工，一面要照顾60多岁的老奶奶和5个子女，看到杨师傅从北京带回的奖状和留影照片，她的脸上露出欣慰和自豪的笑容。

她们中有激情洋溢的上海女儿。1956年交大西迁，在那激情燃烧的岁月，刚毕业于上海名校崇德女中高中部的潘德慈，手捧着上海第一医科大学的录取通知书，同时还接到了总政、海政文工团的录取通知书，而她毅然选择放弃所有，说服她的母亲和家人同意她跟随在交大工作的黄明德，加入到了第一批交大西迁的队伍中。潘德慈到西安后，成为交大图书馆馆员。美好的爱情，勇敢的选择，为小伙子随交大西迁坚定了无比的信念！

五、杰出教育家群体始终关爱妇女儿童

1956年，作为校长兼党委书记的彭康，率领交通大学内迁西安。彭康校长是一位马克思主义哲学家、文艺评论家、革命家、教育家，团结带领交大党委和学校领导集体，率领数千名交通大学师生员工响应国家号召，不留恋上海比较舒适的生活条件和良好的工作条件，自觉来到西北，为交通大学西迁及交通大学的建设和发展作出卓越贡献。

高度重视做好随迁家属工作。1955年年底，学校组织了30多人的西北参观团，其中包括教职员工及其家属参加。1956年第一批出发，学校安排

照顾好怀孕、生育的女教职工，组织 1200 多名家属有序西迁，西迁不仅是交大教职工的大事，更是家属亲属们的大事。

高度重视幼儿园的特色建设。交大幼儿园的大门是彭康校长亲自参加设计的，彭康校长和总务处长任梦琳都亲自和工程师讨论图纸，亲自审定建设方案。幼儿园里有两座别致的小楼，那是迁校那年交大的工程师参照苏联的建筑形态自行研究设计。工会曹鸿模主席亲自过问幼儿园的工作，经常晚上在家里组织园领导开会，对幼儿园的工作作出具体指导。每年的六一儿童节交大的领导也都会来到幼儿园，参加活动，了解情况，一些难题在校领导的支持下总会迎刃而解。

高度重视教育的整体性系统性。交大办了高质量的幼儿园、小学、中学，使得子女们受到好的教育，也为西部基础教育发展作出贡献。在交大附中，同学们众所熟识的、威严中又有点令人敬畏的是王宣校长，她是交大副校长苏庄的夫人，抗大出来的老干部。接任的附中校长曹蔚清，曾在苏州第十中学被评为市级优秀教师，她慈眉善目，兢兢业业，在校多年，似乎重未听到过她的高喉大嗓。教导处主任熊淑嫒，原在上海晋元中学（1956 年更名为陕北中学）任教，1958 年国庆前，人虽到了西安，但还以上海教育界代表身份到北京参加"全国教育群英会"。

那时从领导到一般工作人员的工作作风不仅认真负责，更突出的一点是依靠群众。工作中绝少搞轰轰烈烈的热闹场面，而经常是默默地做着细致的工作，不断地听取群众意见并改进工作。每一个工作人员都发挥当家做主人的奉献精神，大到实验室仪器设备装箱，小到每家每户的煤炉和水缸，都有专人负责包装、装车运送，运到后会有人送到指定地点和宿舍并安放就位，大量复杂而细致的工作能做到没有差错、失误。

现在遍布世界各地、祖国八方的老交大儿女们，都非常感激交大党委，大树搬迁，高瞻远瞩，从黄浦江边到兴庆湖畔，始终重视基础教育，办高质量的幼儿园、小学、中学；感谢我们的爸爸妈妈、爷爷奶奶，和衷共济，相濡以沫，在孩子们的身上倾注了全部的爱，使得我们这些随迁的孩子度过了美好的童年，始终受到了好的教育，健康愉快地成长。

六、在新时代彰显"巾帼风采"

"巾帼"作为妇女的尊称，历史源远流长。"风采"意为风度、神采，多指美好的仪表举止。语出《汉书·霍光传》："初辅幼主，政自己出，天下想闻其风采。""巾帼不让须眉"，意思是说女人不比男人差。从古到今虽然时代不同，但巾帼英雄身上有其共同特点：一是面对国家大义，义无反顾；二是面对家庭事业，统筹兼顾；三是面对艰难困苦，坚韧顽强。其不同点在于，历史上的巾帼英雄多为个体，而且数量极少，多为民间流传故事和野史记载，但经久不衰。中国革命和建设中的巾帼英雄，一是在共产党领导下社会革命和建设中涌现，二是群体风采和个人典型交相辉映，三是各级妇女组织引领，社会影响力大。

1955 年，毛泽东提出"妇女能顶半边天"。同时期的交通大学成功西迁并能稳定下来且颇有发展是中国高等教育史上值得一提的大事。在交大西迁过程中，无论是教职工，还是随迁家属，女性都占了相当多数。她们在这一伟大的实践中，把国家需要、党的号召放在首位，将个人利益、家庭幸福与其紧密联系。在共同的目标——向西，共同的使命——建校，共同的境遇——陌生，共同的选择——笑对中，充分发挥了"半边天"的作用。她们坚持爱国奋斗，务实乐观，且无怨无悔，她们的故事，她们的担当作为，体现出新中国新女性的精神风貌，是中华民族传统美德在中国特色社会主义建设中的实现，用爱、用家、用心支撑事业，凝聚"党让我们去哪里，我们背上行囊就去哪里"的精神动力、情感动力、良知动力。

习近平总书记在 2018 年元旦贺词中，提到西安交大西迁的老教授，并在回信中致以崇高的敬意，强调千千万万普通人最伟大，幸福都是奋斗出来的，充分体现了以习近平同志为核心的党中央，尊重历史、尊重群众、尊重奉献、尊重创造的领导风范。交大西迁中的许许多多奶奶外婆、妈妈嬢嬢们，她们更是千千万万普通人中的普通人，勤劳善良，默默无闻，虽然角色不同，但在交大从大上海黄浦江畔移师大西北黄土高原，在汉唐古都的兴庆湖滨生根、开花、结果，谱写新的传奇、卓越与辉煌的过程中，她们都功不可没。幸福生活是男女两性共同的追求。西迁巾帼来自千千万万普通女性，她们是幸福生活的奋斗者，是"自尊、自信、自立、自强精神"的实践者，是具体的、历史的实现男女平等和妇女发展的代表，为以独特的视角剖析和讲述其朴素而又深刻的不凡人生，以整体的故事论据展开对女性的褒赞提供了经典案例。

习近平总书记指出："把中国发展进步的历程同促进男女平等发展的历程更加紧密地融合在一起，使我国妇女事业发展具有更丰富的时代内涵，使我国亿万妇女肩负起更重要的责任担当。"① 虽然时代变了，条件变了，但是，人总是要有点精神的道理始终没有变。习近平总书记回信西安交大老教授，不仅是对西安交大师生传承好西迁精神，为西部发展、国家建设再创辉煌给予殷切期望，更是对广大知识分子、青年学子、年轻一代提出人生楷模、努力方向。我们要从国家战略、民族精神、人才培养层面，把"西迁精神"与"一带一路"倡议和新型全球化理念紧密结合起来，从性别视角认识前辈们的崇高理想和创业足迹，勇敢面向未来，发挥好新时代"妇女能顶半边天"的作用，推动性别平等和妇女发展，推进经济社会文明进步。当我们从"国家层面"认识交大西迁，从"中国共产党精神谱系"定位西迁精神，从"国家战略"理解弘扬西迁精神的时候，也更感悟传扬西迁巾帼风采，坚持"爱国奋斗"的时代意蕴。

---

① 中共中央文献研究室编：《习近平关于社会主义政治建设论述摘编》，中央文献出版社 2017 年版，第 182 页。

责任编辑:张　立
封面设计:林芝玉
版式设计:王欢欢
责任校对:陈艳华

图书在版编目(CIP)数据

永远飘扬的旗帜:西迁精神研究文集/成进 主编. —北京:人民出版社,
　2020.12
(高校思想政治工作研究文库)
ISBN 978－7－01－021793－2

Ⅰ.①永…　Ⅱ.①成…　Ⅲ.①高等学校-思想政治教育-研究-中国
　Ⅳ.①G641

中国版本图书馆 CIP 数据核字(2020)第 009489 号

永远飘扬的旗帜
YONGYUAN PIAOYANG DE QIZHI
——西迁精神研究文集

成　进　主编

人 民 出 版 社 出版发行
(100706　北京市东城区隆福寺街 99 号)

中煤(北京)印务有限公司印刷　新华书店经销

2020 年 12 月第 1 版　2020 年 12 月北京第 1 次印刷
开本:710 毫米×1000 毫米 1/16　印张:18.5
字数:270 千字

ISBN 978－7－01－021793－2　定价:79.00 元

邮购地址 100706　北京市东城区隆福寺街 99 号
人民东方图书销售中心　电话 (010)65250042　65289539